大数据背景下高校教育管理信息化发展与创新

滕俊婷 等 著

九州出版社
JIUZHOUPRESS

图书在版编目（CIP）数据

大数据背景下高校教育管理信息化发展与创新 / 滕俊婷等著. -- 北京 : 九州出版社, 2024.6
ISBN 978-7-5225-2937-0

Ⅰ. ①大… Ⅱ. ①滕… Ⅲ. ①高等学校－教育管理－信息化－研究 Ⅳ. ①G640-39

中国国家版本馆CIP数据核字(2024)第100282号

大数据背景下高校教育管理信息化发展与创新

作　　者　滕俊婷　等　著
责任编辑　黄明佳
出版发行　九州出版社
地　　址　北京市西城区阜外大街甲 35 号 (100037)
发行电话　(010)68992190/3/5/6
网　　址　www.jiuzhoupress.com
印　　刷　河北昌联印刷有限公司
开　　本　787 毫米 ×1092 毫米　16 开
印　　张　13.75
字　　数　300千字
版　　次　2024 年 6 月第 1 版
印　　次　2024 年 6 月第 1 次印刷
书　　号　ISBN 978-7-5225-2937-0
定　　价　85.00 元

前　言

在大数据时代的今天，高校教育管理信息化已经成为推动教育体系变革与提升管理效能的关键力量。随着信息技术的迅猛发展，大数据、云计算、人工智能等新一代信息技术正深刻地影响着高校教育管理模式的演进。高校作为培养未来人才的摇篮，其信息化发展不仅关系到学校自身的管理效能，更关系到社会对人才的需求与期望。因此，在大数据背景下，高校教育管理信息化的发展与创新势在必行。

随着信息化技术在各行各业的广泛应用，高校教育管理信息化作为学校管理的重要组成部分，正面临着巨大的机遇和挑战。传统的教务管理、学生档案管理、人事管理等工作面临数据量急剧增长、信息碎片化，系统集成难题等问题，这些问题对于高效管理与资源配置构成了严峻的考验。在这一背景下，如何更好地利用大数据技术，推动高校教育管理信息化的发展，成为亟待解决的问题。

大数据技术为高校提供了更加全面、深入的数据分析手段，从而有力地支持高校教育管理信息化的发展。通过对学生学习行为、教学资源利用情况、校园生活等多方面数据的采集和分析，高校可以更好地了解学生需求，优化教学计划，提高教学效果。同时，大数据技术也能够帮助高校实现对人事、财务等管理方面的精细化管理，提高资源利用效率，推动教育资源的优化配置。

在这个充满变革与创新的时代，我们期待大数据技术为高校教育管理信息化带来新的可能性。通过共同的努力与合作，我们相信高校教育管理信息化将迎来更为繁荣的发展，为培养更多优秀人才、提高教育质量、服务社会发展作出更大的贡献。

目　录

第一章 大数据在高校教育管理中的基础概念

第一节 大数据概述

一、大数据定义与特征

大数据是指规模巨大、类型繁多的数据集合，以至于传统数据处理工具难以对此进行处理。这一概念涵盖了数据的多样性、速度和规模，是信息时代的产物[①]。本书将深入探讨大数据的定义、特征以及其在不同领域的应用，以更好地理解和把握这一正在不断发展的概念。

（一）大数据的定义

1. 传统定义

大数据最初的定义主要集中在“3V”（Volume、Velocity、Variety）这三个方面。具体而言：

Volume（规模）：指数据的规模非常庞大，远超过传统数据库的处理能力。大数据通常以 TB（terabytes）或 PB（petabytes）为单位。

Velocity（速度）：表示数据的生成、传输和处理的速度非常快。实时数据产生的频率巨大，要求系统能够实时处理和分析。

Variety（多样性）：大数据涵盖了多种类型的数据，包括结构化数据（如数据库中的表格）、半结构化数据（如 XML 文件）和非结构化数据（如文本、图像、音频、视频等）。

2. 拓展的定义

随着大数据概念的深入发展，人们逐渐意识到不仅仅规模、速度和多样性是大数据的关键特征。因此，拓展的定义中加入了更多的“V”，如：

Veracity（真实性）：表示数据的准确性和真实性。大数据时代，由于数据的来源多样，包括社交媒体、传感器等，因此数据的真实性成为一个重要的考量。

Value（价值）：强调在大数据中挖掘数据的价值。大量的数据只有在能够被有效地分析和利用时才具有实际价值。

① 范良辰．大数据环境下高校教育管理信息化改革研究［M］．北京：中国原子能出版社，2022：20.

Variability（变异性）：指数据的变异程度。有些数据是高度变动的，而有些则相对稳定。

Complexity（复杂性）：强调数据的复杂性和多层次性。大数据涉及多个维度和多个层次的数据，其复杂性需要新的处理方法。

3. 持续演变的定义

随着技术和应用的不断发展，大数据的定义也在不断演变。未来可能会涌现更多的“V”，如可视性（Visuality）、虚拟性（Virtuality）等，以适应新的数据处理需求。

（二）大数据的特征

1. 规模巨大

大数据的规模通常是传统数据处理方法难以处理的。这包括数据的体量庞大，远远超过了传统数据库的存储和处理能力。

2. 多样性

大数据包含多种类型的数据，包括结构化、半结构化和非结构化数据。这些数据来源广泛，形式多样，需要灵活的处理方法。

3. 高速度

大数据的生成、传输和处理速度非常快，实时数据的产生频率巨大，要求系统能够迅速、实时地处理和分析这些数据。

4. 高真实性

由于大数据的来源多样，包括社交媒体、传感器等，数据的真实性成为一个重要的考量。确保数据的准确性和真实性对于正确的分析和应用至关重要。

5. 高价值

大数据的价值体现在其能够为组织和决策者提供深入的洞察和有意义的信息。通过对大数据进行分析，我们可以发现隐藏在数据背后的模式、趋势和关联，从而支持更明智的决策和战略制定。

6. 高变异性

大数据中的数据变异性很大，包括不同来源、不同格式，不同质量等因素的影响。处理这种高变异性的数据需要更加灵活和智能的方法。

7. 复杂性

大数据涉及多个维度和多个层次的数据，涉及复杂的关系和结构。其复杂性需要更为先进的处理方法，包括机器学习、深度学习等。

8. 不确定性

由于数据的多样性和变异性，大数据分析中存在不确定性因素。这意味着在做出决策时，必须考虑到数据的不确定性，并采用相应的风险管理策略。

（三）大数据的应用领域

1. 商业和市场

大数据在商业和市场领域的应用非常广泛。通过对消费者行为、市场趋势、竞争对手等方面的大数据分析，企业可以更好地了解市场需求，制定精准的营销策略，提高产品和服务的竞争力。

2. 医疗健康

在医疗健康领域，大数据被用于患者数据管理、疾病预测、药物研发等方面。通过对大量患者数据的分析，医疗机构可以提供更加个性化和精准的医疗服务，同时推动医学研究的进展。

3. 金融

金融领域是大数据应用的早期领域之一。通过对市场行情、交易数据、客户行为等数据的分析，金融机构可以进行风险管理、欺诈检测、投资决策等方面的应用，从而提高金融业务的效率和安全性。

4. 教育

在教育领域，大数据被用于学生学习行为的分析、教学效果评估、个性化教育等方面。通过对学生在学习过程中产生的数据进行分析，教育机构可以更好地理解学生的需求，提供更适应个体差异的教学方案。

5. 制造业

在制造业中，大数据应用涉及生产过程的优化、供应链管理、产品质量监控等方面。通过实时监测和分析生产数据，制造企业可以提高生产效率、降低成本，并实现智能制造的愿景。

6. 城市规划与管理

在城市规划与管理领域，大数据被用于交通流量优化、能源管理、环境监测等方面。通过对城市中大量传感器和设备产生的数据进行分析，城市可以更好地解决交通拥堵、能源浪费等问题，提高城市运行的效率。

（四）大数据的技术挑战

1. 存储和管理

大数据的存储和管理是一个巨大的挑战。传统数据库管理系统难以处理大规模、多样化的数据，因此需要使用分布式存储和处理系统，如 Hadoop、Spark 等。

2. 处理和分析

由于大数据的规模庞大，传统的数据处理和分析方法已经不再适用。新的处理和分析方法，如并行计算、分布式计算、机器学习等，需要不断发展和优化。

3. 隐私和安全

大数据中包含大量敏感信息，如个人隐私、商业机密等。因此，隐私和安全问题成为大数据应用中需要高度关注的问题。确保数据的安全性和隐私性是一个重要的技术挑战。

4. 数据质量和一致性

由于大数据的多样性和变异性，数据质量和一致性成为了一个挑战。确保数据的准确性和一致性对于可靠的分析和决策至关重要。

5. 人才短缺

大数据领域需要专业的数据科学家、分析师等高级人才。由于大数据技术和应用的快速发展，人才短缺成为制约大数据发展的一个问题。

（五）大数据的未来发展趋势

1. 边缘计算的发展

随着物联网的快速发展，边缘计算将在大数据应用中发挥更为重要的作用。边缘计算将数据处理推向数据产生的源头，减少数据传输时间，提高实时性，适应对实时决策的需求。

2. 强化学习和自动化

未来，强化学习和自动化技术将在大数据分析中得到更广泛的应用。通过引入强化学习算法，系统可以从数据中学习并适应变化，实现更自动化的分析和决策目标。

3. 融合人工智能

人工智能技术将与大数据技术深度融合，实现更智能化的大数据应用。机器学习、深度学习等人工智能技术将用于模型训练、数据挖掘等任务，提高大数据分析的智能水平。

4. 数据共享和合作

未来的大数据发展趋势将更加注重数据共享和合作。跨组织、跨行业的数据共享将促进更广泛的数据应用，推动创新和发展。

5. 增强隐私保护和伦理治理

随着数据应用范围的扩大，隐私保护和伦理治理问题将更为凸显。未来的发展需要加强隐私保护技术和伦理治理机制，确保大数据的应用在法律和伦理框架内进行。

6. 多模态数据整合

未来，大数据的分析将更注重多模态数据的整合应用。传感器数据、图像数据，文本数据等多源数据将被更全面地整合，实现更全面、多维度的分析和应用。

7. 区块链技术的应用

区块链技术可以提供更安全、透明、不可篡改的数据存储和传输方式。未来，区块链技术可能被广泛应用于大数据领域，解决数据安全和可信性的问题。

大数据作为信息时代的产物，以其规模庞大、多样性、高速度等特征，深刻影响着各个领域。大数据的应用不仅为商业、医疗、金融等行业既提供了新的发展机遇，也带来了一系列的技术挑战和伦理问题。在未来，随着技术的不断发展和创新，大数据将继续发挥更为重要的作用。边缘计算、人工智能、强化学习等技术的融合将推动大数据应用的智能化和自动化。同时，隐私保护、伦理治理等问题也需要得到更为深入的研究和解决。大数据的未来发展将是一个不断演进和完善的过程，将会为社会带来更多创新和改变。

二、大数据技术架构

大数据技术架构是为了处理大规模、高速度、多样化的数据而设计的体系结构。这种架构旨在克服传统数据处理系统面临的各种挑战，包括存储、处理速度、数据多样性等。本书将深入探讨大数据技术架构的组成部分、关键技术和应用场景，以全面了解这一复杂而关键的领域。

（一）大数据技术架构概述

大数据技术架构的设计目标是实现高效、可扩展、实时处理大规模数据。它包括一系列的组件和层次结构，这些组件和层次的协同工作，实现对大数据的采集、存储、处理和分析[①]。以下是大数据技术架构的主要组成部分：

1. 数据采集层

数据采集是大数据处理的起点，涉及从多源、多格式的数据生成地点采集数据。数据采集层通常包括以下关键组件：

传感器和设备：用于采集实时数据，如物联网设备、传感器网络等。

数据抓取工具：用于从网页、社交媒体等非结构化数据源中抓取数据。

日志收集器：用于采集系统、应用程序产生的日志数据。

2. 数据存储层

数据存储层负责有效地存储大规模的数据，并提供高性能的数据检索和访问。主要组件包括：

分布式文件系统：如 Hadoop Distributed File System (HDFS)，用于将数据分布式地存储在多个节点上，提高数据的可靠性和容错性。

NoSQL 数据库：如 MongoDB、Cassandra 等，用于存储非结构化或半结构化的数据，具有高度可扩展性和灵活性。

列式数据库：如 Apache HBase，用于存储结构化数据，支持高速读写操作。

3. 数据处理层

数据处理层负责对存储在数据存储层的大规模数据进行高效处理和分析。主要组件包括：

分布式计算框架：如 Apache Spark、Apache Flink，用于分布式计算和批处理。

实时处理框架：如 Apache Kafka、Storm，用于实时流式数据的处理和分析。

图处理框架：如 Apache Giraph，用于处理大规模图数据。

4. 数据分析与挖掘层

数据分析与挖掘层负责从处理层的输出中提取有价值的信息和洞察。主要组件包括：

机器学习框架：如 TensorFlow、Scikit-learn，用于构建和训练机器学习模型。

数据挖掘工具：如 RapidMiner、Weka，用于发现数据中的模式、关联和趋势。

可视化工具：如 Tableau、Power BI，用于以图形方式展示数据分析结果。

5. 数据安全与隐私层

数据安全与隐私层是保障大数据系统中数据的安全性和隐私性的关键组成部分。主要组件包括：

身份认证与访问控制：用于保护只有授权的用户能够访问敏感数据。

加密技术：用于在数据传输和存储过程中对数据进行加密保护。

审计与监控：用于监控系统的运行状态、检测其异常和记录安全事件。

① 张伟，丁彦．基于人工智能视角的高校教育管理与信息化教学研究［M］．北京：北京工业大学出版社，2021：58.

6. 应用与服务层

应用与服务层是大数据技术架构中与用户交互的层次，通过提供各种应用和服务，满足用户对数据的需求。主要组件包括：

数据可视化工具：如 Dashboards、报表工具，用于以图形化方式呈现数据分析结果。

智能分析应用：如智能推荐系统、预测分析应用，用于提供个性化的数据分析服务。

API 和开发工具：用于开发者构建自己的大数据应用和服务。

（二）大数据技术架构关键技术

1. 分布式计算技术

分布式计算技术是大数据处理的基础，它使得计算任务能够在多个计算节点上并行执行，从而提高计算速度和效率。典型的分布式计算框架包括：

Apache Hadoop：Hadoop 是一个开源的分布式计算框架，其中的 Hadoop Distributed File System（HDFS）用于分布式存储，而 MapReduce 用于分布式计算。

Apache Spark：Spark 是一个基于内存的分布式计算框架，相比于 Hadoop 的 MapReduce，Spark 具有更高的计算性能和更丰富的 API，支持多种数据处理模式。

2. 实时处理技术

实时处理技术用于处理流式数据，实现对实时数据的即时分析和响应。关键技术包括：

Apache Kafka：Kafka 是一个分布式的流式数据平台，用于高吞吐量的发布和订阅流式数据。

Apache Flink：Flink 是一个开源的流处理框架，支持事件时间处理、状态管理等特性，适用于复杂的实时处理任务。

3. 大数据存储技术

大数据存储技术致力于有效地存储和管理大规模的数据。主要技术包括：

Hadoop Distributed File System (HDFS)：HDFS 是 Hadoop 中的分布式文件系统，用于存储大规模数据。

NoSQL 数据库：NoSQL 数据库（如 MongoDB、Cassandra、Redis）用于存储非结构化或半结构化的数据，具有高度可扩展性和灵活性。

列式数据库：列式数据库（如 Apache HBase）用于存储结构化数据，支持高速读写操作。

4. 机器学习和数据挖掘技术

机器学习和数据挖掘技术用于从大规模数据中提取有价值的信息和模式。关键技术包括：

TensorFlow：TensorFlow 是一个开源的机器学习框架，用于构建和训练深度学习模型。

Scikit-learn：Scikit-learn 是一个用于机器学习的 Python 库，包括各种常用的机器学习算法。

数据挖掘工具：数据挖掘工具（如 RapidMiner、Weka）用于发现数据中的模式、关联和趋势。

5. 数据安全和隐私技术

数据安全和隐私技术是保障大数据系统中数据安全性和隐私性的关键。主要技术包括:

身份认证与访问控制：通过身份认证和访问控制机制，确保只有授权的用户能够访问敏感数据。

加密技术：在数据传输和存储过程中对数据进行加密保护，防止未经授权的访问。

审计与监控：通过监控系统的运行状态、检测异常和记录安全事件，以实现对数据安全的全面管理。

6. 大数据应用开发技术

大数据应用开发技术包括为大数据系统构建应用和服务的工具和框架。主要技术包括:

API 和开发工具：提供开发者构建自己的大数据应用和服务的工具，如 Apache Zeppelin、Jupyter 等。

大数据应用框架：提供开发大数据应用的框架，如 Apache Hadoop 生态系统、Spark 生态系统等。

（三）大数据技术架构应用场景

1. 金融行业

在金融行业，大数据技术架构被广泛应用于风险管理、反欺诈，客户分析等方面。通过对大量交易数据的分析，金融机构可以更准确地评估风险，及时发现异常交易行为。

2. 零售和电商

零售和电商领域利用大数据技术架构进行用户行为分析、推荐系统、库存管理等方面的应用。通过分析用户购物行为，电商平台可以提供更加个性化的商品推荐，提高用户购物体验。

3. 医疗健康

在医疗健康领域，大数据技术架构被用于患者数据管理、疾病预测、药物研发等方面。通过对大量患者数据的分析，医疗机构可以实现个性化医疗，提高治疗效果。

4. 物联网

物联网产生大量实时数据，大数据技术架构在物联网中的应用非常显著。通过实时处理技术，物联网设备产生的数据可以立即得到分析和响应，实现智能化控制和管理。

5. 城市规划与管理

在城市规划与管理领域，大数据技术架构被用于交通流量优化、能源管理，环境监测等方面。通过对城市中大量传感器和设备产生的数据进行分析，城市可以更好地解决交通拥堵、能源浪费等问题，提高城市运行的效率。

6. 电信行业

电信行业利用大数据技术架构进行网络性能监测、用户行为分析，故障预测等方面的应用。通过对海量用户通信数据的分析，电信运营商可以改进网络性能，提高服务质量，同时实施个性化的营销策略，满足用户需求。

7. 制造业

在制造业中，大数据技术架构应用于生产过程的优化、供应链管理，产品质量监控等方面。通过实时监测和分析生产数据，制造企业可以提高生产效率、降低成本，并实现智能制造。

8. 教育

大数据技术架构在教育领域被用于学生学习行为的分析、教学效果评估，个性化教育等方面。通过对学生在学习过程中产生的数据进行分析，教育机构可以更好地理解学生的需求，提供更适应个体差异的教学方案。

9. 能源行业

在能源行业，大数据技术架构应用于能源生产、分配和使用的优化。通过对能源数据的实时监测和分析，能源公司可以更有效地管理能源资源，降低能源浪费，提高能源利用效率。

（四）大数据技术架构的挑战与未来发展趋势

1. 挑战

尽管大数据技术架构在各个领域取得了显著的成就，但也面临着一些挑战。

存储和管理挑战：大数据的快速增长导致了存储和管理的挑战，如何有效地存储和管理庞大的数据成为一个重要问题。

复杂性和集成难题：大数据技术涉及众多复杂的组件和技术，如何进行有效的集成和管理是一个挑战。

数据质量与一致性：由于数据的来源多样性和变异性，保障数据质量和一致性对于可靠的分析和决策至关重要。

安全与隐私问题：大数据中包含大量敏感信息，安全与隐私问题成为制约大数据发展的一个问题。

人才短缺：大数据领域需要专业的数据科学家、分析师等高级人才，而这方面的人才短缺是一个制约因素。

2. 未来发展趋势

随着技术的不断发展，大数据技术架构将迎来更多的创新和改进。

边缘计算的发展：随着物联网的快速发展，边缘计算将在大数据应用中发挥更为重要的作用，实现对实时数据的快速响应。

强化学习和自动化：未来，强化学习和自动化技术将在大数据分析中得到更广泛的应用，实现更自动化的分析和决策过程。

融合人工智能：人工智能技术将与大数据技术深度融合，实现更智能化的大数据应用，包括机器学习、深度学习等。

数据共享和合作：未来的大数据发展趋势将更加注重数据共享和合作，促进更广泛的数据应用，推动创新和发展。

增强隐私保护和伦理治理：随着数据应用范围的扩大，隐私保护和伦理治理问题将更为凸显，未来发展需要加强相关技术和保护机制。

多模态数据整合：未来，大数据的分析将更注重多模态数据的整合应用，实现更全面、多维度的分析和应用。

区块链技术的应用：区块链技术可以提供更安全、透明、不可篡改的数据存储和传输方式，未来可能被广泛应用于大数据领域。

大数据技术架构是应对大规模、高速度、多样化的数据挑战的重要工具，通过其各个层次的组件协同工作，实现了对大数据的采集、存储、处理和分析。从金融、零售到医疗、城市规划，大数据技术在各个领域都发挥着关键作用，推动着创新和效率提升。

三、大数据应用领域

大数据应用已经深刻影响着各个行业和领域，成为推动创新、决策和效率提升的关键因素。本书将探讨大数据在不同领域的应用，从金融、健康、零售，到教育、交通等多个方面，深入剖析大数据技术是如何改变传统业务模式，优化流程，并为未来的发展带来新的机遇和挑战。

（一）金融行业

1. 风险管理

在金融行业，大数据应用在风险管理方面发挥着关键作用。通过对大量的交易数据、市场数据以及外部经济数据的分析，金融机构能够更准确地评估风险，预测市场波动，提前发现潜在的风险。这有助于金融机构更好地制定风险管理策略，保护投资者的利益。

2. 信用评估

大数据技术在信用评估领域的应用为传统信用评估提供了更全面、准确的数据来源。通过分析个人的社交网络、在线购物记录，移动支付行为等多维度数据，金融机构可以更准确地评估个体的信用状况。这有助于降低信用风险，为更多人提供贷款和信用服务。

3. 欺诈检测

大数据技术在欺诈检测方面的应用可以帮助金融机构及时发现和阻止欺诈行为。通过实时监测用户的交易模式、地理位置以及设备信息，系统能够自动识别异常交易行为，提高对欺诈的检测效率，以保障金融系统的安全。

4. 投资决策

投资领域也受益于大数据技术的广泛应用。通过对市场数据、公司财报、宏观经济指标等大量信息的分析，投资者可以更科学地制定投资策略，识别潜在投资机会。同时，大数据技术还为量化投资、智能投顾等新兴投资方式提供了支持。

（二）医疗健康领域

1. 个性化医疗

大数据在医疗健康领域的最显著应用之一是个性化医疗。通过分析患者的基因组、生物标志物、病历历史等大量数据，医疗机构可以为每位患者制定个性化的治疗方案。这有助于提高治疗的有效性，减少不必要的医疗费用，改善患者的治疗体验。

2. 疾病预测与监测

大数据技术在疾病预测与监测方面的应用为公共卫生提供了有力支持。通过分析大量的疫情数据、传染病传播模型等信息，医疗机构可以更及时地预测疾病的传播趋势，进而采取有效的防控措施。同时，大数据还能够帮助患者监测慢性疾病的变化，提供更好的健康管理服务。

3. 医疗资源管理

在医疗资源管理方面，大数据应用有助于优化医疗资源的分配和利用。通过分析患者就诊历史、医疗设备利用率、医生工作效率等数据，医疗机构可以更合理地安排资源，提高医疗服务的效率，缓解医疗资源不足的问题。

4. 电子健康档案

大数据技术在电子健康档案的建设和管理中发挥了关键作用。通过整合患者的医疗记录、检查报告、药物处方等信息，建立完整的电子健康档案，医疗机构可以更方便地获取患者的历史健康信息，提高诊断准确性，减少重复检查，提供更全面的医疗服务。

（三）零售与电商领域

1. 消费者行为分析

在零售与电商领域，大数据技术被广泛应用于消费者行为分析。通过分析顾客的购物历史、浏览行为，购买习惯等数据，零售商可以更好地理解消费者的需求，提供个性化的商品推荐，优化商品布局，提高销售效益。

2. 库存管理

大数据技术在库存管理中的应用有助于零售商更精准地进行库存规划。通过分析销售数据、季节性变化，市场趋势等信息，零售商可以预测商品的需求量，避免过多的库存积压或缺货情况，提高库存周转率，降低库存成本。

3. 营销与促销优化

大数据在零售与电商的营销和促销活动中发挥关键作用。通过分析用户的购物历史、行为数据，零售商可以制定个性化的营销策略，提供定向优惠券、促销活动，激发用户购买欲望，提高销售额。

4. 供应链优化

在供应链管理中，大数据技术的应用可以实现对整个供应链的实时监控和优化。通过分析供应链各个环节的数据，零售商可以更好地协调生产、物流、库存等环节，提高供应链的效率，缩短交货周期，降低运营成本。

5. 用户体验提升

通过大数据分析用户行为，零售商可以优化网站和移动应用的用户界面，提升用户体验。个性化的推荐系统、智能搜索功能等都可以通过大数据技术来实现，使用户更容易找到所需商品，提高购物满意度。

（四）教育领域

1. 学生学习分析

大数据技术在教育领域广泛应用于学生学习行为的分析。通过收集学生在学习平台上的活动数据，其包括学习时间、作业完成情况、测验成绩等，教育机构可以更好地了解学生的学习习惯和水平，为个性化教育提供支持。

2. 教学效果评估

大数据分析也有助于对教学效果进行评估。通过分析学生的学习表现和成绩数据，教育机构可以评估不同教学方法的效果，调整教学策略，提高教学质量。

3. 智能辅导系统

基于大数据技术的智能辅导系统可以根据学生的学习数据为其提供个性化的辅导服务。系统通过分析学生的学习历史、弱项领域等信息，为学生提供针对性的学习建议、习题练习，提高其学习效率。

4. 教育管理与决策

在教育管理层面，大数据应用有助于优化资源配置和决策制定。通过分析学生招生情况、教师教学效果、校园设施利用率等数据，教育机构可以更科学地制定招生计划、提升教学质量，实现教育资源的合理分配。

（五）交通与城市规划领域

1. 交通流量优化

大数据在交通领域的应用有助于实现交通流量的优化。通过分析车辆轨迹数据、道路使用情况等信息，交通管理部门可以调整信号灯时序、优化道路布局，提高道路通行效率，缓解交通拥堵情况。

2. 智能城市规划

大数据技术为智能城市规划提供了支持。通过分析城市居民的出行方式、用水、用电等大量数据，城市规划者可以更精准地制定城市规划方案，提高城市的宜居性，推动城市可持续发展。

3. 环境监测

大数据在城市环境监测方面的应用有助于提升城市环境质量。通过分析大气质量监测数据、噪音数据、水质数据等信息，城市管理者可以实时监测城市环境状况，采取措施改善环境质量，保障居民的健康。

4. 智慧交通管理

基于大数据的智慧交通管理系统通过实时分析交通数据，可以预测交通拥堵、优化交通信号灯设置，提高道路通行效率。这种系统还能够为驾驶员提供实时的交通信息，帮助其选择最佳的行车路线，减少交通堵塞的影响。

5. 城市安全

大数据在城市安全领域的应用有助于提升城市的整体安全水平。通过分析监控摄像头、人流数据、社交媒体信息等情况，城市管理者可以更早地发现潜在的安全隐患，实时响应安全事件，提高城市的安全性。

（六）电信行业

1. 网络性能监测

在电信行业，大数据技术广泛应用于网络性能监测。通过实时分析网络流量、用户连接状况、设备运行状态等数据，电信运营商可以及时发现并解决网络故障，提高网络稳定性和服务质量。

2. 用户行为分析

大数据在电信行业的用户行为分析方面发挥关键作用。通过分析用户通话记录、短信使用情况、上网行为等数据，电信运营商可以了解用户的偏好和需求，提供更个性化的通信服务，制定精准的营销策略。

3. 故障预测与维护

基于大数据的故障预测系统帮助电信运营商更好地进行设备维护和管理。通过分析设备的工作数据、温度、湿度等信息，系统可以提前预测设备可能出现的故障，实施预防性维护措施，降低网络故障率。

4. 服务质量优化

大数据分析还有助于电信运营商优化服务质量。通过监测用户的通信质量、网络延迟、服务投诉等数据，运营商可以迅速定位并解决服务质量问题从而，提升用户满意度。

（七）制造业

1. 生产过程优化

在制造业中，大数据应用于生产过程的优化。通过实时监测生产线上的传感器数据、设备运行状态等信息，制造企业可以调整生产流程，提高生产效率，降低生产成本。

2. 质量监控

大数据技术在制造业的质量监控中发挥关键作用。通过分析生产过程中的传感器数据、检测报告、质量反馈等信息，企业可以及时发现产品质量问题，实施及时的调整和改进措施，提高产品质量。

3. 供应链协同

基于大数据的供应链管理系统有助于制造企业实现供应链协同和优化。通过分析供应链上下游的数据，企业可以更好地协调供应商、生产和物流，降低库存成本，提高供应链的灵活性。

4. 预测性维护

大数据应用于预测性维护有助于制造企业降低设备损坏和停机的风险。通过分析设备的工作数据、运行状况，系统可以提前预测设备可能出现的故障，减少计划外的维护成本，提高设备利用率。

（八）能源行业

1. 能源生产优化

大数据技术在能源行业的应用可以帮助优化能源生产。通过分析能源生产设备的工作数据、能源消耗情况，能源公司可以调整生产计划，提高能源利用效率，降低生产成本。

2. 智能电网

大数据在智能电网中的应用有助于提高电网的稳定性和可靠性。通过实时监测电网设备状态、用电数据、能源流动情况等信息，电力公司可以更好地管理电网，及时应对电力供需不平衡和故障情况。

3. 节能监测

在能源行业的节能监测中，大数据分析有助于企业更全面地了解能源使用情况。通过监测设备的能耗数据、生产流程中的能源消耗等信息，企业可以制定节能方案，减少能源浪费，实现可持续发展。

（九）媒体与娱乐行业

1. 内容推荐与个性化服务

在媒体与娱乐领域，大数据技术被广泛应用于内容推荐和个性化服务。通过分析用户的观看历史、点击行为、喜好等数据，媒体平台可以为用户提供个性化的内容推荐，提高用户黏性，提供更符合用户口味的娱乐体验[①]。

2. 观众反馈分析

大数据在媒体与娱乐行业还可以用于分析观众的反馈。通过监测社交媒体上的观众评论、评分等信息，媒体公司可以了解观众对节目、电影、音乐等内容的反馈，指导其后续创作和制作。

3. 营销与广告优化

大数据分析在媒体与娱乐领域的营销和广告优化方面发挥着关键作用。通过分析用户的行为数据、兴趣标签、点击率等信息，媒体公司和广告商可以制定更精准的广告投放策略，提高广告的曝光率和点击率，优化营销效果。

4. 制作决策与投资分析

大数据技术在娱乐制作和投资决策中也发挥着重要作用。通过分析市场趋势、观众喜好、竞争对手表现等数据，媒体公司和投资方可以更准确地评估项目的潜在收益和风险，制定更科学的制作和投资决策。

大数据技术在各行各业的应用不仅推动了数字化转型，也为创新和效率提升打开了新的可能性。从金融、医疗、零售，到教育、交通、制造等领域，大数据与人工智能的融合为各行业带来了智能化、个性化、精准化的发展机遇。

然而，随着大数据应用的深入，也伴随着一系列挑战，包括数据隐私保护、伦理道德考量、技术安全等问题。在未来的发展中，需要继续加强对大数据应用的监管与规范，确保其在促进经济社会发展的同时保护用户权益和社会公平。

总体而言，大数据技术的广泛应用已经改变了我们的生活方式、工作方式和产业格局，为构建更加智慧、高效、可持续的社会提供了强大的动力。

① 姚丹，孙洪波．高校教育信息化管理与学生管理工作 [M]. 北京：中国纺织出版社，2021：63.

第二节 高校教育管理的特点

一、高校管理的复杂性

（一）组织结构的复杂性

高校作为一个大型组织机构，其组织结构涵盖了多个层次和部门。在大学内部，存在行政管理、教务管理、财务管理，学生事务管理等多个部门，这些部门之间需要协调合作，确保学校的各项事务有序进行。例如，行政部门负责学校的日常运营，而教务部门则负责教学计划和课程安排。这种多层次、多部门的组织结构使得高校管理面临协调难度和沟通挑战。

（二）人力资源管理的挑战

高校作为知识型组织，其人力资源管理涉及教职员工、行政人员，研究人员等多个层面。招聘、培训、激励和绩效评估等方面的工作需要精心策划和执行。同时，不同学科领域对人才的需求也存在差异，高校管理需要根据学校的特点和定位，灵活配置人力资源，以适应不同领域的发展需求。

（三）财务管理的压力与挑战

高校的财务管理面临着双重压力：一方面，需要保障学校的正常运转和教学科研的顺利进行；另一方面，要面对有限的财政预算和经费分配的问题。高校需要有效管理财务资源，合理规划预算，确保各项支出的合理性和透明度。同时，还需要面对来自政府、社会的各种监管和评估，这增加了财务管理的复杂性。

（四）教育质量保障的挑战

高校的核心任务之一是提供高质量的教育。教育质量的保障涉及教学计划设计、师资队伍建设、教学评估等多个方面。管理者需要不断关注教学过程中的问题，及时调整教学计划，提高教师的教学水平，确保学生获得良好的教育体验。与此同时，社会对高校教育质量的关注也在不断增加，高校管理需要积极应对来自外部的评估和监管。

（五）学生服务的多元化需求

学生是高校的重要组成部分，而其需求的多元化增加了高校管理的难度。学生服务不仅仅包括教育教学方面，还涉及生活服务、就业指导，心理健康等多个方面。高校管理者需要综合考虑学生的各种需求，提供全方位的支持和服务，确保学生在校期间能够获得全面发展。

（六）科研与创新的推动

高校不仅仅是教育的场所，还是科研与创新的重要基地。管理者需要积极推动科研项目的开展，鼓励教师和研究人员参与创新活动。与此同时，科研项目的管理和经费的分配也是一项具有挑战性的任务。高校需要建立科研管理体系，确保科研活动的顺利进行，为学校的发展注入新的动力。

（七）社会责任与声誉的维护

高校不仅仅是教育和科研的机构，还肩负着社会责任。在社会中，高校的声誉和形象直接关系到其在社会中的地位和影响力。管理者需要积极参与社会服务，履行高校的社会责任，同时应注意维护学校的声誉。社会的关切和对高校的期望也是一项需要管理者关注的重要因素。

（八）信息技术的整合与应用

随着信息技术的发展，高校管理也面临着信息化的挑战。信息系统的建设和管理需要不断更新，以适应高校管理的需要。管理者需要关注信息技术的发展趋势，合理利用先进的信息技术手段，提高高校管理的效率和水平。

（九）国际化与全球竞争

高校管理还需要面对全球化和国际化的趋势。如何与国际接轨，吸引国际学生和教师，开展国际合作与交流，是高校管理者需要思考的问题。全球竞争也使得高校在管理上需要更具创新性和国际视野，以适应不断变化的国际教育环境。

（十）政策法规的变化与遵循

高校作为教育机构，其管理受到政府政策法规的直接影响。管理者需要不断了解、适应和遵循相关政策法规，以确保学校的各项运作符合法规要求。政策法规的变化也可能带来管理体制和制度的调整，因此高校管理者需要具备灵活的应变能力，及时调整管理策略，以适应政策环境的变化。

（十一）校园文化与价值观的塑造

高校的校园文化和价值观对于学校的内部凝聚力和外部形象至关重要。管理者需要在校园文化的塑造上发挥引领作用，促进积极向上的校风，弘扬学术精神和团队协作精神。同时，校园文化也需要与社会价值观相契合，以提升学校的社会影响力。

（十二）环境可持续发展与绿色校园建设

随着社会对可持续发展的关注增加，高校管理也需要考虑环境保护和绿色发展。管理者需要关注校园建设的环保问题，推动绿色能源的应用，促进资源的可持续利用。与此同时，培养学生的环保意识也是高校管理的一项重要任务。

（十三）危机管理与突发事件应对

高校管理者还需要面对各种危机和突发事件，如自然灾害、公共卫生事件等。危机管理和应急预案的建设是高校管理的一项关键工作。管理者需要在危机发生时迅速做出反应，组织有效的救援和应对措施，以保障师生的安全。

（十四）人才引进与培养

高校的发展需要优秀的人才支持。管理者需要通过灵活的人才引进政策，吸引国内外优秀的教学和科研人才。同时，也需要关注内部人才培养，通过提供良好的培训机会和晋升通道，激励员工不断提升自己的专业水平。

（十五）社会资源整合与合作发展

高校管理者需要善于整合社会资源，与政府、企业、社会组织等建立良好的合作关系。社会资源的整合可以为高校提供更多的支持和发展机会，推动学校的创新和卓越发展。

总体而言，高校管理的复杂性体现在多个方面，涵盖了组织结构、人力资源、财务管理、教育质量，学生服务等多个层面。管理者需要具备跨学科的知识和综合素养，灵活应对各种挑战，为高校的可持续发展提供坚实的管理基础。在不断变化的社会环境中，高校管理者的角色变得愈发关键，需要不断学习和创新，引领学校适应时代发展。

二、教育行业的特殊性

（一）学生多样性与个性化学习需求

1. 学生兴趣与天赋的多样性

教育行业的特殊性之一在于学生具有广泛的学习需求和独特的学习风格。每个学生在学习上有不同的兴趣、天赋和学科偏好。管理者需要深入了解学生的个性差异，为他们提供相应的学习支持和资源，以促进每个学生的全面发展。

2. 个性化学习的挑战与机遇

个性化学习不仅仅是教学内容的差异化设计，还包括灵活的学习路径和个性化的评估方式。管理者需要通过教育科技的应用，建设灵活多样的学习环境，以满足学生多元化的学习需求。这种个性化学习的模式既是挑战，也是机遇，其能够提高学生的学习动力和成就感。

（二）科技创新与信息化教育

1. 科技驱动的创新

随着科技的迅速发展，教育行业正逐渐走向信息化和数字化。教育技术的创新在改变传统的教学方式和学习环境方面起到了关键作用。管理者需要密切关注科技趋势，积极推动教育信息化，以提高自身教学效果和管理效率。

2. 在线教育与远程学习

在线教育成为一种重要的教学手段，尤其在远程学习需求增加的情况下更为显著。管理者需要建设和维护在线教育平台，支持远程学习的同时，也要确保教学质量和学生互动。

3. 虚拟现实与增强现实

虚拟现实（VR）和增强现实（AR）技术为教育带来了新的可能性。通过虚拟实境，学生可以参与模拟实验、虚拟场景学习，提高学习的直观性和体验感。管理者需要探索这些新技术在课程设计和学习体验上的应用，以提升教育的吸引力和有效性。

（三）政策法规的严格监管

1. 教育法规对学校的直接影响

教育行业受到政府的严格监管，相关的政策法规对学校的管理和运营有着直接的影响。管理者需要不断了解和遵循教育法规，确保学校的各项活动合法合规。政府对于教育的监管不仅涉及教学活动，还包括财务管理、招生录取等多个方面。

2. 教育改革与政策调整

政府对于教育的改革和政策的调整可能带来教育行业的结构性变化。管理者需要密切关注政府的政策方向，及时调整学校的发展战略，以适应新的政策环境。政策变化可能涉及教育资源的分配、招生计划的调整等方面，对学校的管理提出了更高的要求。

（四）社会责任与文化塑造

1. 教育的社会责任

教育行业除了为学生提供知识和技能，还承担着培养社会公民素养、传承文化的社会责任。管理者需要思考学校在社会中的定位，积极履行社会责任，推动教育公平，促进社会和谐发展。

2. 校园文化的塑造

学校的校园文化对于学校的内部凝聚力和外部形象有着重要影响。管理者需要在校园文化的塑造上发挥引领作用，促进积极向上的校风发展，弘扬学术精神和团队协作精神。校园文化的塑造不仅仅是内部管理的问题，也关系到学校在社会中的声誉和地位。

（五）学科发展与国际化合作

1. 学科发展的多样性

不同学科领域对人才的需求存在差异，管理者需要根据学校的特点和定位，灵活配置人力资源，以适应不同领域的发展需求。学科发展的多样性也带来了师资队伍的管理挑战，需要有针对性地开展人才引进和培养工作。

2. 国际化合作的机遇与挑战

全球化的趋势使得国际化合作成为教育行业的重要发展方向。管理者需要积极推动国际交流与合作，吸引国际学生和教师，丰富学校的国际化氛围。国际化合作既是机遇，也是挑战，需要处理好国家间文化差异、语言障碍等问题，同时确保国际合作项目的质量和可持续发展。

（六）社会变革与职业发展

1. 教育与职业发展的紧密联系

随着社会的不断变革，职业领域的需求也在发生变化。教育行业需要紧密关注社会的职业发展趋势，调整教育内容和课程设置，以培养符合社会需求的人才。管理者需要保持对职业市场的敏感性，及时调整学科设置，以适应不断变化的职业环境。

2. 职业规划与就业服务

学校不仅要关注学生的学科知识，还需要关注他们的职业规划和就业服务。管理者需要建设完善的职业规划辅导体系，为学生提供全方位的职业指导和就业支持。与企业、行业间建立紧密联系，开展实习、实训等活动，以提高学生的职业竞争力。

（七）社会公平与教育均衡

1. 教育资源的不均衡

教育资源的分布不均衡是教育行业面临的一个重要问题。管理者需要关注不同地区、不同学校之间的资源差距，积极推动教育资源的均衡配置。通过政策支持、项目投入等手段，减少社会不公平现象，提高全社会的教育水平。

2. 多元化招生与包容教育

管理者需要提倡多元化的招生政策，包容各类学生，促进教育的多样性。特殊教育、贫困地区学生等群体的需求要得到充分的关注和支持。建设开放、包容的教育环境，让每个学生都能够在学校中找到属于自己的发展空间。

（八）社会责任与文化塑造

1. 教育的社会责任

教育不仅仅是传递知识，而且更是培养社会公民的过程。管理者需要思考学校在社会中的定位，积极履行社会责任，推动教育公平，促进社会和谐发展。通过开展社会服务、公益活动等方式，学校能够更好地融入社会，为社会做出更大的贡献。

2. 校园文化的塑造

学校的校园文化对于学校的内部凝聚力和外部形象有着重要影响。管理者需要在校园文化的塑造上发挥引领作用，促进积极向上的校风，弘扬学术精神和团队协作精神。校园文化的塑造不仅仅是内部管理的问题，也关系到学校在社会中的声誉和地位。

（九）数据安全与隐私保护

1. 学生信息的敏感性

随着信息技术在教育中的广泛应用，学校管理者需要关注学生信息的安全性和隐私保护。学生的个人信息涉及家庭背景、学习成绩等多个方面，管理者需要建立健全的信息安全管理制度，保障学生信息不被泄露和滥用。

2. 数据分析与教学优化

学校管理者可以通过数据分析来优化教学管理。然而，在数据分析的同时，管理者需要注意合法合规的原则，确保数据的采集和使用符合相关法规和伦理标准。建设健全的数据安全体系，对于提高学校管理水平和教学效果具有重要意义。

（十）环境可持续发展与社会责任

1. 教育的可持续发展

管理者需要思考学校的可持续发展战略，从经济、社会、环境等多个层面谋划学校的未来。可持续发展不仅仅是经济层面的发展，还包括社会责任和环境保护。通过推动绿色校园建设、节能减排等措施，学校能够更好地履行社会责任。

2. 社会责任与公益活动

学校作为社会的一部分，有责任为社会做出积极贡献。管理者可以组织学生参与公益活动、社会服务等，培养学生的社会责任感。同时，学校本身也可以通过参与社会公益事业，为社会的可持续发展贡献力量。

教育行业的特殊性体现在多个方面，包括学生多样性、科技创新、政策法规监管、社会责任、学科发展等多个层面。这些特殊性要求学校管理者具备全面的视野和灵活的应变能力，以更好地应对复杂多变的教育环境。

三、高校管理的多层次性

（一）概述

高校作为培养人才、推动社会进步的重要组成部分，其管理涉及多个层次，包括组织结构、人力资源、教学质量、财务管理等多个方面。本书将从不同层次出发，探讨高校管理的多层次性，深入分析各个管理层次的重要性、挑战以及应对策略。

（二）组织结构层次的管理

1. 学校领导层次

学校领导层次是高校管理中的核心。校长、副校长等领导层次的决策直接影响整个学校的发展方向。在这个层次，管理者需要具备战略眼光，制定长远规划，推动学校整体提升。同时，有效的领导层次需要协调各个职能部门，形成合力，推动学校向着既定目标持续迈进。

2. 学院和部门管理

学院和部门是高校组织结构的基本单位。在这个层次，管理者需要负责具体的教学、科研和行政工作。他们需要关注专业设置、师资队伍建设、学科建设等方面，保证学院内部的协调运作。同时，学院和部门管理者还需要与其他学院和部门进行协同合作，实现资源共享，提升整个学校的综合实力。

（三）人力资源层次的管理

1. 教师团队管理

教师团队是高校最重要的资源之一。在这个层次，管理者需要招聘、培养、评价和激励教师，确保教学水平和科研实力的提升。有效的教师团队管理有助于提高教学质量，培养高水平的人才。

2. 行政人员管理

除了教师，高校还需要高效的行政团队来保障学校日常运作。管理者在这个层次需要关注行政人员的招聘、培训、绩效管理等方面，确保行政工作的顺畅进行。行政人员的高效管理对于学校的教学、科研和服务工作都具有重要作用。

（四）教学质量层次的管理

1. 课程设置与教学安排

在教学质量的层次，管理者需要关注课程设置和教学安排。他们需要确保各专业的课程体系科学合理，满足学科发展和社会需求。同时，合理的教学安排有助于优化学生学习体验，提高教学效果。

2. 教学评价与质量监控

教学评价和质量监控是保障教学质量的重要方式。管理者需要建立科学的评价体系，关注学生对教学的反馈，不断改进教学方法和内容。质量监控则需要建设完善的教学质量管理体系，确保教学过程的规范和标准。

（五）财务管理层次的管理

1. 预算与资金分配

财务管理层次是高校管理中至关重要的一环。在这个层次，管理者需要制定合理的预算计划，明确各项支出和收入。正确的资金分配有助于保障学校的基本运转和各项事业的发展。

2. 资金使用与绩效评估

管理者还需要关注资金的使用效益。对于每一笔投入，都需要进行绩效评估，确保资金得到最大程度的利用。同时，也需要建立透明的财务管理体系，接受内外部的共同监督，确保资金的使用合法合规。

（六）科研创新层次的管理

1. 科研项目管理

科研创新是高校的一项重要任务。在这个层次，管理者需要积极引导教师参与科研项目，推动科研成果的产出。科研项目管理需要规范和高效，确保研究活动能够顺利进行。

2. 实验室与研究设施管理

实验室和研究设施是支持科研创新的基础。管理者需要负责实验室的建设、设备的购置和维护，为科研活动提供良好的硬件条件。有效的实验室与设施管理有助于提高科研水平和竞争力。

（七）学生服务与发展层次的管理

1. 招生与生源管理

招生工作对于高校的发展至关重要。管理者在这个层次需要关注招生计划的制定、宣传推广和生源的管理。合理的招生政策有助于吸引优秀生源，为学校的发展提供坚实基础。

2. 学生发展与指导

学生发展与指导是高校管理的重要方面。在这个层次，管理者需要关注学生的全面发展，包括学业、职业规划、心理健康等方面。建立健全的学生发展服务体系，提供个性化的发展指导，有助于培养具有创新精神和综合素养的人才。

3. 校园文化与活动管理

校园文化和活动对于学生的全面发展具有积极作用。管理者需要关注校园文化的塑造和各类文体活动的组织，促进学生的文化素养和团队协作精神。通过多样化的活动管理，学生能够在学校中得到更丰富的社交和学习经验。

（八）信息化管理层次

1. 教务管理与学籍管理

信息化管理层次涵盖了教务管理和学籍管理。管理者需要建设先进的教务管理系统，实现课程安排、考试管理等教学活动的数字化。学籍管理则需要确保学生信息的准确性和安全性，为学校提供科学的数据支持。

2. 网络与信息安全管理

随着信息技术的发展，网络与信息安全管理变得尤为关键。管理者需要建设健全的网络基础设施，确保信息系统的安全稳定运行。加强信息安全教育，提高师生的信息安全意识，是信息化管理层次的重要任务。

（九）社会责任与校际合作层次的管理

1. 社会责任层次

高校在社会中承担着重要的责任，包括培养合格人才、推动科研创新、参与社会服务等。管理者需要思考学校在社会中的角色，积极履行社会责任，为社会作出更大的贡献。

2. 校际合作层次

校际合作是高校管理中的国际化层次。管理者需要推动学校与其他高校、科研机构的合作，促进国际学术交流和资源共享。通过国际化的合作，学校能够吸引更多优秀的教师和学生，提高国际竞争力。

（十）应对挑战与未来展望

1. 挑战与问题

高校管理的多层次性带来了诸多挑战。领导层面可能面临决策的权衡与风险管理；人力资源层面可能涉及招聘难题和人才培养的需求；教学质量层面可能受到新技术应用的压力等。财务、科研、学生服务等层次也各自存在各种挑战。

2. 应对策略

为了有效应对这些挑战，管理者需要制定综合性的管理战略。强调团队协作、提升管理效能、鼓励创新是在不同层次都可以采取的策略。此外，引入先进的管理技术和信息化手段，加强与社会、行业之间的合作，也是有效的路径。

3. 未来展望

未来，高校管理将更加注重创新与变革。信息化技术的广泛应用将进一步提升管理效率，国际合作将更加深入，社会责任的履行将成为学校发展的重要方向。高校管理者需要保持开放的思维，不断学习和适应新的挑战，推动学校朝着更高水平、更全面发展的方向前进。

高校管理的多层次性体现了其复杂性和多样性。从组织结构、人力资源、教学质量、财务管理到科研创新、学生服务、信息化管理、社会责任与校际合作，每个层次都需要管理者具备不同的专业知识和管理技能。通过深入分析每个层次的重要性和相互关系，高校管理者能够更好地应对各类挑战，推动学校健康稳健发展。

第三节　大数据与高校教育管理的关系

一、大数据驱动的决策支持

（一）概述

随着信息技术的飞速发展，大数据的概念逐渐引起了广泛关注。大数据不仅仅是数据量的增加，而且更是一种对数据的深度挖掘和分析的能力。在各行各业，大数据被视为一种潜在的宝藏，尤其在决策支持领域，其作用更为显著。本书将深入探讨大数据驱动的决策支持，分析其原理、应用场景以及未来发展趋势。

（二）大数据的基本特征

1. 数据量巨大

大数据的首要特征是数据量巨大，远超过传统数据库处理能力的范围。这包括结构化数据、半结构化数据和非结构化数据，覆盖了从文本、图片、音频到视频等多种形式的数据。

2. 高速性

大数据的生成和更新速度非常快，要求系统能够实时或近实时地处理和分析数据。这对数据处理的实时性提出了更高的要求，尤其在需要即时决策的场景下更为明显。

3. 多样性

大数据的来源多样，包括社交媒体、传感器、日志文件等。这些数据具有多样性，需要灵活的处理和分析方法，以发掘其中的潜在信息。

4. 数据价值密度低

与传统数据库中高价值数据相比，大数据中有很大一部分是低价值的数据。因此，大数据的处理需要通过高效的算法和技术，从海量数据中提取有价值的信息。

（三）大数据驱动的决策支持原理

1. 数据采集与存储

大数据的决策支持首先需要进行数据的采集和存储。数据可以从多个来源获取，包括传感器、社交媒体、企业内部系统等。采用分布式存储系统如 Hadoop，能够有效地存储大规模数据。

2. 数据清洗与预处理

由于大数据的多样性和复杂性，数据中往往存在噪音、缺失值等问题。在进行决策支持之前，需要对数据进行清洗和预处理，确保数据的质量和准确性。

3. 数据分析与挖掘

数据分析与挖掘是大数据决策支持的核心环节。通过利用机器学习、深度学习等技术，对大数据进行模式识别、关联分析、分类预测等操作，挖掘数据中潜在的规律和价值信息。

4. 可视化与交互

为了更好地理解和利用数据分析的结果，可视化技术变得至关重要。通过图表、地图、仪表盘等形式，将复杂的数据呈现为直观的可视化信息，提供决策者更直观的感知和理解。

5. 决策支持系统

最终，通过决策支持系统将数据分析的结果提供给决策者。这包括推荐系统、智能决策系统等，为决策者提供全面、准确、实时的信息支持，帮助其做出更科学、有效的决策。

（四）大数据驱动的决策支持应用场景

1. 金融行业

在金融领域，大数据可以用于风险管理、反欺诈、客户关系管理等方面。通过对交易数据、客户行为等信息的分析，可以更准确地评估风险，提高金融决策的精准性。

2. 医疗健康

大数据在医疗健康领域的应用涉及疾病预测、个性化治疗、医疗资源优化等方面。通过分析患者的基因信息、临床数据等，可以为医生提供更精准的诊断和治疗方案。

3. 零售业

在零售业中，大数据可以用于销售预测、库存管理、客户行为分析等。通过对顾客购物历史、购物习惯的分析，零售商可以更好地制定促销策略和库存计划。

4. 制造业

制造业可以利用大数据进行生产过程优化、设备维护、质量监控等。通过监测生产线上的各种传感器数据，制造商可以及时发现潜在问题，提高生产效率和产品质量。

5. 政府治理

政府可以利用大数据进行城市治理、公共安全、资源分配等。通过对人口流动、社会事件等数据的分析，政府可以更科学地制定城市规划、安全防范等政策。

（五）大数据驱动的决策支持面临的挑战

1. 数据隐私和安全

随着数据规模的扩大，数据隐私和安全问题变得尤为突出。大数据中可能包含大量敏感信息，如个人身份、财务状况等。管理大数据时，必须加强对数据隐私的保护，并建立安全的数据存储和传输机制，以防止出现数据泄露和滥用。

2. 技术挑战

大数据的处理和分析需要使用先进的技术，如机器学习、人工智能等。但这些技术在应用过程中也面临一系列挑战，包括算法复杂性、计算资源需求、模型解释性等。解决这些技术挑战对于实现有效的大数据驱动决策支持至关重要。

3. 数据质量和一致性

由于大数据的多样性和异构性，数据质量和一致性成为制约大数据决策支持的瓶颈。不同来源、不同格式的数据可能存在不一致性，而噪音和错误则可能影响数据的质量。处理这些问题需要建立健全的数据清洗和整合机制。

4. 法律和伦理问题

大数据的应用涉及大量个人和敏感信息，因此法律和伦理问题也日益引起关注。在数据采集、存储和分析的过程中，必须遵循相关的法律法规，保障个人隐私。同时，对于数据的合法使用和分享也需要明确规范，以防止出现滥用和不当行为。

5. 文化和组织变革

大数据驱动的决策支持需要组织内部进行文化和管理模式的变革。传统的决策模式和组织结构可能无法适应大数据时代的需求，因此需要进行相应的变革，培养数据驱动的思维方式和团队合作精神。

（六）未来发展趋势

1. 异构数据处理技术

未来，大数据将呈现更加多样化的形式，包括文本、图像、视频等多种类型的数据。异构数据处理技术将成为一个重要的发展方向，以更好地满足不同领域对于多样数据的需求。

2. 边缘计算与大数据融合

随着物联网的发展，边缘计算将逐渐崭露头角。将边缘计算与大数据相结合，可以在本地对数据进行处理和分析，减轻中心服务器的负担，更快速的实现决策响应。

3. 数据共享与合作

为了更好地应对复杂的挑战，未来将促进更多的数据共享与合作。企业、组织和政府可以通过共享数据，获得更全面的信息，推动产业协同和创新发展。

4. 人工智能与大数据融合

人工智能技术的不断进步将与大数据相互融合，形成更强大的决策支持系统。机器学习、深度学习等人工智能算法将进一步提高对大数据的分析能力，实现更精准的预测和决策。

5. 可解释性与可信度强化

随着大数据的应用越来越广泛，对于决策结果的可解释性和可信度要求也日益提高。未来的发展趋势将着重于强化模型的可解释性，提高决策的透明度和可信度。

大数据驱动的决策支持是当今信息时代的一项重要技术和战略。通过充分发掘和分析海量的数据，组织可以更好地理解业务运行情况、发现潜在机会和问题，从而做出更科学、精准的决策。然而，大数据应用仍面临着一系列挑战，包括技术、法律、伦理等方面。未来，随着技术的不断发展和各行业对大数据应用的深入理解，相信大数据驱动的决策支持将在各个领域展现出更加广阔的前景。

二、大数据在资源优化中的应用

（一）概述

在当今数字化时代，大数据技术作为一种强大的信息处理工具，不仅在商业领域取得了显著的成果，而且同时也在资源优化管理中展现出巨大的潜力。本书将深入探讨大数据在资源优化中的应用，分析其原理、关键技术以及在不同领域的实际案例。

（二）大数据在资源优化中的原理

1. 数据采集与整合

资源优化的第一步是收集相关数据，而大数据的特点之一就是能够处理海量、多样化的数据。通过传感器、互联网、社交媒体等渠道，大数据系统可以采集到与资源利用相关的各种信息，包括能源消耗、生产效率、物流运输等。

2. 数据清洗与预处理

由于数据来源的多样性，数据中常常包含噪音、异常值等问题。在进行资源优化前，需要对数据进行清洗和预处理，确保数据的准确性和可靠性。这一步骤包括去除重复数据、填充缺失值、处理异常数据等。

3. 数据分析与建模

大数据的核心价值在于其分析和挖掘能力。通过数据分析和建模，可以深入学习资源利用的规律和特点。机器学习、深度学习等技术可以帮助构建模型，预测未来趋势，发现影响资源利用的关键因素。

4. 实时监控与反馈

大数据系统能够实时监控资源的使用情况，及时发现异常和变化。通过实时反馈，可以进行及时调整和优化，使资源的利用更加高效和灵活。这种实时性的监控有助于应对动态变化的资源管理需求。

（三）大数据在不同领域资源优化中的应用

1. 能源行业

（1）智能电网

大数据在智能电网中的应用，通过监测电网设备状态、用户用电行为，预测能源需求，实现电力系统的优化调度。这有助于提高电力供应的稳定性，减少能源浪费，降低能源成本。

（2）新能源管理

在新能源领域，大数据可用于风力、太阳能等能源的生产预测和管理。通过实时监测天气、能源设备运行状态等信息，系统可以优化能源生产计划，确保能源的可持续供应。

2. 制造业

（1）生产调度与优化

大数据在制造业中可以实现生产过程的实时监控和调度优化。通过分析生产线上的传感器数据、设备状态等信息，系统可以调整生产计划，提高生产效率，减少资源浪费。

（2）质量控制

利用大数据分析技术，制造业可以实现对产品质量的精准监控。通过采集和分析生产过程中的数据，系统可以及时发现潜在质量问题，防止次品产品的产生，提高产品质量。

3. 城市规划与管理

（1）交通优化

大数据在城市交通管理中发挥着重要作用。通过分析车流、交通信号、公共交通数据等信息，系统可以优化交通流动，减缓交通拥堵，提高交通效率，减少能源消耗。

（2）城市资源分配

城市资源包括水、电、气等多个方面。大数据可以通过监测城市各项资源的使用情况，优化资源的分配和利用。这对于提高城市的可持续性和抵御资源紧缺问题具有重要意义。

4. 农业领域

（1）农业生产预测

大数据可用于农业领域的生产预测。通过分析土壤、气象、作物生长数据，系统可以预测产量、病虫害发生等情况，帮助农业生产者做出合理的决策，提高农产品产值。

（2）精准农业

大数据技术有助于实现精准农业管理。通过监测土壤水分、作物生长情况等数据，系统可以更精确施肥、灌溉，减少农药的使用，提高农业生产效益。

（四）大数据在资源优化中的关键技术

1. 云计算技术

云计算提供了强大的计算和存储能力，为大数据的处理和分析提供了基础设施支持。资源优化系统可以利用云计算平台，实现弹性扩展、分布式计算，应对海量数据的处理需求。

2. 人工智能与机器学习

人工智能和机器学习技术能够处理复杂的资源优化问题。通过训练模型，系统可以从大量数据中学习规律和模式，为资源的优化提供智能化的决策支持。在能源管理、生产调度等领域，机器学习算法能够实现自适应的优化策略，提高系统的效率和灵活性。

3. 物联网技术

物联网技术使得各类设备能够实时连接和通信，产生大量的数据。在资源优化中，物联网技术用于实时监测和收集各类设备、传感器的数据，为系统提供及时的信息反馈。这对于实现实时调度和决策具有重要作用。

4. 数据可视化技术

数据可视化技术能够将复杂的数据以图形化的形式呈现，帮助决策者直观地理解资源利用的情况。通过可视化界面，用户可以实时监控资源的使用情况、趋势变化，更好地参与决策过程。

5. 边缘计算技术

边缘计算是一种将数据处理推向网络边缘的技术，能够在离数据源更近的地方进行实时处理和分析。在资源优化中，边缘计算可以减少数据传输延迟，提高数据响应速度，适用于需要实时决策的场景。

（五）面临的挑战与未来发展趋势

1. 数据隐私和安全问题

随着大数据的应用范围扩大，涉及的数据也变得更加敏感。数据隐私和安全问题成为资源优化面临的挑战之一。未来需要加强数据隐私保护技术，建立更完善的安全机制。

2. 跨平台和标准化

资源优化系统可能涉及多个平台和设备，而它们之间的信息交互、数据格式可能存在差异。跨平台和标准化的问题需要解决，以保障不同系统之间能够无缝协同工作。

3. 数据质量和一致性

数据的质量和一致性对于资源优化至关重要。尽管大数据技术能够处理海量数据，但若数据质量不高，分析结果可能失真。因此，提升数据质量和一致性仍然是一个亟待解决的问题。

4. 法律和伦理问题

随着资源优化应用的增加，法律和伦理问题也愈发凸显。在资源利用的过程中，必须遵守相关法规，确保数据的合法使用，并关注伦理道德问题，防止滥用数据。

5. 智能化水平提升

未来，资源优化系统将更加智能化。通过引入更先进的人工智能技术，系统能够更好地适应复杂多变的环境，实现更智能、自适应的资源管理。

6. 可持续发展

资源优化不仅仅关注短期效益，更需要考虑可持续发展。未来的发展趋势将更加强调对资源的长期规划和可持续利用，以满足社会、经济和环境的需要。

大数据在资源优化中的应用为各个领域的管理和决策提供了强有力的支持。通过数据的采集、清洗、分析和建模，资源优化系统可以实现更加智能、高效的决策。关键技术如云计算、人工智能、物联网等的发展，使得资源优化的范围不断扩大，应用场景更加多样化。然而，面临的挑战也不容忽视，包括数据安全、跨平台一致性、法律伦理等问题。未来，随着技术的不断创新和社会对可持续发展的日益关注，大数据在资源优化中的应用将持续发展并取得更大的突破。

三、大数据对高校创新的推动

（一）概述

随着信息技术的快速发展，大数据作为一种强大的信息处理和分析工具，已经在各行各业展现出了广泛的应用潜力。在高等教育领域，大数据的应用不仅仅体现在教学和学术研究方面，而且更在高校创新中发挥着重要的推动作用。本书将深入探讨大数据对高校创新的推动，分析其原理、应用场景以及在提升高校创新能力方面的作用。

（二）大数据在高校创新中的原理

1. 数据采集与整合

高校内部涉及众多数据源，包括学生信息、教学资源、科研数据等。大数据在高校创新中的原理首先体现在对这些数据的采集和整合。通过学生管理系统、科研项目数据库等渠道，大数据系统可以收集大量与高校运作相关的数据。

2. 数据清洗与预处理

由于数据的多样性和异构性，采集到的数据可能存在噪音、缺失值等问题。在进行创新推动前，需要对这些数据进行清洗和预处理，以确保数据的质量和可用性。这包括去除冗余信息、填充缺失值、处理异常数据等步骤。

3. 数据分析与挖掘

大数据的核心价值在于其数据分析和挖掘能力。在高校创新中，通过对学生学习行为、科研项目进展、校园资源利用等数据的深入分析，可以发现潜在的创新机会和规律。机器学习、数据挖掘等技术有助于从大规模数据中提取有价值的信息。

4. 实时监控与反馈

大数据系统可以实时监控高校各方面的数据变化，并及时反馈给决策者。在创新推动过程中，实时监控可以帮助高校及时调整教学策略，抓住创新机遇，提高决策的灵活性和适应性。

（三）大数据在高校创新中的应用场景

1. 学生创新能力培养

（1）个性化学习

大数据分析学生的学习行为、兴趣爱好、学科倾向等信息，为高校提供了实施个性化学习的可能性。通过推荐系统和智能辅导工具，可以根据学生的特点量身定制教学计划，激发学生的创新活力。

（2）学科交叉研究

通过分析学生的选课和研究方向，大数据可以发现学科交叉的机会。高校可以通过搭建跨学科的创新团队，促进不同领域的知识交流与合作，培养学生的多学科综合创新能力。

2. 科研创新支持

（1）课题选择与评估

大数据可以分析科研项目的历史数据、研究方向、成果质量等信息，为高校科研部门提供科研课题选择和评估的参考依据。这有助于确保投入资源的科研项目更具潜力和前景。

（2）跨领域合作发现

通过分析科研人员的合作历史、研究论文等数据，大数据可以帮助高校发现潜在的跨领域合作机会。推动不同学科之间的合作，促进科研创新的迅速发展。

3. 创新创业生态建设

（1）创新创业孵化

大数据可以分析创业团队的成员背景、项目规划、市场前景等信息，为高校孵化器提供更精准的创业项目筛选和辅导支持。通过数据分析，可以提高创业成功率。

（2）创新资源整合

大数据有助于整合校内外的创新资源，包括技术专利、校友网络、企业合作等。通过数据分析，高校可以更好地发现和整合外部资源，推动创新项目的落地和发展。

（四）大数据对高校创新能力的提升

1. 智能决策支持

大数据为高校管理层提供智能决策支持。通过数据分析，决策者可以更好地了解高校的运作状况，科学决策，推动创新发展。例如，在教学安排、研究方向选择、创业项目投入等方面提供智能化建议。

2. 创新项目评估与迭代

大数据有助于对创新项目进行全面评估。通过分析项目的各个环节数据，可以更好地评估项目的可行性、进展情况和效益。基于数据的评估结果，高校可以及时调整和优化创新项目，实现更高效的迭代和改进。

3. 数据驱动的学科交叉

大数据分析有助于发现学科之间的潜在联系和交叉点。通过挖掘学科数据，高校可以促进不同学科领域的融合与合作，推动学科交叉研究，培养更具创新力的研究团队。

4. 个性化创新培养

通过对学生个体数据的深入分析，大数据支持个性化创新培养。高校可以根据学生的兴趣、潜力和学科倾向，量身定制创新培养计划，激发每个学生的创新潜能。

5. 创新资源整合与共享

大数据技术有助于高校整合和共享创新资源。通过数据分析，高校可以更好地了解校内外的创新资源分布情况，推动资源的整合与共享，促进创新活动的协同发展。

（五）面临的挑战与未来发展趋势

1. 数据隐私和安全问题

在大数据应用的过程中，通常涉及大量的敏感信息，包括学生个人数据、科研项目机密等。数据隐私和安全问题成为高校在推动创新时必须认真面对和解决的挑战。未来的发展需要加强数据隐私保护技术和建立更为完善的数据安全体系。

2. 数据治理与管理

高校拥有众多数据源，数据的多样性和异构性使得数据治理和管理面临挑战。建立健全的数据治理机制，确保数据的质量、一致性和可用性，是未来高校创新推动中需要重点关注的问题。

3. 人才培养与团队协同

大数据的应用需要具备相关技能的专业人才。高校在推动创新时需注重培养数据科学、机器学习等领域的专业人才。同时，推动跨学科合作，培养具备多领域知识的团队，推动创新更具综合性。

4. 创新文化与管理模式

大数据的推动需要更加开放和创新的文化氛围。高校需要在组织管理层面推动创新文化的建设，激发师生的创新热情。同时，创新管理模式也需要与大数据应用相适应，推动高校创新更具活力。

5. 跨校区与国际化合作

推动创新需要整合更广泛的资源，包括校内外的资源。高校需要跨校区、跨地域、甚至跨国际进行合作，共同推动创新项目的发展。建立国际化的创新合作平台，促进国际创新合作。

6. 智能化与可持续发展

未来，随着人工智能和大数据技术的进一步发展，智能化的创新推动将成为一个重要趋势。高校需要结合可持续发展理念，推动智能化创新在更广泛领域的应用，以实现创新的可持续发展。

大数据作为一项先进的信息技术，为高校创新提供了强大的推动力。通过数据的采集、分析和挖掘，高校可以更好地了解学生、科研、创业等方面的情况，进而有针对性地推动创新活动。在面临挑战的同时，高校需要关注人才培养、数据隐私安全、文化建设等方面，逐步完善创新推动的体系和机制。未来，随着技术的不断发展和高校对创新需求的深入理解，大数据将在高校创新中发挥更为重要的作用，为高校的发展注入新的活力。

第二章　高校教育管理信息化的现状分析

第一节　信息化在高校教育管理中的历史演变

一、信息化发展的阶段性变化

（一）概述

信息化是指利用信息技术和通信技术，将信息资源进行开发、利用、传递、存储，以提高生产力、提高经济效益、促进社会进步的过程。信息化发展经历了多个阶段，每个阶段都伴随着技术的创新、社会结构的变化和应用领域的拓展[①]。本书将深入探讨信息化发展的阶段性变化，分析每个阶段的特点、影响因素以及未来趋势。

（二）信息化的起步阶段（20 世纪 50–60 年代）

1. 技术特点

主要技术：电子管、晶体管、电传真、电传打字机等。

主要应用领域：政府、军事、科研机构等。

2. 特点与影响

中央集权：信息化应用主要集中在政府和军队等中央机构，服务对象有限。

大型机为主：大型计算机是当时主要的信息处理工具，普及度相对较低。

信息保密性：信息处理主要关注保密性，强调安全。

3. 未来趋势

分布式技术：预计未来将推动分布式计算技术的发展，提高计算效率。

军民融合：未来可能加强军民融合，促进信息技术在民用领域的应用。

（三）信息化的计算机化阶段（20 世纪 70–80 年代）

1. 技术特点

主要技术：微处理器、个人计算机、局域网等。

① 梁丽肖．教育信息化背景下高校管理机制探究［M］．长春：吉林人民出版社，2021：52.

主要应用领域：企业、学校、科研机构等。

2. 特点与影响

个人计算机兴起：个人计算机开始进入家庭、学校，推动信息化向更广泛领域渗透。

局域网发展：局域网的建设促进了内部信息的共享和管理。

软件产业崛起：软件行业逐渐崭露头角，应用软件得到迅速发展。

3. 未来趋势

云计算：未来将进一步推动云计算的发展，实现资源的共享和灵活使用。

物联网：物联网技术的普及，将加速信息化与实体世界的深度融合。

个性化服务：预计未来信息化将更加注重个性化服务，满足不同用户的需求。

（四）信息化的网络化阶段（90 年代至今）

1. 技术特点

主要技术：互联网、无线通信、移动设备等。

主要应用领域：互联网应用、电子商务、社交媒体等。

2. 特点与影响

互联网普及：互联网成为信息化的重要基础设施，使信息传递更加便捷。

电子商务兴起：电子商务改变了传统商业模式，促进了商业的全球化。

社交媒体崛起：社交媒体作为信息传播的新平台，改变了信息的传播方式。

3. 未来趋势

5G 技术：5G 技术的广泛应用将带来更高速、低延迟的通信体验，推动信息化向更广领域渗透。

人工智能：人工智能技术将在信息化中发挥更重要的作用，实现智能化的信息处理。

区块链：区块链技术的发展将进一步提高信息安全性，增强信息化的可信度。

（五）未来信息化发展的展望

1. 异构技术融合

未来信息化的发展将更加注重异构技术的融合。包括但不限于云计算、大数据、人工智能、区块链等技术的整合与协同，实现更强大的信息处理能力。这种融合将推动信息化向更高层次发展，实现更广泛领域的智能化应用。

2. 智能化服务

未来信息化发展将更加注重智能化服务。通过人工智能技术的应用，实现信息处理的自动化、智能化，提供更个性化、精准的服务。这将极大地提高信息处理效率，使用户能够更便捷地获取所需信息。

3. 数据隐私保护

随着信息化的深入，数据隐私保护将成为一个重要的方向。未来的信息化发展需要更加关注用户数据的安全和隐私，加强相关法律法规的制定和执行，确保信息化的健康可持续发展。在信息化的过程中，数据的采集、传输、存储涉及大量个人隐私信息，因此加强数据隐私保护是保障用户权益和社会安全的重要举措。

4. 数字化经济

未来信息化的发展将推动数字化经济的蓬勃发展。数字化经济是指基于数字技术和信息网络的生产、分配、交换和消费的经济形态。通过数字化经济，企业能够更好地利用数据资产，提高生产效率，创造新的商业模式。数字化经济的崛起将深刻影响产业结构和经济格局，为社会经济发展带来新的机遇和挑战。

5. 全球化与区域化并存

未来信息化的发展将继续推动全球化和区域化并存。互联网的普及和全球通信的便捷使得信息能够在全球范围内自由流动，促进了全球化的发展。然而，在信息化的过程中，不同国家和地区可能会出现信息安全、文化差异等问题，因此也需要加强对区域性差异的重视，推动信息化在全球范围内平衡发展。

6. 教育与培训的变革

未来信息化的发展将深刻改变教育和培训的方式。随着数字化技术的应用，传统的教育和培训模式将迎来重大变革。在线教育、远程培训、虚拟现实等技术将成为教育领域的重要工具，为学习者提供更灵活、个性化的学习方案。信息化的普及将弥补地域差异，促进知识的共享和传播。

信息化的发展经历了多个阶段，每个阶段都伴随着技术的创新、社会结构的变化和应用领域的拓展。从起步阶段到计算机化阶段，再到网络化阶段，信息化已经深刻地改变了人们的生活方式、工作方式和社会结构。未来，信息化将继续朝着智能化、个性化、数字化等方向发展，为社会经济的可持续发展提供强大支撑。

在信息化的发展中，需要平衡技术的创新和社会的可持续发展，注重数据隐私保护、智能化服务、数字化经济和全球化与区域化的并存。这将是一个复杂而丰富的发展过程，需要各界共同努力，以推动信息化不断为人类社会带来更多的创新和福祉。

二、技术对教育管理的影响

（一）概述

随着科技的不断发展，技术在各个领域都产生了深远的影响，其中包括教育管理。教育管理是指对学校、教育机构及其人员进行组织、规划、协调、监督、评价和改进等方面的管理活动。技术的崛起为教育管理带来了诸多变革，从学校管理到教学方式，都发生了深刻的变化。本书将深入探讨技术对教育管理的影响，分析其在学校管理、教学改革、学生评价等方面的作用，以及未来可能的发展趋势。

（二）技术在学校管理中的应用

1. 学校信息化管理系统

（1）学籍管理

学校信息化管理系统实现了学籍信息的电子化管理，包括学生档案、成绩记录、奖惩情况等。这使得学校管理者能够更加便捷地获取和处理学生的信息，提高了学籍管理的效率。

（2）资源调配

通过信息化系统，学校可以更好地进行资源调配，包括教室的利用率、师资的合理分配等。这有助于提高资源的利用效率，帮助学校更好地满足师生的需求。

（3）财务管理

学校信息化管理系统还可以用于财务管理，包括经费的申请、使用和报销等。这提高了学校财务管理的透明度和精确度，减少了管理人员的工作负担。

2. 智能化校园管理

（1）智能安防

技术的发展使得学校安防系统变得更加智能化。通过人脸识别、智能监控等技术，可以实现对校园安全的实时监测和警报，提高学校的安全性。

（2）智能设备管理

智能化校园管理还包括对设备的智能管理，例如智能教室的设备控制、智能图书馆的图书管理等。这使得学校的设备更加智能化、高效化，提高了设备的利用率。

（3）数据分析与预测

学校管理者可以通过技术应用对学校的运行情况进行数据分析，预测未来的发展趋势。这有助于做出更科学的决策，提高学校管理的前瞻性和灵活性。

（三）技术在教学改革中的作用

1. 在线教育平台

（1）课程资源共享

在线教育平台使得课程资源可以被更广泛地共享。教育者可以将精品课程上传至平台，学生可以根据自身需求选择适合的课程学习，实现了教育资源的优化配置。

（2）弹性学习

在线教育平台支持弹性学习，学生可以根据自己的时间和进度开展学习。这打破了传统教学中的时间和空间限制，提高了学习的自由度。

2. 智能教学工具

（1）智能辅助教学

智能教学工具如智能白板、在线测评系统等，可以对学生的学习过程进行实时监测和反馈，提供个性化的学习辅助。教师可以根据学生的实际情况进行更有针对性的教学。

（2）虚拟实验

技术的发展使得虚拟实验在教学中得以广泛应用。学生可以通过虚拟实验平台进行实验操作，不受时间和设备的限制，提高了实验教学的效果。

3. 远程教育

（1）边远地区教育

技术的发展使得远程教育成为可能，尤其对于边远地区的教育提供了有效的解决方案。学生可以通过互联网接受优质教育资源，打破了地理障碍。

（2）跨国合作

远程教育也促进了跨国合作，学生可以跨越国界获取不同国家的优秀教育资源。这有助于培养更具有国际视野的人才。

（四）技术在学生评价和个性化发展中的应用

1. 学生评价系统

（1）实时评价反馈

技术的应用使得学生评价变得更加及时和精准。通过在线评价系统，教师可以在学生完成任务后立即给予反馈，帮助学生更好地理解和掌握知识。

（2）数据化个性化评价

技术在学生评价中的应用也促使了个性化评价的发展。通过对学生学习行为、成绩、兴趣等数据的收集和分析，可以更全面地了解每个学生的特点和需求，为个性化发展提供有力支撑。

2. 个性化学习路径

（1）智能学习系统

借助智能学习系统，学校可以为每个学生创建个性化的学习路径。系统通过分析学生的学科水平、学科兴趣等信息，推荐适合他们的教材、学习资源和学科方向，使得学生能够更加高效地学习。

（2）自适应学习平台

自适应学习平台利用技术手段，根据学生的学习表现和需求，动态调整学习内容和难度。这有助于每个学生在适合自己水平的学习环境中不断进步，避免了过度压力或学习不足的情况。

3. 学业规划与辅导

（1）职业规划系统

技术的应用还推动了职业规划的个性化发展。学校可以利用职业规划系统，帮助学生更好地了解自己的兴趣、优势和职业方向，制定个性化的职业发展计划。

（2）在线辅导与咨询

通过在线辅导与咨询服务，学生可以随时随地获取个性化的学业辅导。这为学生提供了更灵活的学习支持，帮助他们解决学习问题，提高学习效率。

（五）未来技术在教育管理中的发展趋势

1. 人工智能的深度融合

未来，人工智能将在教育管理中发挥更加重要的作用。通过人工智能技术，可以实现更精准的学生评价、更个性化的学习路径推荐、更智能的教学辅助等功能。人工智能的深度融合将使教育管理更加智能化和高效化。

2. 大数据分析的广泛应用

随着大数据技术的不断成熟，其在教育管理中的应用将更加广泛。大数据分析可以帮助学校更全面地了解学生的学习行为、倾向和特点，为决策提供更多的数据支持。通过大数据分析，学校管理者可以更科学地制定政策，提高教育管理的精准性。

3. 虚拟现实和增强现实的应用

虚拟现实（VR）和增强现实（AR）技术将在教育中得到更广泛的应用。通过 VR 和

AR 技术，学生可以沉浸式体验学科知识，进行虚拟实验、虚拟实地考察等活动，提高学习的趣味性和实践性。这将推动教育管理更加重视创新教学手段的发展。

4. 区块链技术的应用

区块链技术在学生信息管理、学历认证等方面具有巨大潜力。通过区块链技术，学生的学籍信息可以更加安全、透明地存储和管理，学历认证也能够更加高效、可靠地实现。这将提升教育管理的信息安全性和可信度。

5. 异构技术的融合

未来，教育管理中可能会见到异构技术的更深层次融合。包括但不限于云计算、人工智能、大数据、区块链等技术的整合与协同，形成更强大的教育管理系统。这种融合将为教育管理提供更全面、智能的解决方案，满足不同层次、不同领域的需求。

6. 智能化辅助决策

未来，教育管理中智能化的辅助决策系统可能更加强大。通过引入机器学习、深度学习等先进算法，这些系统可以更准确地预测学生的学习情况、制定个性化的学习方案，同时为学校管理者提供更科学的决策支持。这将有助于提高学校整体的管理水平和教学质量。

7. 个性化学习的进一步发展

随着技术的不断发展，个性化学习将迎来更大的发展。智能化系统将更深入地了解每个学生的学习风格、兴趣、优势和不足，为他们提供更加贴近实际需求的学习资源和学科路径。个性化学习的进一步发展将促进学生更积极主动地参与学习过程，提高学习效果。

（六）挑战与应对

1. 隐私与安全问题

随着教育管理中技术的广泛应用，隐私与安全问题将成为一个重要的挑战。学生和教职工的个人信息需要得到更加严密的保护，防止信息泄露和滥用。学校需要加强对信息系统的安全性管理，制定相关政策和规范，确保信息的安全性和可控性。

2. 数字鸿沟问题

虽然技术在教育管理中发挥了积极作用，但数字鸿沟问题仍然存在。一些地区或学校可能因为经济、技术设备等原因无法充分享受到技术带来的便利。为了促使技术更加普及，需要政府、企业和社会各方共同努力，提供更多的支持和资源，缩小数字鸿沟的差距。

3. 教育模式的转变

技术的广泛应用可能需要教育模式的转变，包括教育者的培训、教学方法的调整等。一些教育者可能面临适应新技术的压力，学校需要投入更多资源来培训教育者，推动教育模式朝着更灵活、创新的方向发展。

4. 技术的不确定性

随着技术的不断发展，未来可能会涌现出新的技术，但这也带来了技术的不确定性。学校管理者需要时刻关注技术发展的动向，做好技术的规划和更新，以应对不断变化的技术环境。

技术在教育管理中的应用带来了深刻的变革，涵盖了学校管理、教学改革、学生评价和个性化发展等方面。未来，随着人工智能、大数据、虚拟现实等技术的不断发展，教育管理将迎来更多的机遇和挑战。在应对各种挑战的同时，学校需要更加重视隐私与安全问题、数字鸿沟的解决、教育模式的转变以及技术的不确定性。通过科学规划、合理利用技术，可以使技术更好地服务于教育事业，推动教育的可持续发展。

三、先前信息化成果与经验总结

（一）概述

信息化是指利用信息技术和通信技术，将信息资源进行开发、利用、传递、存储的过程。在过去的几十年中，各行各业都经历了信息化的浪潮，包括教育、医疗、金融、制造等领域。本书将对先前信息化的成果与经验进行总结，重点关注在各行业中信息化取得的进展、解决的问题、应用的关键技术等方面的经验教训。

（二）教育领域的信息化成果与经验

1. 成果

（1）学校管理信息系统

许多学校在信息化的过程中建立了学校管理信息系统，实现了学籍管理、资源调配、财务管理等方面的自动化和数字化。这为学校管理者提供了更精准、更高效的决策支持。

（2）在线教育平台

先前的信息化使得在线教育平台得以兴起。学校和机构通过在线教育平台提供各类课程，实现了课程资源的共享和学生的弹性学习。这为学生提供了更多元、便捷的学习机会。

（3）智能教学工具

智能教学工具如智能白板、在线测评系统等应用广泛。这些工具能够实时监测学生的学习情况，为教师提供更有针对性的教学辅助，加强了教学效果。

2. 经验

（1）教育者培训

先前的信息化经验表明，教育者的培训是推动信息化的关键。教育者需要具备运用信息技术的能力，适应新的教学模式和工具。因此，学校需要投入足够的资源进行教育者培训，确保他们能够充分发挥信息化的优势。

（2）学生参与与反馈

成功的信息化项目需要充分考虑学生的参与和反馈。在引入新的教育技术和平台时，学生的意见和需求应该被充分考虑，以确保信息化能够真正服务于学生的学习需求，并获得他们的积极参与。

（3）数据隐私保护

随着信息化的深入，数据隐私保护显得尤为重要。学校需要建立健全的数据隐私保护制度，确保学生和教职工的个人信息得到充分保护。同时，需要加强对信息系统的安全管理，防止出现数据泄露和滥用。

（三）医疗领域的信息化成果与经验

1. 成果

（1）电子病历和健康档案

医疗领域在信息化过程中广泛应用电子病历和健康档案。这使得患者的病历信息能够更方便地存储、共享和管理，提高了医疗服务的效率。

（2）远程医疗服务

信息化使得远程医疗服务得以发展。患者可以通过互联网平台进行在线咨询、远程诊断等服务，减少了患者的等待时间，提高了医疗资源的利用效率。

（3）医疗大数据应用

医疗大数据的应用成果显著。通过对大量医疗数据的分析，可以实现疾病的早期预测、药物研发、临床决策等方面的进展，为医学研究和临床实践提供了重要支持。

2. 经验

（1）标准化与互操作性

医疗信息化中的标准化与互操作性是关键经验。不同医疗机构和系统之间的数据应该能够互相交流和共享，从而提高医疗服务的质量和协同效能。建立标准化的数据格式和协议是保障医疗信息系统互操作性的有效途径。

（2）安全性与隐私保护

医疗信息具有高度敏感性，因此安全性和隐私保护是医疗信息化的核心经验。医疗机构需要采取有效的措施，保障患者信息的安全，防止未经授权的访问和泄露。建立健全的隐私保护政策和技术手段是确保医疗信息安全的必要条件。

（3）人机协同

信息化并不意味着机器完全替代人的角色，而是要实现人机协同。医生、护士等医疗从业人员需要了解并熟练使用信息化工具，以提高工作效率。同时，信息化系统也应该考虑人性化的设计，使得医务人员更容易接受和使用。

（四）金融领域的信息化成果与经验

1. 成果

（1）电子支付与网上银行

金融领域的信息化成果主要体现在电子支付和网上银行的发展。随着移动支付、支付宝、微信支付等电子支付工具的普及，人们可以更方便地进行支付和资金管理。网上银行的兴起也为用户提供了更便捷的金融服务。

（2）金融大数据应用

金融大数据的应用取得了显著的成果。通过对客户交易、信用记录等大量数据的分析，金融机构可以更准确地进行风险评估、信用评级，提高了金融决策的精准性和效率。

（3）区块链技术在金融中的应用

区块链技术在金融领域的应用也取得了进展。区块链技术可以提高金融交易的透明度、安全性和效率，例如在跨境支付、供应链金融等方面的应用。

2. 经验

（1）风险管理与安全防范

金融信息化中的风险管理和安全防范至关重要。金融机构需要建立健全的风险管理体系，保障客户资金安全。同时，对于网络安全的威胁，金融机构需要投入足够资源，加强技术防范、监控和应急响应。

（2）客户体验与个性化服务

成功的金融信息化项目需要关注客户体验和提供个性化服务。通过大数据分析，金融机构可以更好地了解客户需求，为客户提供个性化的金融产品和服务，提高客户满意度。

（3）与实体经济的深度融合

金融信息化并不仅仅是技术的应用，更需要与实体经济的深度融合。金融机构需要通过信息化手段支持实体经济的发展，促进产业升级、创新和可持续发展。

（五）制造领域的信息化成果与经验

1. 成果

（1）智能制造

信息化在制造领域推动了智能制造的发展。制造企业通过引入物联网技术、大数据分析等手段，实现了生产过程的数字化、网络化、智能化，提高了生产效率和产品质量。

（2）数字化设计和模拟

数字化设计和模拟技术的应用成果显著。通过计算机辅助设计（CAD）和计算机辅助工程（CAE），制造企业可以在产品设计和制造前进行全面的数字化模拟，减少了生产过程中产生的试错成本，提高了产品的设计质量。

（3）物联网在供应链管理中的应用

物联网在制造领域的供应链管理中取得了显著成果。通过物联网技术，企业可以实时监测原材料、半成品和成品在供应链中的位置和状态，实现供应链的实时可视化和智能化管理。

2. 经验

（1）技术人才培养

制造业信息化需要大量技术人才的支持。企业需要加强与高校、科研机构的合作，培养掌握信息化技术的专业人才，以满足制造业信息化发展的需要。

（2）设备互联与标准化

在制造业信息化中，设备互联是一个关键经验。制造企业需要确保各类设备能够实现互联，共同工作，形成数字化生产流程。同时，制定和遵循一致的标准对于设备互联的顺利实现也至关重要。

（3）数据安全和知识产权保护

随着信息化在制造业的深入应用，数据安全和知识产权保护成为制造企业关注的焦点。企业需要制定严格的数据安全政策，保障关键数据不受损害。同时，要加强对知识产权的保护，防范技术和商业机密的泄露。

（4）灵活生产与定制化需求

信息化使得制造业更加灵活，能够更好地适应市场的定制化需求。企业可以通过数字化设计、柔性生产线等方式，实现对产品的快速定制，提高市场竞争力。

（六）跨行业信息化共同经验

1. 数据治理与质量

各行业的信息化成果中都凸显了数据的关键作用。因此，数据治理和数据质量保证是一个共同的经验。建立健全的数据管理机制、规范的数据采集和处理流程，以及高质量的数据是信息化成功的基础。

2. 用户培训与普及

信息化不仅仅是技术的应用，而且更是需要用户的参与与理解。各行业都需要开展用户培训与普及工作，让相关人员充分理解信息化的意义、使用方法和操作技巧，提高信息化工具的使用效果。

3. 创新与持续改进

在信息化的过程中，创新和持续改进是共同的经验。不同行业需要不断引入新技术、新理念，借助信息化推动业务流程的创新，以适应不断变化的市场和技术环境。

4. 合作与共享

信息化在不同行业中的成功经验表明，合作与共享是推动信息化发展的关键。各方可以通过建立联盟、共享平台等方式，实现信息的共享和资源的优化利用，推动整个行业信息化水平的提升。

（七）面临的挑战与应对策略

1. 技术更新换代

信息化领域面临技术更新换代的挑战，新技术的涌现可能导致已有系统过时。应对策略包括定期进行技术评估，建立灵活的系统架构以适应新技术的引入。

2. 安全与隐私问题

安全与隐私问题是各行业信息化面临的共同挑战。建立健全的安全体系，采用先进的加密技术，加强用户教育，是解决安全与隐私问题的关键。

3. 人才短缺与培训

信息化领域人才短缺一直是一个挑战。各行业需要加强与高校、培训机构的交流合作，制定有效的人才培养计划，确保有足够的专业人才支持信息化的发展。

4. 投资与成本控制

信息化项目的投资和成本控制是一个重要考虑因素。各行业需要在投资前进行详细的成本效益分析，合理规划项目阶段，确保投资能够带来长期的经济效益。

各行业在信息化的道路上都取得了显著的成果，积累了丰富的经验。总体而言，成功的信息化需要注重技术的应用、用户的参与、数据的管理和安全，同时要不断创新、合作共享，以应对不断变化的挑战。在未来，各行业将继续面临技术更新、安全与隐私、人才短缺等方面的挑战，需要不断探索创新解决方案，推动信息化迈向更高水平。

第二节　当前高校教育管理信息化水平

一、当前高校教育管理信息化的系统建设与运行状况

（一）概述

随着信息技术的迅猛发展，高校教育管理也逐渐迈入信息化时代。信息化在高校教育管理中的应用，覆盖了学籍管理、课程管理、教学辅助、科研管理等多个方面。本书将探讨当前高校教育管理信息化的系统建设与运行状况，深入剖析现有系统的特点、面临的挑战以及取得的成就。

（二）高校教育管理信息化的系统建设

1. 学籍管理系统

学籍管理是高校教育管理的重要组成部分，涉及学生的入学、转专业、毕业等多个环节。学籍管理系统的建设旨在实现学生信息的全面数字化和自动化处理[①]。学籍管理系统通常包括学生档案管理、学籍变动审批、学籍查询等功能，为学校提供了对学生信息的高效管理途径。

2. 课程管理系统

课程管理系统旨在实现课程的规划、安排和评估的全过程数字化。这一系统包括课程开设、教室分配、教师安排、课程评价等模块。通过课程管理系统，学校可以更灵活地进行课程设计，提高教学资源的利用效率。

3. 教学辅助系统

教学辅助系统通过引入多媒体、在线资源等技术手段，提供教学辅助工具，如智能白板、在线测试系统、教学视频平台等。这些工具有助于丰富教学手段，提高教学效果，满足学生多样化的学习需求。

4. 科研管理系统

科研管理系统主要服务于学校的科研工作，包括科研项目管理、科研成果管理、经费管理等。科研管理系统有助于提高科研管理的效率，加强对科研过程的管理，促进科研成果的产出。

5. 人力资源管理系统

人力资源管理系统涉及教职工的招聘、培训、绩效考核等方面。通过该系统，学校能够更好地管理教职工信息，进行绩效评估，提高人力资源的配置效率。

① 卢保娣．大数据时代高校教育管理及其信息化建设 [M]．长春：吉林大学出版社，2021：29.

6. 财务管理系统

财务管理系统是高校的财务部门的重要工具，用于管理学校的经费、账务、采购等财务活动。该系统有助于提高财务管理的透明度和效率，确保资源的合理利用。

（三）高校教育管理信息化系统的运行状况

1. 特点与优势

（1）整合性

当前高校教育管理信息化系统具有较强的整合性，不同模块之间实现了信息的共享和流通。例如，学籍管理系统与课程管理系统、教学辅助系统之间能够实现数据的无缝对接，提高了信息处理的效率。

（2）实时性

高校教育管理信息化系统的运行状况较为实时。通过系统，学校管理者可以随时获取学生的学籍信息、课程安排情况，以及科研项目的进展情况。这有助于高效决策和及时干预，提升教学管理的灵活性和反应速度。

（3）数据精准性

系统建设注重数据的准确性和精准性。通过严格的数据录入和管理流程，高校教育管理信息化系统确保了学生、教职工等关键信息的准确性，为学校管理提供了可靠的数据支持。

（4）提升教学质量

教学辅助系统的运用提升了教学质量。教师可以通过智能白板、在线测试系统等工具更灵活地开展教学活动，实现个性化教学，满足学生不同层次、不同学科的学习需求，提高了教学效果。

2. 面临的挑战

（1）技术更新速度快

信息技术的迅猛发展导致技术更新速度加快，对高校教育管理信息化系统提出了更高的要求。系统需要不断升级和更新，以适应新的技术标准和功能需求，这对学校的技术支持和维护提出了挑战。

（2）安全性与隐私问题

随着信息化的深入应用，安全性与隐私问题成为当前高校教育管理信息化系统面临的重要挑战。学校的学生信息、教职工信息等隐私数据需要得到有效的保护，防止信息泄漏和滥用。此外，网络安全威胁也需要引发足够的重视，确保系统的稳定运行。

（3）用户培训与普及

尽管高校教育管理信息化系统的功能强大，但用户培训与普及仍然是一个挑战。教育工作者和管理人员需要掌握系统的操作方法和使用技巧，以充分发挥信息化系统的优势。因此，学校需要投入足够的资源进行用户培训，确保系统能够得到广泛的应用。

（4）教育管理与技术融合

教育管理与技术的融合是一个复杂而长期的过程。学校管理者需要更好地理解信息技术的应用，积极参与系统建设和运行，促使教育管理与技术的深度融合，从而更好地支持教育事业的发展。

（四）取得的成就与经验

1. 成就

（1）教学模式创新

高校教育管理信息化系统的运行推动了教学模式的创新。通过在线教育平台、智能教学工具等应用，学校实现了传统教学模式向混合式和在线式教学的转变，提高了教学灵活性和适应性。

（2）学生服务体验提升

学生通过学籍管理系统、教学辅助系统等平台可以更方便地查询个人信息、选课情况，获取学习资源，增强了学生的服务体验。学校通过信息化系统的建设，更好地关注学生需求，提高了学生满意度。

（3）教学质量监控

系统的实时性和数据精准性为教学质量监控提供了强有力的支持。学校管理者可以通过系统随时监测课程评价、学生成绩等信息，及时发现问题并采取措施，提升了教学质量的管理水平。

2. 经验

（1）用户参与与反馈

成功的经验表明，用户参与与反馈是高校教育管理信息化系统建设的关键。学校需要积极倾听教职工和学生的意见，了解他们对系统的需求和反馈，通过持续的用户培训和沟通，提高用户对系统的认知度和满意度。

（2）强化安全管理

面对安全与隐私问题的挑战，学校需要建立健全的安全管理机制。加强对系统的安全审计、访问控制、数据加密等方面的措施，保障敏感信息的安全，同时引导用户增强信息安全意识，共同维护系统的稳定和安全运行。

（3）持续创新与技术跟进

取得成就的经验之一是持续创新与技术跟进。学校需要建立灵活的系统架构，使系统能够容易地进行升级和扩展，以适应不断发展的信息技术。同时，建立技术研发团队，关注新技术的应用，确保系统始终保持先进性和可用性。

（4）教育管理与技术协同

成功的高校教育管理信息化系统建设需要实现教育管理与技术的协同发展。学校管理者应该更积极地参与信息化决策，深入了解技术的应用，推动教育管理与技术的深度融合，使信息化成为促进教育质量提升的有力工具。

（五）未来发展方向与建议

1. 强化数据治理与质量

面对日益增多的数据和信息，未来的发展方向应强化数据治理与质量管理。学校需要建立更为完善的数据管理机制，规范数据的采集、存储、处理流程，提高数据的准确性和质量。

2. 拓展智能化应用领域

未来的高校教育管理信息化系统应进一步拓展智能化应用领域。通过引入人工智能、大数据分析等先进技术，实现更智能、更个性化的教育管理服务，提高系统的智能化水平。

3. 加强安全防护体系

鉴于安全性与隐私问题的挑战，未来的发展需要加强安全防护体系。学校应投入更多资源，建立健全的网络安全机制，提升系统的抗攻击和防护能力。

4. 推动教育管理与技术深度融合

未来发展的关键在于推动教育管理与技术的深度融合。学校管理者需要更深入地理解信息技术的应用，参与决策，推动信息技术成为教育管理的有力帮手，为学校的整体发展提供支持。

5. 促进用户培训与普及

为了更好地发挥信息化系统的作用，学校需要持续加强用户培训与普及工作。通过定期的培训课程、用户手册等形式，提高用户对系统的认知和熟练度，确保系统能够得到广泛应用。

当前高校教育管理信息化系统的建设与运行状况取得了显著的成就，为教育管理提供了强有力的支持。然而，面临的挑战也不容忽视，需要学校进一步加强技术创新、安全防护、用户培训等方面的工作。未来的发展方向应强化数据治理与质量、拓展智能化应用领域、加强安全防护体系建设，推动教育管理与技术深度融合，促进用户培训与普及。这些举措将有助于进一步提升高校教育管理信息化系统的水平，推动教育事业朝着更智能、高效、安全的方向发展。

总体而言，高校教育管理信息化系统的建设是一个不断演进的过程，需要学校和管理者保持敏锐的观察力，随时根据新的需求和挑战进行调整和优化。只有在技术创新、安全保障、用户培训等方面不断努力，才能使信息化系统真正成为促进教育质量提升的有效工具，为学校的长远发展提供有力支撑。

二、当前高校教育管理信息化的数据采集与管理效率

（一）概述

随着信息技术的不断发展，高校教育管理信息化在数据采集与管理方面取得了显著进展。数据作为信息化的核心，对于高校的教育管理起着重要的支撑和引导作用。本书将深入探讨当前高校教育管理信息化的数据采集与管理效率，从系统建设、特点、优势和面临的挑战等方面进行全面剖析。

（二）高校教育管理信息化的数据采集与管理系统

1. 数据采集系统

高校教育管理信息化的数据采集系统是整个信息化系统的基础，涵盖学生信息、课程

信息、教职工信息、科研项目信息等多个方面。数据采集系统通过各种手段，如在线申报、扫描识别等，将各类信息转化为数字形式，实现信息的快速、准确的录入。

2. 数据管理系统

数据管理系统是高校教育管理信息化的核心，它包括对数据的存储、处理、分析和应用。数据管理系统通过建立数据库、数据仓库等机制，对采集到的数据进行分类、整合，形成关联性强、可供查询的数据资源。这为高校提供了从整体到细节的全面的数据支持。

（三）高校教育管理信息化的数据采集与管理特点

1. 多源数据采集

当前高校教育管理信息化面对着多源数据的采集。学生信息、教职工信息、科研项目信息等来自不同渠道和部门，需要实现多源数据的整合和同步。这种特点要求系统具备强大的数据集成能力，确保数据的一致性和完整性。

2. 实时数据采集与处理

随着信息化的发展，实时数据采集和处理成为高校教育管理的重要特点。学校需要随时了解学生的选课情况、教职工的工作状态、科研项目的进展等信息，以便及时做出决策。因此，实时性要求系统能够迅速响应，提供最新的数据支持。

3. 数据标准化和规范化

为了实现多源数据的整合和共享，高校教育管理信息化系统对数据进行了标准化和规范化处理。制定统一的数据格式、字段命名规范，保障数据的一致性和可比性。这有助于提高数据的质量和管理效率。

4. 多层次数据权限管理

数据安全是当前高校教育管理信息化的重要问题，多层次的数据权限管理成为一项必要的特点。系统需要根据用户的身份和权限设置不同的数据访问权限，确保敏感信息只能被授权人员查看和操作，保障数据的安全性。

（四）高校教育管理信息化的数据采集与管理优势

1. 提高工作效率

数据采集与管理的信息化使得高校的教育管理工作更加高效。通过系统自动采集、处理和存储数据，大大减轻了工作人员的负担，提高了数据处理的速度和准确性。学校管理者可以更迅速地获取所需信息，做出科学决策。

2. 促进信息共享

高校教育管理信息化的数据采集与管理优势之一是促进了信息的共享。不同部门和岗位的工作人员可以通过系统获取到他们所需要的信息，实现了信息的无缝流通。这有助于提高工作协同性，避免信息孤岛的出现。

3. 提升数据质量

通过数据标准化和规范化的处理，高校教育管理信息化系统提升了数据的质量。规范的数据格式和字段命名减少了数据的错误率，确保了数据的准确性。这为学校的管理决策提供了可靠的数据基础。

4. 支持数据分析和决策

数据采集与管理系统为高校提供了大量的数据资源，支持数据分析和决策。学校管理者可以通过系统对学生选课情况、教职工绩效、科研项目进展等进行深入分析，做出科学的管理决策，推动学校的发展。

（五）面临的挑战

1. 数据安全与隐私问题

随着数据采集与管理的不断深入，数据安全与隐私问题成为一大挑战。敏感信息的泄露可能对学生、教职工造成严重影响。高校需要加强对数据的加密、权限控制等安全措施，确保数据的安全性。

2. 数据一致性和完整性

多源数据的采集使得数据一致性和完整性成为一个挑战。不同部门采集的数据可能存在差异，需要系统具备强大的数据整合能力，确保数据的一致性和完整性。数据一致性检查和清理工作成为系统维护的一项关键任务，以保障数据的质量和可靠性。

3. 技术更新与升级

随着技术的不断发展，数据采集与管理系统需要不断进行更新和升级以适应新的技术标准和功能需求。技术的迭代可能导致旧系统不再兼容，需要耗费大量资源进行系统的迁移和更新，这对学校的技术支持和维护提出了挑战。

4. 用户培训与适应

数据采集与管理系统的复杂性要求用户具备一定的操作和管理能力，但不同岗位的用户可能具有不同的技术水平。因此，系统的推广和应用需要伴随着用户培训，确保所有相关人员都能够熟练使用系统。用户培训和适应成为一项需要投入大量资源和时间的挑战。

（六）取得的成就与经验

1. 成就

（1）工作效率提升

数据采集与管理的信息化使得高校的工作效率得到显著提升。通过系统自动化处理大量数据，减少了手工操作的时间和错误率，为学校的各项管理工作提供了高效支持。

（2）信息共享与协同

信息化的数据采集与管理促进了各部门之间的信息共享与协同。不同岗位的工作人员可以通过系统获取到全面、准确的信息，实现了信息的流通，提高了各部门之间的协同效应。

（3）数据质量提升

系统的数据标准化和规范化处理提升了数据的质量。规范的数据格式和字段命名减少了数据的错误，提高了数据的可信度和准确性，为学校的管理决策提供了可靠的数据支持。

2. 经验

（1）用户参与与反馈

成功的经验表明，用户的参与与反馈是数据采集与管理系统建设的重要环节。学校需要积极倾听各部门和岗位的用户意见，了解他们对系统的需求和反馈，通过持续的用户培训和沟通，提高用户对系统的认知和满意度。

（2）数据安全管理

面对数据安全与隐私问题，学校需要建立健全的数据安全管理机制。加强对系统的安全审计、访问控制、数据加密等方面的措施，保障敏感信息的安全，同时引导用户提高信息安全意识，共同维护系统的稳定和安全运行。

（3）持续创新与技术跟进

取得成就的经验之一是持续创新与技术跟进。学校需要建立灵活的系统架构，使系统能够容易地进行升级和扩展，以适应不断发展的信息技术。同时，建立技术研发团队，关注新技术的应用，确保系统始终保持先进性和可用性。

当前高校教育管理信息化的数据采集与管理效率在提高工作效率、促进信息共享、提升数据质量等方面取得了显著成就。然而，也面临着数据安全与隐私问题、数据一致性和完整性挑战、技术更新与升级需求、用户培训与适应的难题。通过不断总结经验，加强用户参与与反馈，强化数据安全管理，持续创新与技术跟进，高校能够更好地应对挑战，进一步提升数据采集与管理的效率，为学校的教育管理提供更加有力的支持。

三、教职工与学生的信息化应用程度

（一）概述

随着信息化技术在教育领域的广泛应用，教职工与学生的信息化应用程度成为衡量高校信息化水平的重要指标之一。信息化应用不仅提升了教育管理的效率，而且也为教育教学提供了更多可能性[①]。本书将深入研究教职工与学生的信息化应用程度，探讨其现状、特点、影响因素以及未来的发展趋势。

（二）教职工的信息化应用程度

1. 教职工信息化应用的范围

教职工信息化应用涵盖了多个方面，包括教学、科研、管理等多个领域。

（1）教学应用

教职工通过信息化工具，如电子教案、在线课堂等，提升了教学的灵活性和多样性。电子教材的应用使得教职工能够更方便地准备和分享教材，在线课堂则为远程教学提供了可能。

（2）科研应用

信息化技术在科研中的应用也日益普及。教职工通过科研管理系统、文献检索工具等，更便捷地获取信息、开展合作研究，并提高了科研工作的效率。

（3）管理应用

教职工信息化应用还涉及学校管理方面，包括人事管理、财务管理、教务管理等。使用信息系统，教职工能够更方便地进行请假、报销等操作，提高了管理效率。

① 唐燕．高校教育信息化管理的对策与思路 [M]．北京：中国原子能出版社，2018：97.

2. 教职工信息化应用的现状

（1）教学信息化水平较高

在教学方面，许多高校已经建立了电子教务系统，教职工普遍使用电子教案、在线评估等工具。在线课堂的应用也在一些高校逐渐推广，使得高校教学更加灵活。

（2）科研信息化程度逐渐提升

随着科研管理系统的普及，教职工在科研方面的信息化应用程度逐渐提升。科研合作平台、实验室管理系统等工具的使用，使得教职工更容易进行合作研究和管理科研项目。

（3）管理信息化程度有差异

在学校管理方面，由于各高校信息化建设水平不同，教职工管理信息化应用的程度存在一定差异。一些高校已经建立了完善的信息管理系统，而一些学校仍在逐步完善。

3. 影响教职工信息化应用的因素

（1）技术能力

教职工的技术能力是影响信息化应用的关键因素。一些高校通过培训课程提升教职工的技术水平，使得他们更加熟练地运用信息化工具。

（2）信息化政策支持

学校的信息化政策对教职工的信息化应用具有指导和推动作用。政策的明确和支持程度将影响教职工对信息化应用的积极性。

（3）学校信息化建设水平

学校信息化建设水平直接影响到教职工信息化应用的便捷程度。信息系统的健全与否、系统的易用性等都会影响教职工的信息化应用程度。

（三）学生的信息化应用程度

1. 学生信息化应用的范围

学生的信息化应用主要体现在学习、课程管理、社交等多个方面。

（1）学习应用

学生通过电子教材、在线课堂、学习管理系统等工具，进行学习资源的获取和学习过程的管理。电子图书馆、学术搜索引擎等也成为学生学术研究的重要工具。

（2）课程管理

学生通过电子选课系统、课程管理平台等工具，方便地进行课程选择和管理。这些系统使得学生能够更自主地安排自己的学习计划。

（3）社交应用

学生在社交方面通过在线社交平台、学校内部社交系统等进行交流和合作。这不仅拓展了学生的社交圈，也为团队合作提供了便利。

2. 学生信息化应用的现状

（1）学习应用普及

学生在学习应用方面，普遍使用电子教材、在线课堂等工具。电子图书馆的利用也在不断普及，使得学生能够更广泛地获取学术资源。

（2）课程管理更加便捷

随着电子选课系统和课程管理平台的建设，学生的课程管理变得更加便捷。在线选课、查看成绩、提交作业等操作都可以通过电子系统完成，减轻了学生的行政负担。

（3）社交应用丰富多样

学生在社交方面的信息化应用也越来越丰富。除了常见的社交媒体平台，一些学校还建立了专属的学生社交系统，促进了学生之间的交流和学习。

3. 影响学生信息化应用的因素

（1）数字素养

学生的数字素养是影响其信息化应用的重要因素。具有较高数字素养的学生更容易适应各类信息化工具，更加熟练地利用数字资源进行学习和研究。

（2）学科特性

不同学科对信息化应用的需求有所不同。理工科学生可能更多地使用实验室管理系统、科研平台等工具，而文科学生可能更重视图书馆资源的利用和学术交流。

（3）学校信息化支持

学校的信息化支持程度直接关系到学生信息化应用的便捷程度。学校提供的电子资源、信息平台的完善性，将影响学生在信息化应用方面的体验。

（四）信息化应用程度的影响因素

1. 教职工和学生共同的因素

（1）技术基础设施

学校的技术基础设施是影响教职工和学生信息化应用的共同因素。校园网络的稳定性、设备的更新与配备，直接影响到信息化工具的使用效果。

（2）培训与支持

对教职工和学生进行信息化培训，提供及时的技术支持，是影响信息化应用程度的关键因素。培训能够提高用户的使用技能，支持能够解决在使用过程中遇到的问题。

2. 教职工独特的因素

（1）教学任务压力

教职工的教学任务压力是影响其信息化应用程度的独特因素。教职工可能因为教学任务繁重，对于新的信息化工具的接受速度较慢，需要更灵活的培训和技术支持。

（2）学科特性

不同学科的教职工在信息化应用上存在差异。例如，理工科教职工可能更倾向于使用实验室管理系统，而文科教职工更注重在线教学和学术交流平台的应用。

3. 学生独特的因素

（1）学习兴趣和动机

学生的学习兴趣和动机对信息化应用有着直接的影响。对于对信息技术感兴趣的学生，他们更愿意主动学习和应用新的信息化工具。

（2）社交需求

学生更注重社交，因此社交平台的应用对于他们的信息化需求至关重要。学校提供的社交系统是否丰富、活跃，将直接影响学生的信息化应用程度。

（五）未来发展趋势

1. 教职工信息化应用趋势

（1）智能化教学工具

未来，教职工信息化应用将更加趋向智能化。人工智能技术将应用于教学过程中，提供个性化的教学方案，更好地满足学生的学习需求。

（2）虚拟实境技术

虚拟实境技术将为教职工提供更丰富的教学方式。通过虚拟实境技术，教职工能够创造出更具互动性和沉浸感的教学环境，提高学生的学习体验。

2. 学生信息化应用趋势

（1）智能学习管理系统

学生信息化应用将更加重视智能学习管理系统的建设。通过大数据分析和人工智能技术，为学生提供个性化的学习计划和建议，提高学习效果。

（2）在线合作与社交

未来，学生的信息化应用将更加强调在线合作与社交。学校将建立更为完善的在线社交平台，促进学生之间的交流与合作，培养团队协作能力。

教职工与学生的信息化应用程度直接关系到高校信息化建设的成效。教职工在信息化应用方面，尤其是教学、科研和管理等方面的应用程度已经取得显著成果，但在一些学校和学科中仍存在差异。学生在学习、课程管理和社交应用方面的信息化程度也在逐步提升，为学生提供了更便捷的学习和交流途径。

影响教职工和学生信息化应用程度的因素复杂多样，包括技术基础设施、培训与支持、数字素养、学科特性、学习兴趣和动机等。学校的信息化政策和支持程度、技术基础设施的完善程度、培训机制的健全性等方面的改进将有助于提升信息化应用的全面水平。

未来，随着智能技术和虚拟实境技术的发展，教职工和学生的信息化应用将迎来新的发展趋势。智能化教学工具和智能学习管理系统的普及，以及虚拟实境技术的应用，将进一步丰富教学手段，提升学习体验。在线合作与社交的强调也将促进学生间的交流与合作，培养团队协作精神。

综合而言，高校应继续加强信息化建设，注重教职工和学生的培训与支持，优化技术基础设施，制定更明确的信息化政策，以促进信息化应用的全面发展。只有在教职工和学生共同努力下，不断适应新技术的发展，高校的信息化应用水平才能不断提升，为教育事业的发展提供有力支持。

第三节　当前高校教育管理信息化面临的挑战与问题

一、高校教育管理信息化的技术与设备更新换代

（一）概述

随着信息化时代的到来，高校教育管理也逐渐走上了信息化的道路。信息技术的迅猛发展使得高校教育管理信息化系统得以不断更新换代，以适应日益复杂和多样化的管理需求。本书将深入探讨高校教育管理信息化的技术与设备更新换代的重要性、现状、影响因素以及未来发展趋势。

（二）技术与设备更新换代的重要性

1. 适应管理需求

随着高校规模的扩大、管理内容的增加，原有的信息化技术和设备可能难以应对新的管理需求。更新换代能够引入先进的技术和设备，提升系统的处理能力、安全性和稳定性，更好地适应管理的复杂性。

2. 提升工作效率

新一代信息化技术往往具有高效的性能和更智能的功能，能够加速管理流程、提高工作效率。通过更新换代，高校教育管理系统可以更迅速地处理大量信息、实现自动化流程，从而节省时间和人力成本。

3. 保障信息安全

随着网络威胁的不断演变，信息安全成为教育管理的一项重要任务。更新换代可以引入更先进的安全技术，加强系统的防御能力，保障教育管理信息的机密性和完整性。

4. 促进创新发展

新一代技术的引入往往伴随着创新性的管理方法和业务流程。通过更新换代，高校可以更灵活地应用新技术，实现管理的创新发展，提升整体竞争力。

（三）现状：高校教育管理信息化的技术与设备更新换代

1. 云计算与大数据

云计算和大数据技术已经成为高校教育管理信息化的重要支撑。通过云计算，高校能够实现资源的共享和灵活调配，大数据技术则为学校提供了更深入的数据分析和决策支持。

2. 移动化应用

移动化应用在高校教育管理中得到了广泛应用。教职工和学生可以通过移动设备随时随地访问学校的管理系统，实现信息的快速传递和处理。

3. 人工智能

人工智能技术在高校教育管理中的应用逐渐增多。智能化的教务系统、招生系统等能够自动化处理日常管理任务，提高管理效率。

4. 区块链技术

区块链技术被应用于学生档案、学历认证等方面，提高了信息的透明度和安全性。学生的信息在区块链上进行记录，保证了数据的不可篡改性。

5. 物联网

物联网技术通过连接各类设备，实现设备之间的信息共享和自动化控制。在高校管理中，物联网技术可以用于实验室设备监控、校园设施管理等方面。

6. 安全与隐私保护

安全与隐私保护是更新换代中的重要方面。采用先进的加密技术、访问控制机制等手段，保障教育管理信息的安全和隐私。

（四）影响因素：高校教育管理信息化技术与设备更新换代的挑战与机遇

1. 挑战因素

（1）资金投入

技术与设备的更新换代需要大量的资金投入，包括硬件设备的购置、软件系统的开发与维护等方面。对于一些财政状况较差的高校而言，资金成为限制更新换代的主要问题。

（2）技术人才

新一代技术的引入需要具备相应技能的专业人才。缺乏相关技术人才可能导致更新换代过程中的困难和延迟。

（3）系统集成

高校教育管理信息化系统通常包含多个子系统，系统集成成为一个复杂的问题。更新一个子系统可能对整个系统产生影响，需要精心设计和测试。

2. 机遇因素

（1）政策支持

政府对于高校信息化建设的政策支持将是推动更新换代的有利因素。相关政策的出台可以提供资金、人才培养等方面的支持。

（2）行业合作

与行业合作可以为高校带来更先进的技术和设备。与科技公司、软件开发商等建立合作关系，获取技术支持和资源共享。

（3）创新研究

鼓励高校进行创新研究，开展信息化领域的科研项目，可以推动更新换代的进程。创新的研究成果不仅能够提升高校自身的信息化水平，而且还有可能为整个行业带来新的技术突破。

（4）用户需求

了解用户的实际需求是更新换代过程中的关键。根据教职工和学生的反馈，调整更新方向，确保更新后的系统更贴近用户的实际使用情境。

（五）未来发展趋势

1. 强化人工智能应用

随着人工智能技术的不断发展，将更广泛地运用于高校教育管理信息化系统。智能决策支持系统、智能教务系统等将为高校提供更智能、高效的管理服务。

2. 推动大数据深度应用

大数据技术将更深度地应用于高校教育管理。通过大数据分析，高校可以更好地了解教学、科研、学生管理等方面的情况，为决策提供更科学的依据。

3. 强调移动化和便捷性

未来高校教育管理系统将更加注重移动化和便捷性。随着移动设备的普及，系统将更加灵活地适应教职工和学生在不同场景下的需求，提供更便捷的服务。

4. 智能校园建设

未来智能校园将成为高校更新换代的重要方向。通过物联网技术，实现校园设施的智能化管理，提升校园的整体管理水平。

5. 强化安全与隐私保护

随着信息安全问题的不断凸显，未来更新换代将更加重视安全与隐私保护。采用更先进的加密技术、隐私保护机制，确保教育管理信息的安全性。

高校教育管理信息化的技术与设备更新换代是推动教育管理现代化的重要举措。更新换代不仅可以适应新的管理需求，提升工作效率，保障信息安全，还有助于促进创新发展。然而，更新换代过程中面临着资金投入、技术人才、系统集成等一系列挑战。

在未来，高校教育管理信息化将持续向着强化人工智能应用、推动大数据深度应用、强调移动化和便捷性、智能校园建设、强化安全与隐私保护等方向发展。政府的政策支持、行业合作、创新研究和用户需求的关注将为高校更新换代提供有力支持，推动高校教育管理信息化不断迈向新的高度。

二、高校教育管理信息化的数据安全与隐私问题

（一）概述

随着信息技术的快速发展，高校教育管理日益依赖信息化系统进行运作。然而，随之而来的是教育管理信息化中的数据安全与隐私问题。本书将深入讨论高校教育管理信息化中存在的数据安全与隐私问题，包括挑战、现状、影响因素以及未来应对的策略。

（二）数据安全问题

1. 数据泄露与恶意攻击

（1）外部攻击

高校教育管理系统可能成为外部黑客攻击的目标，导致敏感数据泄露。攻击者可能通过网络漏洞、恶意软件等手段获取学生和教职工的个人信息。

（2）内部泄露

一些内部人员的恶意行为也是数据泄露的潜在威胁。例如，一些不端行为的内部人员可能窃取学生档案、教职工信息等敏感数据。

2. 数据篡改与丢失

（1）数据篡改

攻击者可能修改学生成绩、教职工工资等数据，影响高校正常的教育管理运作。这种数据篡改可能导致学术不端行为和财务问题的出现。

（2）数据丢失

数据丢失可能是因为系统故障、自然灾害等原因。如果没有有效的备份和恢复机制，丢失的数据可能对高校教育管理产生严重影响。

3. 无授权访问

（1）学生隐私泄露

未经授权的访问可能导致学生个人隐私的泄露。例如，未经许可的人员可能访问到学生的个人信息、成绩等敏感数据。

（2）教职工信息泄露

类似地，未经授权的访问可能导致教职工的个人信息、工作记录等被泄露，对教职工的职业和个人生活造成影响。

（三）隐私问题

1. 个体隐私权保护

（1）学生隐私权

学生的个人信息涉及成绩、家庭背景、社交关系等，应得到严格的保护。高校教育管理系统需要确保学生的个人隐私权不受侵犯。

（2）教职工隐私权

教职工的个人信息，包括但不限于薪资、个人履历等，也需要得到充分的隐私保护，防止被滥用或泄露。

2. 数据合规性

（1）法规遵从

高校教育管理系统需要遵守相关的法规和政策，包括但不限于《个人信息保护法》《网络安全法》等，确保数据的收集、存储和处理符合法规要求。

（2）数据使用透明度

高校需要提高对数据使用的透明度，明确数据收集的目的、使用范围以及保护措施，向相关当事人充分披露信息。

（四）影响因素

1. 技术因素

（1）安全技术水平

安全技术水平是影响数据安全与隐私问题的关键因素。高校教育管理系统需要采用先进的安全技术，包括加密算法、身份认证机制、防火墙等，以抵御各类安全威胁。

（2）数据备份与恢复

系统的数据备份与恢复机制直接关系到数据丢失的程度。高校需要建立定期的数据备份机制，并确保在发生数据丢失时能够迅速进行数据恢复。

2. 管理因素

（1）内部管理制度

高校需要建立完善的内部管理制度，包括对于教职工和学生信息的访问权限控制、监管机制等，以防止内部人员滥用敏感数据。

（2）安全培训

提高教职工和学生的信息安全意识是关键。高校应定期组织安全培训，教育师生如何妥善处理个人信息，防范各类网络攻击。

3. 法律法规

（1）数据保护法规

法律法规的制定与执行对于数据安全与隐私问题至关重要。高校需要遵守相关数据保护法规，保障学生和教职工的合法权益得到保护。

（2）法律责任

对于违反数据安全和隐私规定的行为，需要建立相应的法律责任机制，明确违规者应承担的法律责任，以起到威慑作用。

（五）未来应对策略

1. 技术升级与更新

（1）强化安全技术

通过引入先进的安全技术，包括但不限于人工智能、区块链等，提高系统的抗攻击和防护能力。

（2）数据加密与脱敏

采用数据加密和脱敏技术，确保在数据传输和存储过程中，敏感信息得到有效保护，即使数据被窃取也难以解读。

2. 管理与培训

（1）内部管理机制

建立健全的内部管理机制，包括权限控制、审计机制等，确保只有授权人员能够访问敏感数据。

（2）安全培训

定期组织安全培训，提高教职工和学生的信息安全意识，让他们了解隐私保护的重要性，学会正确处理敏感信息。

3. 法规遵从

（1）完善合规机制

确保高校教育管理系统的设计符合相关法规，包括但不限于个人信息保护法、网络安全法等，建立合规机制。

（2）法律责任

建立健全的法律责任机制，对于违反隐私保护法规的行为，明确法律责任和惩罚措施，以起到法律威慑作用。

在高校教育管理信息化中，数据安全与隐私问题是不可忽视的挑战。面对外部攻击、数据泄露、无授权访问等威胁，高校需要采取一系列的措施，包括技术升级、内部管理与培训、法规遵从等方面的综合应对策略。只有通过技术手段的不断创新，强化内部管理机制，保持对法规的遵从，才能更好地应对数据安全与隐私问题，保障高校教育管理信息化的可持续健康发展。

三、教育管理信息系统的互通性

（一）概述

随着信息化时代的深入发展，教育管理信息系统在高校管理中发挥着越来越重要的作用。然而，由于高校内部存在多个教育管理信息系统，它们之间的互通性成为一个亟待解决的问题。本书将深入探讨教育管理信息系统的互通性，包括定义、重要性、现状、影响因素以及未来发展趋势。

（二）互通性的定义

教育管理信息系统的互通性指的是不同系统之间能够有效地实现数据和信息的交流、共享与协同工作的能力。具体而言，互通性包括系统之间的数据互操作、业务流程协同、用户单一登录等方面的功能。

（三）互通性的重要性

1. 提升管理效率

教育管理涉及多个方面，包括学籍管理、课程管理、财务管理等。如果不同系统之间缺乏互通性，将导致信息孤岛，需要手动重复录入数据，降低管理效率。

2. 优化决策支持

高校管理层需要从不同系统中获取综合性的数据，进行决策分析。若系统之间无法互通，管理者将难以获取全面的信息，影响决策的科学性和准确性。

3. 提升用户体验

对于教职工和学生而言，如果教育管理信息系统之间互通性良好，他们无须频繁切换系统，可以更便捷地完成工作和学习任务，提升用户体验。

4. 促进信息共享

互通性可以促进不同系统之间的信息共享，避免信息割裂，确保相关方能够及时获取所需信息，有利于校园各方面的协同合作。

（四）现状：教育管理信息系统的互通性

1. 多系统架构

当前，高校内部通常存在多个独立的信息系统，涵盖教务管理、财务管理、人事管理等多个方面。这些系统之间往往采用独立开发、不同技术平台，导致系统之间互通存在一定的困难。

2. 数据孤岛问题

由于系统之间缺乏互通性，数据通常处于被孤立的状态。这使得在进行全面决策分析时，管理者难以获取全面的数据，造成信息断片，影响管理决策的科学性。

3. 用户体验欠佳

对于教职工和学生而言，由于需要在不同系统之间切换，完成工作和学习任务可能较为繁琐，用户体验相对欠佳。

4. 安全隐患

在系统之间进行数据传输和共享时，安全隐患是一个需要特别重视的问题。不同系统的安全标准和协议差异，可能导致数据在传输过程中受到威胁。

（五）影响因素：教育管理信息系统互通性的挑战与机遇

1. 技术因素

（1）不同技术平台

不同教育管理信息系统可能基于不同的技术平台和架构，导致系统之间的集成和互通存在技术障碍。

（2）数据格式标准

不同系统使用不同的数据格式和标准，导致数据在传输和解析时存在兼容性问题，影响系统间的互通性。

2. 管理因素

（1）系统开发过程

如果在系统开发过程中未考虑到未来的互通性需求，将导致后期集成的复杂性增加，影响互通的实现。

（2）组织结构

学校内部组织结构可能导致不同系统由不同的管理部门负责，缺乏整体规划，阻碍了系统之间的协同互通。

3. 标准和规范

（1）缺乏统一标准

教育管理领域缺乏统一的标准和规范，不同高校甚至同一高校内的不同系统可能采用不同的数据标准，阻碍了互通的实现。

（2）行业规范

教育管理信息系统互通性的实现也受到行业规范的制约，缺乏一致性的规范可能导致互通性受到限制。

（六）未来发展趋势

1. 统一平台建设

未来，高校可能趋向于建设统一平台，将原有的多个系统整合到一个平台上，以提高系统之间的互通性。

2. 采用开放标准

教育管理系统在设计和开发时应采用开放标准，以确保数据格式的一致性，提高系统的互通性。

3. 云服务与 API 接口

利用云服务和开放的 API 接口，高校可以实现不同系统之间的数据共享和交流。云服务的灵活性和可扩展性有助于提高系统的互通性。

4. 数据安全与隐私保护

未来发展中，高校将更加注重教育管理信息系统互通性的同时，也要充分考虑数据安全与隐私保护。采用先进的加密技术和权限控制，确保在互通的过程中不会泄露敏感信息。

5. 行业标准化

为促进教育管理信息系统的互通性，行业应制定统一的标准和规范，以确保不同高校、不同系统之间能够基于相同的标准进行交流互通。

6. 智能化技术应用

未来，智能化技术如人工智能、机器学习等的应用将进一步提高教育管理信息系统的互通性。智能化技术能够识别和适应不同系统的数据结构，实现更智能、自适应的互通过程。

（七）解决策略

1. 制定统一标准

在行业层面制定统一的标准和规范，确保不同高校的教育管理信息系统采用相同的数据格式和接口标准，提高高校间的互通性。

2. 引入中间件技术

采用中间件技术作为桥梁，实现不同系统之间的数据传输和转换。中间件可以帮助系统在不同技术平台上协同工作，提高系统间的互通性。

3. 云服务集成

借助云服务平台，将教育管理信息系统部署在云端，实现跨系统的数据共享。云服务提供了强大的计算和存储能力，有助于提高系统的互通性。

4. 加强安全管理

在推进互通性的过程中，必须加强安全管理，采用先进的加密技术、身份认证机制等，确保在互通的同时保障数据的安全和隐私。

5. 开展培训与推广

为教职工和学生提供相关培训，使其能够熟练使用互通的系统，提高用户对互通性的认知和接受度。

教育管理信息系统的互通性是提高高校管理效率、促进信息共享的关键因素。当前存在的多系统架构、数据孤岛问题等挑战需要通过统一标准、中间件技术、云服务集成等手段来解决。未来，云服务与 API 接口、智能化技术的应用将进一步推动教育管理信息系统的互通性发展。通过综合运用技术手段、制定标准、加强安全管理等策略，高校可以有效提高教育管理信息系统的互通性，推动信息化时代下高校管理水平的不断提升。

第三章　大数据驱动的高校教育管理创新模式

第一节　大数据在高校教育管理中的作用

一、数据驱动的决策与规划

（一）概述

在信息化时代，数据不再只是一种资源，更成为组织决策和规划的重要驱动力。高校作为知识产出和管理的重要场所，数据驱动的决策与规划对于提高管理效率、优化资源配置至关重要[①]。本书将深入探讨高校中数据驱动的决策与规划，包括定义、重要性、数据来源、决策流程等方面的内容。

（二）数据驱动的定义

数据驱动是指通过收集、分析和利用数据来指导组织的决策和规划。这一理念强调基于实际数据而非主观经验进行决策，以实现更科学、精准、有效的管理。

（三）数据驱动的重要性

1. 决策的科学性

通过数据驱动的方式，决策将更加基于客观事实和实际情况，避免主观臆断，提高决策的科学性。

2. 精准资源配置

数据驱动的规划有助于精准了解资源分布和利用情况，进而更有效地配置教育资源，提高资源利用效率。

3. 效果评估与持续改进

通过数据分析，可以对已实施决策的效果进行评估，发现问题并进行持续改进，使管理工作不断优化。

4. 风险预测和应对

数据驱动的决策有助于对潜在风险进行预测，提前制定相应应对策略，降低管理风险。

① 申怀亮．高校教育管理信息化建设 [M]．北京：光明日报出版社，2016：125.

（四）数据来源

1. 学生信息系统

学生信息系统中包含学生的个人信息、学业情况、成绩等数据，通过对这些数据的分析，可以加强学生管理、提升教学质量。

2. 教职工信息系统

教职工信息系统记录了教职工的基本信息、科研情况、工作履历等，通过对这些数据的挖掘，可以更好地进行人才管理和科研规划。

3. 财务管理系统

财务管理系统中包含了高校的财务状况、资金流向等数据，通过对财务数据的分析，可以进行经费规划和财务决策。

4. 教务管理系统

教务管理系统记录了课程安排、教学计划等信息，通过对这些数据的分析，可以优化教学计划，提高课程质量。

5. 科研管理系统

科研管理系统中包含了科研项目、科研成果等数据，通过对科研数据的发掘，可以进行科研规划和资源配置。

（五）数据驱动的决策流程

1. 数据收集

首要步骤是收集各个系统中的数据，确保数据的完整性和准确性。数据的收集可以通过系统间的数据集成、数据仓库建设等手段进行。

2. 数据清洗与整理

收集到的数据可能出现冗余、错误或不一致的情况，因此需要进行数据清洗和整理，确保数据质量。

3. 数据分析与挖掘

通过数据分析和挖掘技术，深入挖掘数据中的潜在信息，发现数据背后的规律和趋势。这包括统计分析、机器学习等方法。

4. 决策制定

基于数据分析的结果，制定科学合理的决策方案。这可以涉及学科设置、人才培养计划、财务预算等方面。

5. 决策实施

将决策方案付诸实践，实施相应的管理措施。在实施过程中，需要及时收集反馈数据，用于后续的效果评估。

6. 效果评估与优化

对已实施的决策进行效果评估，了解决策的实际影响。根据评估结果，进行持续改进和优化，形成良性循环。

（六）数据驱动决策的挑战与应对策略

1. 数据安全和隐私保护

挑战：在数据驱动的过程中，涉及大量敏感数据，数据泄露和隐私保护问题是一个重要挑战。

应对策略：采用先进的加密技术、访问控制机制等手段来确保数据的安全性和隐私保护，建立完善的数据安全管理体系，明确数据的使用权限和访问规则。

2. 数据质量和准确性

挑战：不同系统中的数据可能存在质量不一致、准确性差等问题，影响数据分析的可靠性。

应对策略：实施数据清洗和整理的过程中，建立有效的质量控制机制，确保数据的准确性和一致性。建立数据质量监测系统，及时发现和修复数据质量问题。

3. 技术和人才需求

挑战：数据驱动的决策需要先进的技术支持和专业的人才，而这方面的投入可能较大。

应对策略：进行信息技术和数据分析技能的培训，提升团队成员的能力。与外部专业机构合作，借助外部资源解决技术和人才瓶颈。

4. 文化与组织变革

挑战：将数据驱动理念融入组织文化，推动组织变革可能面临阻力。

应对策略：制定变革计划，包括培训计划、沟通策略等，引导组织成员逐步接受和认同数据驱动的理念。建立积极的组织文化，鼓励员工参与数据决策和规划的过程。

5. 跨系统集成

挑战：不同系统之间的集成可能面临技术差异、数据标准不一致等问题。

应对策略：采用中间件技术、开放标准等途径，促进系统之间的数据互通和集成。建立数据仓库或数据湖，实现跨系统的数据集成。

数据驱动的决策与规划是高校管理的现代化要求，通过充分利用学生信息、教职工信息、财务数据等多维度的数据，可以实现更加科学、精准、高效的管理。然而，实现数据驱动并不是一帆风顺的，需要克服诸多挑战，包括数据安全、质量、技术和文化变革等方面的问题。通过制定科学的决策流程、引入先进技术、培养人才、进行组织文化的转变等手段，高校可以更好地实现数据驱动的管理，为提升教育质量和管理水平提供有力支持。

二、教育资源优化与配置

（一）概述

教育资源是支撑高校教育事业运转的关键要素，包括师资力量、课程设置、学科实验室、图书馆等多个方面。教育资源的优化与配置不仅关系到高校的教育质量和水平，而且也直接影响到学生的学习体验和未来发展。本书将深入探讨教育资源优化与配置的重要性、优化的目标、关键手段以及面临的挑战与解决策略。

（二）教育资源优化与配置的重要性

1. 提高教育质量

教育资源的优化与配置能够使得各类资源更加合理地分配，更好地满足教学和学科发展的需求，从而提高教育的整体质量。

2. 提升学科竞争力

通过合理配置学科教师、实验室设备等资源，高校可以提升各个学科的竞争力，更好地适应社会需求和科技发展。

3. 实现教学与科研的有机结合

教育资源的合理配置可以促进教学与科研的有机结合，提高科研成果的转化率，增强高校的综合实力。

4. 提高学生综合素质

通过优化资源配置，设计更为多元化的课程体系，培养学生的创新能力、团队协作精神等综合素质，更好地适应社会发展的需求。

（三）教育资源优化的目标

1. 优化师资力量

确保高校拥有高水平、高质量的师资队伍，实现师资的合理配置，提升教学和科研水平。

2. 优化课程设置

通过调整和更新课程设置，使之更符合学科发展趋势和社会需求，提高学科的吸引力和竞争力。

3. 优化实验室和设备资源

确保实验室和设备资源的充足，通过现代化技术手段提升实验室设备的水平，满足教学和科研的需要。

4. 优化图书馆和信息资源

构建数字化图书馆，完善信息资源的管理体系，提供更广泛、更高质量的学术资源，支持教学和科研活动。

5. 优化校园文化和学科氛围

通过各类文化和学科活动，打造积极向上、创新活力的校园文化和学科氛围，吸引优秀人才的加入。

（四）教育资源优化的关键手段

1. 数据分析与评估

运用数据分析工具，对师资力量、课程质量、实验室利用率等进行全面评估，发现不足和问题，为资源优化提供科学依据。

2. 教学评估与质量保障

建立完善的教学评估机制，关注教学效果和师生互动情况，及时调整和改进教学方法，提高教学质量。

3. 人才培养与引进

通过培养内部人才和引进外部优秀人才相结合的方式，优化师资队伍，提升教育资源的整体水平。

4. 跨学科合作

鼓励不同学科之间的合作与交流，实现资源共享，提高综合创新能力，促进跨学科发展。

5. 技术支持与创新

借助现代化技术手段，如在线教育、虚拟实验室等，提高教学效果，促进教育资源的创新与发展。

（五）面临的挑战与解决策略

1. 资源不均衡

挑战：存在不同学科、不同领域资源分配不均衡的问题，导致一些学科或领域的发展滞后。

解决策略：制定明确的资源配置标准和政策，重点支持发展潜力大的学科，实现资源的合理配置。

2. 资源浪费

挑战：一些资源可能因为使用不当或过度配置而造成浪费，降低了资源的利用效率。

解决策略：建立有效的资源利用监测机制，定期评估资源的使用情况，通过调整配置和优化使用方式，减少资源浪费。

3. 教育体制障碍

挑战：传统的教育体制可能存在刚性制约，使得资源配置难以灵活调整。

解决策略：推动教育体制的改革，建立更加灵活的资源配置机制，提高高校对资源的灵活运用能力。

4. 技术水平不足

挑战：一些高校可能在信息化建设和现代技术应用方面存在水平不足的问题，制约了资源的优化配置。

解决策略：提高对技术人才的培养力度，引进先进的教育技术和管理系统，提高高校的信息化水平，推动技术创新。

5. 变革管理困难

挑战：资源优化需要进行一系列的变革管理，但面临组织文化、管理理念等多方面的阻力。

解决策略：通过有效的变革管理，包括培训管理人员、引导师生理解和支持变革、建立有效的沟通机制等方式，克服变革困难，推动资源优化。

（六）教育资源优化与配置的实施步骤

1. 制定资源优化规划

明确资源优化的目标和原则，进行全面的资源调查和评估，形成资源优化规划，为后续实施提供指导。

2. 数据分析与评估

运用数据分析工具对各类资源进行全面的评估，发现问题和不足，为资源的优化提供科学依据。

3. 制定资源配置标准

建立资源配置的标准和政策，明确不同类型资源的配置比例和标准，保障资源配置更加合理和科学。

4. 推动师资队伍优化

通过人才培养和引进，实现师资队伍的优化配置，提升教学和科研水平。

5. 促进跨学科合作

建立跨学科合作机制，鼓励不同学科之间的资源共享和合作，提高综合创新能力。

6. 推动信息技术应用

加大对信息技术的投入，推动现代化技术在教学、科研和管理中的应用，提高教育资源的管理水平。

7. 引导校园文化建设

通过举办各类文化和学科活动，引导校园文化的建设，形成积极向上、创新活力的校园氛围。

8. 加强监测和调整

建立资源利用监测机制，定期评估资源的使用情况，根据评估结果及时调整和优化资源配置，确保资源的有效利用。

教育资源优化与配置是高校管理中至关重要的一环，涉及师资力量、课程设置、实验室设备等多个方面。通过制定明确的规划，运用数据分析工具，推动师资队伍的优化，促进跨学科合作等方式，高校可以更好地实现教育资源的优化与配置。然而，在实施过程中，仍然面临资源不均衡、技术水平不足、变革管理困难等挑战。通过合理制定政策、推动技术创新、进行变革管理等策略，可以克服这些挑战，实现教育资源更加科学、合理的配置，提升高校整体教育水平。

三、学生与教师个性化支持

（一）概述

学生与教师个性化支持是教育领域中一项关键的工作，旨在满足不同学生和教师的个性化需求，提供更加贴近个体差异的教育服务。本章节将深入探讨学生与教师个性化支持的概念、意义、实施策略以及面临的挑战与解决方案。

（二）学生与教师个性化支持的概念

1. 学生个性化支持

学生个性化支持是一种根据学生个体差异提供相应服务的教育模式。这包括了针对学生的学习风格、兴趣爱好、学科特长等方面的差异，为其提供个性化的学习计划、教学资源和辅导服务。

2. 教师个性化支持

教师个性化支持是指为教师提供符合其专业发展需求和个人兴趣特点的支持服务。这可能涉及专业培训、教学资源定制、职业发展规划等方面，旨在提高教师的专业水平和教学满意度。

（三）学生与教师个性化支持的意义

1. 提高学生学习效果

通过个性化支持，能够更好地满足学生的学科特长和学习需求，提高其学习积极性，进而提高学习效果。

2. 促进教学创新

个性化支持有助于激发学生和教师的创新潜力，为教学方法和内容的创新提供有力支持，促进教学水平的提升。

3. 增强学生与教师的参与度

个性化支持可以增强学生和教师在教育过程中的参与度，使其更加积极主动地投入到学习和教学中，提高教育参与体验。

4. 促进教育公平

通过针对个体差异提供个性化支持，有助于缩小学生在学习上的差距，促进教育的公平性，确保每个学生都能够得到平等的学习机会。

（四）学生个性化支持的实施策略

1. 个性化学习计划

制定个性化学习计划，根据学生的兴趣、学科特长和学习风格，量身定制学习目标和内容，使学生更有针对性地进行学习。

2. 智能化教学工具

利用智能化教学工具，通过学习数据的分析，为学生提供个性化的学习建议和反馈，帮助其更好地理解和掌握知识。

3. 差异化教学

实施差异化教学策略，根据学生的学科水平和学习能力，采用不同难度和形式的教学内容，保障每个学生都能在适合自己水平的情境中学习。

4. 个性化辅导服务

提供个性化的辅导服务，包括课外辅导、学科竞赛指导等，满足学生更深层次的学科需求，帮助其更好地发展潜力。

（五）教师个性化支持的实施策略

1. 个性化专业培训

提供个性化的专业培训计划，根据教师的专业需求和兴趣特点，制定培训内容和形式，提高其专业水平和教学能力。

2. 教学资源定制

根据教师的教学需求，定制个性化的教学资源，包括教案、课件、教学视频等，提供更适合其教学风格和需求的教育资源。

3. 职业发展规划

制定个性化的职业发展规划，根据教师的职业目标和兴趣方向，提供相关的职业发展支持，促进其职业晋升和成就感。

4. 教学团队合作

鼓励教师之间的合作与交流，建立教学团队，通过共享教学经验和资源，实现个性化支持的互补和集体提升。

（六）面临的挑战与解决方案

1. 教育资源不足

挑战：学生与教师个性化支持需要投入大量的教育资源，而一些学校可能面临资源有限的问题。

解决方案：加强对教育资源的整合和优化，充分利用现有资源，同时探索合作与共享机制，减轻高校资源压力。

2. 技术应用不足挑战：一些学校可能在教育技术的应用方面存在滞后，无法充分发挥技术在个性化支持中的作用。

解决方案：加强对教育技术的培训和引进，推动数字化教育工具的应用，提高学校整体技术水平，以更好地支持个性化教育。

3. 个人隐私和数据安全

挑战：个性化支持涉及学生和教师的个人隐私信息，可能面临隐私泄露和数据安全的问题。

解决方案：建立完善的隐私保护机制和数据安全措施，确保个性化支持过程中的数据收集、存储和处理都符合法规要求，保护个体隐私。

4. 个体差异管理难度

挑战：在大规模的学校中，管理和满足每个学生和教师的个体差异可能面临较大的管理难度。

解决方案：引入智能化系统和数据分析工具，通过技术手段更好地识别和管理个体差异，提供更精准的个性化支持。

（七）学生与教师个性化支持的未来发展

1. 教育智能化

未来，随着人工智能和大数据技术的发展，教育将更加智能化。智能化系统能够更准确地分析学生和教师的个体差异，为其提供更为精准的个性化支持。

2. 跨学科合作

将不同学科领域的专业知识和经验进行跨学科合作，形成更为全面的个性化支持体系，实现教育资源的综合利用。

3. 社会参与与互动

未来的个性化支持将更加注重学生和教师的社会参与和互动。通过社交平台、线上课程等方式，推动学生和教师之间的交流合作，丰富学习和教学体验。

4. 职业化发展支持

为教师提供更为全面的职业化发展支持，包括职业规划、职称评定等方面的个性化服务，提高教师的专业满意度和职业成就感。

学生与教师个性化支持是教育领域不可忽视的重要工作，有助于提高学生学习效果、促进教学创新、增强学生和教师的参与度以及实现教育公平。在实施过程中，需要克服资源不足、技术应用不足、个人隐私和数据安全等挑战，通过合理的策略和技术手段，更好地实现个性化支持的目标。未来，随着技术的发展和社会需求的变化，个性化支持将迎来更为广阔的发展空间，为教育体系的不断完善和提升，提供有力支持。

第二节　创新模式的理论基础

一、教育管理创新理论

（一）概述

教育管理创新是指在教育管理领域引入新的理念、方法和机制，以适应社会发展和教育需求的不断变化。教育管理创新旨在提高教育管理的效率、质量和灵活性，推动教育体系不断进步[①]。本章节将深入探讨教育管理创新的理论基础、关键要素、实施策略以及对教育发展的影响。

（二）教育管理创新的理论基础

1. 系统理论

系统理论认为教育管理是一个复杂的系统，包括各种相互关联的要素和子系统。教育管理创新应当从整体系统的角度出发，考虑各个子系统之间的相互作用，通过优化系统结构和功能，实现管理的协同发展。

2. 变革理论

变革理论强调组织和管理的变革是推动发展的关键。教育管理创新需要通过变革来打破传统模式的束缚，引入新的管理理念和方法，使教育机构更好地适应社会变革和发展的需求。

3. 服务理论

服务理论强调教育机构的核心是为学生和教职工提供优质的服务。教育管理创新应当注重提升服务质量，关注用户需求，以满足教育参与者的个性化需求为目标，实现管理过程的服务化。

① 吕浔倩．信息化高职教育教学管理研究［M］．西安：西北工业大学出版社，2019：169.

4. 创新理论

创新理论认为创新是推动发展的源泉。教育管理创新需要倡导创新思维，鼓励在管理体系中引入新的理念、技术和机制，推动管理方式的不断创新和提升。

（三）教育管理创新的关键要素

1. 领导力

领导力是教育管理创新的关键要素之一。强有力的领导可以推动教育变革，提供创新的方向和支持，促使整个教育机构更好地适应变化。

2. 信息技术

信息技术在教育管理创新中发挥着重要作用。引入先进的信息管理系统、大数据分析等技术，可以提高管理效率、优化资源配置，并为决策提供科学依据。

3. 人才队伍

具有创新精神和专业素养的人才队伍是教育管理创新的保障。培养和引进具有跨学科背景和多元能力的管理人才，可以推动教育管理理念和方法的创新。

4. 制度机制

建立灵活、适应变化的制度机制对教育管理创新至关重要。灵活的管理制度能够促进决策的及时调整和适应性变化，保证管理体系的灵活性和创新性。

5. 参与者合作

教育管理创新需要广泛的参与者合作。学生、教职工、家长等教育机构的各方参与者应当在管理决策中发挥积极作用，形成共建共享的管理模式。

（四）教育管理创新的实施策略

1. 制定创新战略规划

制定明确的创新战略规划，明确教育机构的发展方向和创新目标，为创新提供战略指导。

2. 提升领导层能力

加强领导层的培训和能力建设，提升他们的创新领导力，引领整个教育机构朝着创新方向发展。

3. 推动信息化建设

加大对信息技术的投入，推动信息化建设，建立先进的信息管理系统，提高管理效率和决策科学性。

4. 建设创新文化

倡导和建设积极的创新文化，鼓励教职工提出新思路、新观念，创造宽松的创新环境，培养组织内的创新氛围。

5. 引入跨学科合作

推动不同学科领域的教职工开展跨学科合作，促使不同学科的知识和经验得到整合，实现创新思维的融合。

（五）教育管理创新对教育发展的影响

1. 提升教育质量

教育管理创新有助于提升教育质量，通过优化资源配置、个性化支持等方式，提高教育的整体水平。

2. 促进教学创新

创新的管理体系为教师提供更多的教学自主权和支持，促进教学方法和内容的创新。教育机构在创新的管理框架下更容易鼓励和支持教师尝试新的教学方法，从而推动教学创新。

3. 提高学生满意度

教育管理创新关注学生需求，通过个性化支持、优质服务等方式提高学生满意度。满意的学生更有可能取得更好的学业成绩，形成良好的教育口碑。

4. 增强学校竞争力

采用先进的管理理念和技术，提高教育机构的整体竞争力。在全球化竞争的时代，具有创新管理水平的学校更能吸引优秀的学生和教职工，提高其国际影响力。

5. 适应社会发展需求

教育管理创新使教育机构更加灵活适应社会发展的需求。快速变化的社会环境要求教育机构具备更强的适应性和反应速度，创新的管理理念和机制使其更能适应这些变化。

（六）面临的挑战与解决方案

1. 传统观念和制度惯性

挑战：传统的教育观念和制度惯性可能阻碍管理创新的推进，导致变革的难度增加。

解决方案：开展广泛的宣传和培训，推动教育机构内部的文化变革，使各层次的参与者更容易接受和适应创新。

2. 资金和资源不足

挑战：教育管理创新需要投入一定的资金和资源，而一些学校可能面临资金不足的问题。

解决方案：寻求外部支持，包括政府资助、合作伙伴投资等，确保教育机构有足够的资金支持创新项目。

3. 信息安全与隐私问题

挑战：信息技术在教育管理创新中得到广泛应用，但也伴随着出现信息安全与隐私问题。

解决方案：建立完善的信息安全体系，采取有效的隐私保护措施，确保学生和教职工的信息得到妥善保护。

4. 人才队伍不足

挑战：推动教育管理创新需要具备相关专业知识和创新精神的人才，而一些学校可能人才队伍不足。

解决方案：加强人才培养和引进，建立与行业合作的培训机制，培养适应创新需求的专业人才。

（七）教育管理创新的未来发展趋势

1. 数据驱动决策

未来，教育管理创新将更加依赖大数据和人工智能技术，通过数据分析为决策提供更科学的依据，实现管理的精细化和智能化。

2. 学科交叉融合

跨学科融合将成为教育管理创新的重要趋势。将教育管理与其他学科领域相结合，形成更全面、多维度的管理理论和实践。

3. 个性化支持

个性化支持将得到更加深入的发展。通过先进的技术途径，实现对学生和教职工更为精准的个性化支持，满足不同个体的需求。

4. 国际合作与交流

随着全球化的推进，国际合作与交流将成为教育管理创新的重要推动力。各国教育机构之间将加强合作，分享创新经验和资源，共同推动全球教育的进步。

教育管理创新是推动教育体系不断进步的重要动力。在理论基础上，系统、变革、服务和创新理论为教育管理创新提供了坚实的基础。关键要素包括领导力、信息技术、人才队伍、制度机制和参与者合作。实施策略包括制定创新战略规划、提升领导层能力、推动信息化建设、建设创新文化和引入跨学科合作。教育管理创新对教育发展的影响主要体现在提升教育质量、促进教学创新、提高学生满意度、增强学校竞争力和适应社会发展需求等方面。面临的挑战包括传统观念和制度惯性、资金和资源不足、信息安全与隐私问题以及人才队伍不足等，需要通过创新的解决方案来应对。

二、大数据驱动的创新理念

（一）概述

随着信息技术的飞速发展，大数据作为一种新型的信息资源正成为推动创新的重要动力。大数据不仅为企业和组织提供了海量的信息，而且更为创新理念的形成和实践提供了新的思路和手段。本书将深入探讨大数据驱动的创新理念，探讨其在不同领域的应用，以及对组织和社会发展的影响。

（二）大数据驱动的创新理念概述

1. 大数据的定义

大数据通常指的是规模巨大、种类繁多、处理速度快的数据集合，这些数据无法通过传统的数据处理工具进行捕捉、存储、管理和分析。

2. 大数据驱动的创新理念

大数据驱动的创新理念强调利用大数据技术和方法，通过对海量数据的深度挖掘和分析，发现隐藏在数据中的模式、规律和价值，从而推动创新的产生和应用。这一理念注重数据的价值挖掘，将数据视为一种重要的创新资源。

（三）大数据在不同领域的应用

1. 商业和市场领域

（1）消费者行为分析

通过大数据分析消费者的购物历史、浏览行为、社交媒体活动等信息，进而预测消费者的需求和趋势，为企业提供更精准的市场定位和营销策略。

（2）供应链优化

大数据可以帮助企业实时监测供应链各个环节的数据，优化库存管理、物流运输和生产计划，提高供应链效率和降低成本。

2. 医疗和健康领域

（1）个性化医疗

通过分析患者的基因信息、病历记录和生活习惯等大数据，为不同患者制定个性化的医疗方案，提高治疗效果和患者满意度。

（2）疾病预测

大数据分析可以帮助医疗机构实时监测疾病的传播趋势，提前预测疾病爆发，有针对性地制定防控措施。

3. 教育领域

（1）学生学习分析

通过分析学生的学习行为、测试成绩和参与课堂活动的数据，教育机构可以更好地了解学生的学习状况，提供个性化的教学支持。

（2）教育资源优化

大数据分析可以帮助学校更合理地配置教育资源，根据学科需求和师资情况进行精准调配，提高教育资源的利用效率。

4. 城市管理和规划

（1）智慧城市建设

大数据在城市管理中的应用可以实现交通流量监控、垃圾处理优化、能源消耗管理等方面的智能化，提高城市的整体运行效率。

（2）空气质量监测

通过大数据分析城市空气质量监测数据，可以实时了解空气污染情况，为城市规划和环境保护提供科学依据。

（四）大数据驱动的创新理念对组织和社会的影响

1. 提高决策的科学性

大数据驱动的创新理念可以为组织提供更为全面和深入的数据支持，提高决策的科学性。决策者可以更准确地了解问题的本质，从而制定更具针对性的战略和计划。

2. 优化资源配置

通过大数据分析，组织可以更精准地了解资源的分布和利用情况，从而优化资源配置。这包括人力资源、财务资金、物流等方面的优化，使得组织能够更高效地运作。

3. 推动创新和业务模式变革

大数据的深度分析有助于发现新的商业机会和创新点，从而推动组织进行业务模式的变革。通过对市场趋势、消费者需求的深入分析，组织可以更好地满足市场需求，创造新的业务价值。

4. 提升服务质量和个性化体验

大数据驱动的创新理念有助于个性化服务的实现。通过分析个体的行为和偏好，组织可以提供更加个性化的产品和服务，提高用户满意度，促使用户更加忠诚。

5. 加强风险管理

大数据分析可以帮助组织更好地识别和评估潜在的风险，及时采取措施进行防范和化解。这有助于组织在面对复杂多变的市场和经济环境时更具韧性。

（五）面临的挑战与解决方案

1. 隐私和安全问题

挑战：大数据的采集和分析涉及大量个人信息，个人隐私和安全问题备受关注，可能引发法律和道德上的争议。

解决方案：建立健全的数据隐私保护和安全管理体系，采用加密技术、权限控制等手段保障数据安全，同时遵循相关法规和伦理规范。

2. 数据质量和准确性

挑战：大数据集合可能存在数据质量和准确性的问题，不同数据源之间的不一致性可能影响分析的结果。

解决方案：建立数据质量管理机制，清洗和验证数据，确保数据的准确性和一致性。同时，采用多源数据融合的方法，提高数据的可信度。

3. 技术和人才短缺

挑战：大数据分析需要更加专业的技术和人才支持，而目前市场上存在技术和人才短缺的问题。

解决方案：组织可通过培训现有员工，引进外部专业人才，建立与高校的合作关系，以应对技术和人才的短缺。

4. 成本和投资压力

挑战：大数据技术的投入和运营成本较高，一些中小型组织可能面临投资压力。

解决方案：制定明确的大数据战略规划，根据组织实际情况选择适合的技术和解决方案，平衡投资和收益的关系。

（六）未来发展趋势

1. 智能化与自动化应用

未来，大数据驱动的创新理念将更加注重智能化和自动化应用。通过结合人工智能技术，实现更智能、自动的数据分析和决策过程，提高效率和准确性。

2. 边缘计算与物联网融合

随着边缘计算和物联网技术的发展，未来大数据将更多地与边缘设备和物联网融合，实现更快速、实时的数据处理和应用。

3. 区块链技术的应用

区块链技术的发展将在大数据领域提供更安全、透明的数据存储和传输方式，为大数据的应用提供更可信的基础。

4. 跨行业合作与数据共享

未来，不同行业组织将更加重视跨行业的数据合作和共享，实现更全面、综合的数据应用，推动创新理念在更广泛范围内的落地。

大数据驱动的创新理念已经在商业、医疗、教育、城市管理等多个领域取得了显著的成果。通过深入挖掘和分析数据，组织能够更好地理解环境、预测趋势、优化资源配置，推动创新的发生和应用。然而，随着大数据应用的不断深入，也面临着诸多挑战，如隐私安全、数据质量、技术和人才短缺等。未来，大数据驱动的创新理念将更加智能化、自动化，与新兴技术的融合将进一步推动其在各个领域的应用和发展。组织需要更加注重技术和人才的培养，建立健全的数据管理体系，以更好地应对未来的发展趋势和挑战。

三、创新模式的组成要素

（一）概述

创新是推动社会和经济发展的关键动力之一，而创新模式作为创新实践的具体表现，对于组织和企业的发展至关重要[①]。本章节将深入探讨创新模式的组成要素，分析其构成和相互关系，以期为创新管理提供更深入的理解和指导。

（二）创新模式的定义

1. 创新模式的概念

创新模式是指在一定的组织或产业环境下，为解决特定问题或实现特定目标而采用的一系列创新实践和方法的组合。它涉及组织结构、流程、文化、技术等多个方面的要素，是创新战略的具体体现。

2. 创新模式的重要性

创新模式的选择直接关系到组织的创新能力和竞争力。一个有效的创新模式能够使组织更好地应对市场变化、满足客户需求，并在激烈的竞争中脱颖而出。

（三）创新模式的组成要素

1. 技术要素

（1）技术基础

创新模式的第一要素是技术基础。技术基础包括组织所拥有的技术资产、专利技术、研发设施等。一个创新模式的成功与否，很大程度上取决于技术基础的雄厚程度。

（2）新技术应用

新技术应用是创新模式中的关键要素之一。通过引入新技术，组织能够在产品、服务

① 李晖．国防特色高校档案管理与信息化建设［M］．哈尔滨：哈尔滨工程大学出版社，2019：6.

或业务流程上实现差异化，进而在市场上获得竞争优势。

2. 组织要素

（1）创新文化

创新文化是组织要素中的核心。它体现了组织对创新的价值观和态度，包括对失败的包容、对创意的鼓励等。创新文化的存在能够激发员工的创新潜力，推动创新模式的形成和演化。

（2）组织结构

组织结构也是创新模式的组成要素之一。一些先进的组织结构，如平台型组织、网络型组织等，能够更好地促进信息流通、知识共享，有利于创新活动的开展。

（3）制度机制

制度机制包括激励制度、奖惩制度等，对于创新模式的形成和推动至关重要。激励制度可以激发员工的创新积极性，奖惩制度则能够规范创新行为，确保创新活动的顺利进行。

3. 市场要素

（1）消费者需求

消费者需求是创新模式中的基础。通过深入了解市场需求，组织能够更准确地定位创新方向，推动创新模式的针对性发展。

（2）竞争环境

竞争环境是创新模式选择的重要参考因素。在不同的竞争环境中，组织需要灵活调整创新策略，选择适应当前市场情况的创新模式。

4. 人才要素

（1）创新团队

创新团队是创新模式中的关键要素。一个具有高度创造力和团队协作能力的创新团队能够在短时间内迅速形成并实施有效的创新模式。

（2）创新领导力

创新领导力是组织中的关键角色，他们能够引导团队，制定创新战略，为创新模式的形成提供坚强的领导支持。

5. 知识要素

（1）知识积累

知识积累是创新模式的基础。组织需要不断积累行业知识、技术知识等，形成自己的知识体系，为创新提供深厚的底蕴。

（2）知识共享

知识共享是创新模式中的关键环节。组织内部要建立畅通的知识传递渠道，促进团队成员之间的知识共享，避免出现信息孤岛。

（四）创新模式的形成和演化过程

创新模式的形成和演化是一个动态的过程。在这个过程中，各个组成要素相互作用，共同推动创新模式的不断发展。整个过程可以分为以下几个阶段：

1. 环境分析阶段

在这个阶段，组织对外部环境进行深入分析，包括技术趋势、市场需求、竞争格局等。通过对环境的全面了解，组织可以识别到潜在的机会和挑战，为创新模式的选择奠定基础。

2. 创新策略制定阶段

在环境分析的基础上，组织需要制定创新策略，明确创新的方向和目标。这一阶段涉及技术选型、市场定位、人才配置等方面的决策，需要各个组成要素的有机结合。

3. 创新模式设计阶段

在制定了创新策略后，组织开始着手设计创新模式。这一阶段需要综合考虑技术要素、组织要素、市场要素、人才要素以及知识要素等多个方面的要素。创新模式的设计要具有系统性和整体性，保障各要素之间的协同作用。

4. 实施与调整阶段

创新模式的实施是整个过程中最为关键的一环。在这个阶段，组织需要动员各方面的资源，推动创新模式的落地和执行。同时，组织需要不断进行监测和调整，根据实际情况对创新模式进行修正和优化。

5. 成果评估与反馈阶段

创新模式实施一段时间后，组织需要对创新模式的成果进行评估。这包括市场反馈、绩效指标、用户满意度等多个方面的评估指标。通过评估结果，组织可以了解创新模式的效果，为下一轮创新提供经验教训。

第三节　大数据驱动的创新实践

一、大数据在教学设计中的实际应用

（一）概述

随着信息技术的飞速发展，大数据技术逐渐渗透到各个领域，其中教育领域也不例外。大数据在教学设计中的应用，不仅为教育提供了更为精细的数据支持，而且也为教师和学生提供了更加个性化、高效的学习体验。本书将深入探讨大数据在教学设计中的实际应用，探讨其优势、挑战以及未来发展方向。

（二）大数据在教学设计中的优势

1. 个性化学习路径

大数据分析可以深入挖掘学生的学习数据，包括学科成绩、学习速度、知识点掌握情况等。基于这些数据，教育机构可以为每个学生定制个性化的学习路径，根据其学科特长和薄弱点有针对性地进行教学设计，提高学习效果。

2. 即时反馈和调整

大数据技术可以实现对学生学习过程的实时监测和反馈。通过分析学生的学习行为，教师可以及时发现学生的问题和困难，并采取相应的教学策略进行调整。这种即时反馈有助于及时纠正学生学习方向，提高学习效率。

3. 教学资源优化

通过大数据分析，教育机构可以了解学生对不同教学资源的使用情况，包括教材、多媒体资料、在线课程等。基于学生的反馈和学习历史，可以优化教学资源的配置，提供更符合学生需求的学习材料，提升教学效果。

4. 智能教辅工具

借助大数据技术，可以开发智能化的教辅工具，根据学生的学科水平和学习需求，提供个性化的学习建议、练习题目和解答方案。这些智能教辅工具可以辅助教师进行个性化辅导，提高教学效果。

5. 教学质量评估

大数据分析可以对教学过程和教学效果进行全面评估。通过收集学生的学习数据、课堂参与度、作业完成情况等信息，教育机构可以对教师的教学质量进行评估，并提供针对性的培训和支持，促进教学水平的提高。

（三）大数据在教学设计中的实际应用

1. 学习分析系统

学习分析系统是大数据在教学设计中的一项重要应用。该系统通过收集学生的学习行为数据，包括学科成绩、在线学习时长、作业完成情况等，进行深度分析。基于分析结果，系统可以生成学习档案，为教师提供学生的学科特点、学习偏好等信息，有针对性地进行教学设计。

2. 智能推荐系统

智能推荐系统通过对学生学习行为和兴趣进行分析，为学生推荐个性化的学习资源。这包括教材、视频课程、练习题目等。通过大数据的支持，系统可以不断优化推荐算法，保障学生获取到最适合他们学习需求的资源。

3. 在线作业和测验系统

大数据技术可以支持建立在线作业和测验系统。通过对学生作业和测验的数据进行分析，教师可以全面了解学生的掌握程度和常见错误模式。这有助于教师调整教学策略，更好地满足学生的学习需求。

4. 学习游戏设计

学习游戏是一种融合娱乐和学习的教学设计形式。大数据技术可以在学习游戏中收集学生的游戏行为数据，分析学生在游戏中的表现和学习效果。通过这些数据，教师可以优化游戏设计，提高学生对知识的吸收和理解。

5. 学生情感分析

大数据分析还可以用于学生情感分析。通过收集学生在学习过程中的情感数据，如情绪状态、学习动机等，系统可以洞察学生的学习体验。这有助于教师更好地了解学生的心理状态，采取积极的教学策略，提高学生的学习动力。

（四）大数据在教学设计中面临的挑战

1. 隐私保护问题

收集和分析学生的学习数据涉及隐私问题。学生的个人信息和学习行为数据需要得到妥善的保护，以防止出现泄露和滥用。教育机构和技术提供商需要建立健全的隐私保护机制，确保大数据在教学设计中的应用不侵犯学生的隐私权。

2. 数据质量和准确性

大数据分析的结果依赖于数据的质量和准确性。如果学生的学习数据存在错误或不准确，分析结果可能导致错误的教学决策。因此，确保数据的质量和准确性是大数据在教学设计中面临的挑战之一。

3. 技术基础设施

要有效地应用大数据技术，教育机构需要具备相应的技术基础设施。包括高性能的服务器、数据存储系统、网络带宽等。这需要投入大量的资金和资源，对一些资源有限的学校和地区可能构成一定的挑战。

4. 师资培训

教师在使用大数据技术进行教学设计时需要具备相应的技能和知识。然而，许多教育机构的教师可能缺乏相关的培训和支持。因此，师资培训成为推动大数据在教学设计中应用的关键因素之一。

5. 学生接受度

学生对于大数据在教学设计中的应用可能存在不同的接受度。一些学生可能对其表示担忧，担心隐私泄露或过度监管等。因此，教育机构需要在推广大数据应用的同时，积极引导学生了解其益处，提高学生的接受度。

（五）未来发展方向

1. 融合人工智能技术

未来大数据在教学设计中的发展趋势之一是与人工智能技术的融合。通过引入自然语言处理、机器学习等人工智能技术，可以更好地分析学生的学习状态和需求，为个性化教学提供更精准的支持。

2. 强化数据安全与隐私保护

随着对隐私保护的重视，未来大数据在教学设计中需要加强数据安全与隐私保护的措施。采用先进的加密技术、权限管理机制等途径，确保学生的个人信息得到妥善保护。

3. 拓展跨学科应用

大数据技术不仅可以在特定学科的教学设计中应用，还可以跨学科地运用于教学。通过整合多学科的学习数据，形成更全面的学科关联性分析，促进跨学科知识的交叉应用。

4. 智能教育决策支持系统

未来的发展还包括建立更为智能化的教育决策支持系统。通过大数据分析，系统可以为学校管理层提供更全面的决策信息，包括教育资源配置、师资培训规划等，提升教育管理的科学性和效率。

5. 强调学生参与与反馈

未来的大数据教学设计应该更加注重学生的参与与反馈。通过引入学生的自主学习数据和反馈信息，教师可以更好地了解学生的学习需求，推动学生积极参与学习过程，实现真正的个性化教学。

大数据在教学设计中的实际应用为教育领域带来了巨大的变革和机遇。通过个性化学习路径、即时反馈、智能教辅工具等手段，大数据技术为教育提供了更为精细和高效的支持。然而，在推动大数据在教学设计中应用的过程中，仍需面对隐私保护、数据质量、技术基础设施等一系列挑战。未来，通过与人工智能技术的融合、加强数据安全与隐私保护、拓展跨学科应用等发展方向，大数据在教学设计中将迎来更加广阔的发展前景。

二、教育管理流程的创新与优化

（一）概述

随着社会的不断发展和教育需求的不断增长，教育管理作为教育体系的关键组成部分，亦面临着日益复杂和多元的挑战。为了更好地满足学生、教师和社会的需求，教育管理流程需要不断创新与优化。本章节将深入探讨教育管理流程的创新与优化，分析其重要性、现状以及可能的发展方向。

（二）教育管理流程的重要性

1. 教育质量提升

教育管理流程对教育质量有着直接的影响。通过合理的管理流程，可以更好地组织、分配和监控教育资源，提高教育过程的有效性和效率，从而推动教育质量的不断提升。

2. 教育资源优化

教育资源的优化利用是教育管理的核心任务之一。通过创新管理流程，可以更科学地配置教育资源，确保其最大化的利用效益，提高教育系统的整体效能。

3. 教育公平性

教育管理流程的合理性直接关系到教育公平性。通过创新和优化流程，可以减少不公平的现象，确保每个学生都有平等的接受教育的机会，促进社会公平。

4. 教育信息化

随着信息技术的发展，教育信息化已经成为教育管理的重要方向。创新管理流程可以更好地推动教育信息化的发展，提高数据管理和决策的效率，为教育决策提供更准确的支持。

（三）教育管理流程的现状分析

1. 传统管理模式的局限性

传统的教育管理模式存在许多局限性，如决策相对滞后、信息传递效率低下、资源配置不够灵活等。这些问题制约了教育管理的水平和效果。

2. 信息化程度不够

虽然教育信息化已经取得了一定的进展，但在许多地区和学校，信息化程度仍然不够。存在的问题包括信息系统不畅通、数据采集不够精准、信息安全问题等。

3. 缺乏灵活性与适应性

传统的教育管理流程往往较为刻板，难以适应社会、科技和教育本身的快速变化。缺乏灵活性和适应性，使得管理流程在应对新问题和挑战时显得力不从心。

（四）教育管理流程的创新方向

1. 引入先进的管理理念

在教育管理流程中引入先进的管理理念，如项目管理、绩效管理、敏捷管理等。通过学习和借鉴其他领域的成功经验，使教育管理更富有活力和创新性。

2. 推动信息化建设

加强对教育信息化建设的支持，推动数字化校园的建设。建立完善的信息系统，提高教育数据的采集、存储和分析能力，为决策提供更有力的支持。

3. 强化师资培训

提高教育管理人员和教师的信息技术素养，通过培训使其更好地运用信息化工具进行管理。建立跨学科的培训机制，使管理人员能够更全面地了解教育领域的发展趋势。

4. 强化学校与社会的互动

通过建立更密切的学校与社会联系，使教育管理流程更贴近社会需求。与产业界、社区等建立良好的合作关系，通过外部力量为学校提供更多支持。

5. 引入科技支持

利用先进的科技手段，如人工智能、大数据分析等，为教育管理流程提供更强大的决策支持。通过智能化的工具和算法，提高管理流程的效率和准确性。

（五）教育管理流程的优化策略

1. 数据驱动的决策

推动教育管理流程向数据驱动的方向发展。通过收集、分析学生和教师的数据，进行精细化管理和个性化支持，以数据为基础进行决策，提高决策的科学性和准确性。

2. 灵活的资源配置

建立灵活的资源配置机制，根据学科、班级、学生需求等因素，合理配置教育资源。通过动态调整资源分配，提高资源利用效率，更好地满足不同学生的需求。

3. 教育过程的优化

优化教育过程，提升教育质量和效率。包括但不限于：

制定更加灵活的教学计划，适应学生的学科特点和学习进度，提高学习的针对性和个性化。

引入创新的教学方法和教育技术，提升教学效果。例如，通过在线教育、虚拟实验室等方式拓展学生的学习体验。

优化课程设置，确保课程内容与学科前沿和社会需求保持一致，提高学生的实际运用能力。

4. 激发学生的学习动力

通过优化管理流程，激发学生的学习动力和兴趣。建立鼓励学生参与课外活动、创新实践等机制，培养学生的综合素养和创新能力。借助大数据分析，了解学生的兴趣和优势，提供个性化的发展建议。

5. 建立良好的沟通机制

优化教育管理流程还需要建立更加顺畅、高效的沟通机制。包括学校内部的各级管理层之间的沟通，以及学校与学生、家长、社区等外部力量的沟通。通过建立定期的会议、沟通平台等，保障信息的流通和反馈的畅通。

（六）教育管理流程的实施步骤

1. 制定创新与优化计划

在进行教育管理流程的创新与优化之前，学校和管理层需要制定详细的计划。该计划应明确目标、时间表、责任人等关键信息，确保整个过程有序进行。

2. 引入先进的管理工具和技术

利用先进的管理工具和技术，如项目管理软件、信息化系统等，提高管理效率和准确性。通过培训管理人员，确保其熟练掌握这些工具，更好地支持教育管理流程的创新。

3. 逐步实施创新措施

创新和优化教育管理流程不是一蹴而就的过程，需要逐步实施。可以选择先在某一学科、某个年级或某个方面进行试点，通过实践中的反馈进行不断调整和改进。

4. 加强培训与沟通

为教育管理人员和教职工提供相关的培训，使其更好地适应新的管理流程。同时，加强内部和外部的沟通机制，促进信息的流通和共享，确保管理流程的协同工作。

5. 持续监测与评估

在实施创新与优化措施后，需要建立监测和评估机制。通过收集数据、进行绩效评估，了解管理流程的实际效果，及时发现问题并进行调整，确保创新措施的可持续发展。

教育管理流程的创新与优化是推动学校和教育体系不断发展的重要手段。通过引入先进的管理理念、推动信息化建设、强化师资培训等方式，可以使教育管理更加科学、高效和灵活。在实施过程中，需要充分考虑学校的实际情况，逐步推进，确保创新与优化的有效性。只有不断完善教育管理流程，才能更好地服务于学生和社会，推动教育事业的可持续发展。

三、学习分析与反馈机制

（一）概述

学习分析与反馈机制在教育领域扮演着至关重要的角色。通过对学生学习过程的深入分析，以及及时有效的反馈，可以更好地指导学生、优化教学设计，提升教育质量。本章节将深入探讨学习分析与反馈机制的重要性、目前的实践状况以及未来的发展方向。

（二）学习分析的重要性

1. 个性化学习支持

学习分析可以通过收集和分析学生的学习数据，了解每个学生的学科特点、学习风格、知识水平等。基于这些信息，教育机构可以为每个学生提供个性化的学习支持，定制适合其发展需求的教学计划，促进学生的个性化发展。

2. 教学过程优化

学习分析有助于深入分析教学过程中的有效和无效环节。通过分析学生的学习行为和反馈数据，教育者可以调整教学策略，优化教学过程，提高教学效果。这种数据驱动的优化过程有助于实现教学的不断进步。

3. 学科知识点分析

学习分析可以帮助教育机构深入了解学科知识点的掌握情况。通过对学生在不同知识点上的表现进行分析，可以发现学科中的薄弱环节，有针对性地进行强化教学，提高学生对知识点的掌握程度。

4. 提升教学评估水平

学习分析提供了更全面的教学评估数据。通过分析学生的成绩、参与度、作业完成情况等，教育机构可以更准确地评估教学质量，了解教师的教学水平和学生的学习状态，为教育改革提供科学依据。

（三）学习分析的实践状况

1. 在线学习平台的应用

许多教育机构和学校借助在线学习平台，实现对学生学习行为的数据采集和分析。这些平台通过记录学生的在线学习活动，包括观看视频、完成作业、参与讨论等，生成学习分析报告，为教育者提供有针对性的信息。

2. 大数据分析技术的运用

大数据分析技术在学习分析中发挥着重要作用。通过处理大规模的学习数据，机器学习算法可以挖掘出隐藏在数据中的模式和规律，为学习者提供更个性化、精准的学习建议和支持。

3. 智能教育系统的发展

智能教育系统集成了学习分析和智能化教学支持功能。这些系统可以实时监测学生的学习状态，分析学习数据，根据个体差异提供智能化的学习资源和教学方案，实现更为个性化的学习体验。

4. 教学管理工具的应用

教学管理工具也在学习分析中发挥着关键作用。这些工具可以帮助教育者收集学生的学习数据、管理课程进度、生成学习报告，为教学决策提供依据。

（四）学习反馈机制的重要性

1. 及时纠正学习方向

学习反馈机制可以帮助学生及时了解自己的学习状态和问题所在。通过及时的反馈，学生能够迅速纠正学习方向，避免在错误的学习道路上持续前行，提高学习效果和效率。

2. 激发学生学习动力

有效的学习反馈可以激发学生的学习兴趣和动力。当学生获得积极的反馈时，他们更有可能对学习保持积极的态度，并更加努力地投入学习。反馈的及时性和鼓励性对于激发学生学习热情至关重要。

3. 促进个性化学习

学习反馈机制有助于实现个性化学习。通过分析学生的学习数据，系统可以为每个学生提供量身定制的反馈和建议。这种个性化的反馈能够更好地满足学生的学习需求，提高学习的针对性。

4. 增强自主学习能力

学习反馈可以帮助学生培养自主学习的能力。通过了解自己的学习表现和存在的问题，学生能够更好地制定学习计划、管理学习时间，并在学习中逐渐发展出自主学习的习惯和能力。

（五）学习分析与反馈机制的未来发展方向

1. 引入情感分析

未来发展中，学习分析与反馈机制可以更加关注学生的情感状态。通过情感分析技术，系统可以了解学生在学习过程中的情感变化，进而更好地调整学习资源和提供情感支持，促进学生的全面发展。

2. 结合虚拟现实技术

虚拟现实技术的应用将为学习分析与反馈带来新的可能性。通过虚拟场景，系统可以模拟真实学习环境，收集更丰富的学习数据，并提供更为直观、身临其境的学习反馈体验，提升学生的学习参与度。

3. 推动区块链在学习记录中的应用

区块链技术的引入可以增强学习分析与反馈的透明度和可信度。学生的学习记录可以被安全地存储在区块链上，防止信息篡改和伪造，同时学生和教育机构可以更加方便地访问和分享学习记录。

4. 加强隐私保护

在发展学习分析与反馈机制的过程中，加强对学生隐私的保护至关重要。未来的发展应该注重建立隐私保护机制，确保学生的个人信息不被滥用，同时充分尊重学生的隐私权。

5. 拓展跨学科研究

学习分析与反馈机制的发展需要跨学科的合作。将教育学、心理学、计算机科学等多个学科的知识相结合，推动学习分析与反馈机制更加全面、深入地发展。

学习分析与反馈机制是教育领域中一项至关重要的工作。通过深入分析学生的学习过程，及时有效地提供反馈，不仅有助于指导学生个性化发展，而且还能促进教学过程的不断优化。当前，学习分析与反馈机制已经在在线学习平台、大数据分析技术等方面取得了一定的进展。未来，随着情感分析、虚拟现实技术、区块链等新技术的不断发展，学习分析与反馈机制将迎来更为广阔的发展空间。在推动这一机制的发展过程中，需要更加关注学生的隐私保护、个性化学习的推动以及跨学科研究的合作，共同促进教育领域的创新和进步。

第四节　效果与成果评估

一、大数据驱动创新模式的实施效果评估

（一）概述

大数据技术的发展为各行各业带来了创新的机遇，教育领域也不例外。在教育管理、教学设计、学生个性化支持等方面，大数据驱动的创新模式正逐渐成为教育领域的重要实践。然而，大数据驱动的创新模式的实施效果如何，需要进行全面而深入的评估。本书将探讨大数据驱动创新模式在教育领域的实施效果评估方法、重要指标以及未来可能的发展方向。

（二）大数据驱动创新模式的实施效果评估方法

1. 数据收集与整理

实施效果评估的第一步是收集和整理相关数据。这些数据可以包括学生的学习行为数据、教学资源利用情况、学生成绩和评价数据等。通过大数据技术，可以实现对这些数据的高效、全面的收集和整理。

2. 数据分析与挖掘

在收集到的数据基础上，通过数据分析和挖掘技术，发现数据中潜在的模式、规律和关联。这可以包括对学生学习行为的趋势分析、教学资源的有效利用程度、学生学科能力的发展轨迹等方面的分析。

3. 效果评估指标制定

制定明确的效果评估指标是评估的关键步骤。这些指标可以包括但不限于：

学生学业成绩提升率：通过比对实施大数据驱动创新模式前后学生的学业成绩，评估该模式对学生成绩的影响。

学生参与度提高程度：通过学生的在线学习活动、参与度等数据，评估大数据模式对学生参与学习的激励程度。

个性化学习效果：通过分析学生的学科特点、学习风格等数据，评估大数据模式对个性化学习的支持程度。

教学资源利用效率：通过分析教学资源的使用情况，评估大数据模式对教学资源利用效率的提高程度。

4. 反馈与调整

评估的过程是一个动态的过程，需要及时获取评估结果并进行反馈。根据评估结果，对大数据驱动创新模式进行调整和优化，以确保其在实际应用中能够更好地发挥作用。

（三）大数据驱动创新模式的实施效果评估指标

1. 学业成绩提升率

学业成绩提升率是评估大数据驱动创新模式效果的重要指标之一。通过对比实施前后学生的平均成绩、不同群体学生成绩的提升情况，可以全面了解该模式对学生学业成绩的影响。

2. 学生参与度提高程度

学生参与度提高程度反映了大数据模式对学生学习积极性的影响。通过分析学生在在线学习平台的活跃度、参与课堂讨论的频率等数据，可以评估大数据模式对学生参与度的提高程度。

3. 个性化学习效果

个性化学习效果是衡量大数据模式是否成功满足学生个性化学习需求的指标。通过分析学生的学科特点、学习风格等数据，评估大数据模式对个性化学习的支持程度，以及是否有助于提高学生学科能力的发展。

4. 教学资源利用效率

教学资源利用效率是评估大数据模式对教学资源管理的影响的重要指标。通过分析教学资源的使用情况，包括教材使用率、在线资源利用情况等，可以评估大数据模式下对教学资源利用效率的提升程度。

（四）大数据驱动创新模式的未来发展方向

1. 结合人工智能技术

未来大数据驱动创新模式的发展可以结合人工智能技术，通过智能化的算法和工具实现更精准的数据分析和个性化的学习支持。人工智能在教育领域的应用可以提高模式的智能化水平，更好地满足学生个性化需求。

2. 强化数据隐私保护

在大数据驱动创新模式的实施中，数据隐私保护是一个至关重要的问题。未来的发展需要加强对学生个人信息的隐私保护机制，确保数据的安全性和合法使用，同时提高学生和家长的数据隐私意识。

3. 拓展教育领域的应用范围

大数据驱动创新模式不仅可以在学校管理和教学设计中应用，而且还可以拓展到更广泛的教育领域。例如，职业培训、在线教育、继续教育等领域都可以通过大数据驱动的创新模式来提高效益和质量。

4. 强调跨学科合作

未来的发展需要强调跨学科合作，将教育学、计算机科学、数据科学等多个学科的专业知识整合起来。跨学科的合作可以促进创新思维和方法的交流，推动大数据驱动创新模式更全面、更深入地发展。

5. 提升师资培训水平

实施大数据驱动创新模式需要教育从业者具备相关的技能和知识。未来的发展应该加强师资培训，提升教育从业者对大数据技术的理解和运用水平，以更好地推动创新模式的实施。

大数据驱动的创新模式在教育领域具有广阔的应用前景，但其实施效果的评估是确保其可持续发展和提高教育质量的关键。通过数据收集、分析、效果评估指标的制定以及反馈与调整等步骤，可以更加全面了解大数据模式的实施效果。重要的评估指标包括学业成绩提升率、学生参与度提高程度、个性化学习效果和教学资源利用效率等。未来，大数据驱动创新模式的发展方向应结合人工智能技术、强化数据隐私保护、拓展应用范围、跨学科合作以及提升师资培训水平等方面，进一步推动其在教育领域的深化和拓展。通过不断的努力和创新，大数据驱动的创新模式有望为教育带来更多的机遇和改革。

二、数据驱动下的绩效评价体系

（一）概述

在当今信息化和数字化的时代，数据成为决策和管理的重要依据。在组织和企业管理中，绩效评价是一项关键的活动，而数据驱动的绩效评价体系则为组织提供了更为科学、客观、精准的评估手段。本章节将深入探讨数据驱动下的绩效评价体系，包括其定义、构建方法、关键指标以及在组织管理中的应用。

（二）数据驱动绩效评价体系的定义

1. 绩效评价体系概述

绩效评价体系是指对组织、团队或个体在一定时间内工作成果和绩效水平进行评估的一系列方法和指标的组合。传统的绩效评价主要依赖于主观评价和定性分析，而数据驱动的绩效评价体系则更加注重利用数据来客观、量化地评估绩效。

2. 数据驱动的特点

数据驱动的绩效评价体系具有以下特点：

客观性：基于数据的绩效评价更加客观，减少了主观因素的影响，使评价更为公正和科学。

实时性：数据驱动的评价可以基于实时数据，使管理者能够更及时地了解组织或个体的绩效状况。

精准性：利用数据进行评价可以提高评价的精准性，避免了传统评价中可能存在的模糊性和不确定性。

可量化：数据可以被量化，使得绩效评价更具可比性和可衡量性，方便对不同绩效水平进行对比和分析。

（三）构建数据驱动的绩效评价体系

1. 确定评价目标和指标

构建数据驱动的绩效评价体系的第一步是明确评价的目标和指标。评价目标应该与组织的战略目标和业务需求相一致，而指标应该能够客观地反映工作绩效和业务成果。

2. 数据采集和整合

数据驱动的绩效评价需要大量的数据支持。因此，建立数据采集和整合的机制非常重要。可以通过各种信息系统、传感器、调查问卷等途径收集组织内外的数据，并将其整合成可分析的形式。

3. 数据分析和模型建立

利用采集到的数据进行分析是数据驱动绩效评价的核心环节。数据分析可以采用统计分析、机器学习等方法，建立评价模型，进而揭示数据中的模式、趋势和关联，提供支持决策的信息。

4. 可视化和报告

将分析结果以可视化的形式呈现，可以更好地传达评价信息。可视化可以采用图表、仪表板等形式，使管理者能够直观地理解绩效状况，并及时做出相应决策。

5. 持续改进

数据驱动的绩效评价体系是一个动态的过程，需要不断进行改进和优化。根据实际应用中的反馈和结果，及时调整评价指标和模型，以确保评价体系的有效性和适应性。

（四）关键指标在数据驱动绩效评价体系中的应用

1. 关键绩效指标的选择

在构建数据驱动绩效评价体系时，选择合适的关键绩效指标是至关重要的。这些指标应该能够全面反映组织的绩效水平，涵盖各个关键方面，例如财务、运营、客户满意度、创新能力等。

2. 财务指标的应用

财务指标是评价组织绩效的重要方面之一。在数据驱动的绩效评价体系中，可以采用诸如利润率、成本控制、资产回报率等财务指标，通过对财务数据的分析来评估组织的财务绩效。

3. 运营指标的应用

运营指标关注组织的运作效率和效果。在数据驱动的绩效评价中，可以采用诸如生产效率、工作流程优化、项目完成时间等运营指标，通过数据分析来评估组织的运营绩效。

4. 客户满意度指标的应用

客户满意度是衡量组织在市场中竞争力的关键因素之一。数据驱动的绩效评价可以通过收集客户反馈数据，应用诸如客户满意度指数、客户投诉率等指标来评估组织在客户服务方面的表现。

5. 创新能力指标的应用

创新能力是组织持续发展的基础。在数据驱动的绩效评价体系中，可以采用创新投入、研发产出、专利申请数量等指标，通过数据分析来评估组织的创新能力。这有助于组织更好地把握市场变化，保持竞争力。

6. 员工绩效指标的应用

员工是组织绩效的重要组成部分。数据驱动的绩效评价体系可以采用员工绩效评估、培训效果、员工满意度等指标，通过对员工相关数据的分析来评估组织的人力资源管理水平。

（五）数据驱动绩效评价体系在组织管理中的应用

1. 支持决策制定

数据驱动的绩效评价体系为管理者提供了更多、更精准的数据支持，有助于制定科学、合理的决策。管理者可以根据评价结果优化资源配置、调整战略方向，提高决策的准确性和效果。

2. 促进绩效管理

数据驱动的绩效评价体系强调持续监测和反馈，有助于建立绩效管理的闭环机制。通过不断收集、分析数据，管理者可以及时发现问题，对绩效进行有效管理和调整，推动组织不断向着设定的目标迈进。

3. 激励和奖惩机制

绩效评价是激励和奖惩的重要依据之一。数据驱动的绩效评价更加客观，可以避免主观因素对激励和奖惩的不公平性。通过明确的数据支持，组织能够更公正地对绩效优异者进行奖励，对绩效较差者进行适当的惩罚，从而激发全体员工的积极性和创造力。

4. 优化资源配置

通过对组织各方面绩效的全面评估，管理者可以更加准确地了解到底哪些方面需要更多资源的支持，哪些方面可以进行资源的调整和优化。这有助于组织更科学地配置资源，提高资源利用效率，达到成本最小化和效益最大化的目标。

5. 促进团队合作

数据驱动的绩效评价体系能够客观地反映团队成员的贡献和表现，有助于促进团队内部的合作。通过对团队整体绩效和个体贡献的评估，可以建立起相互信任和共同奋斗的团队文化，提高团队协同效能。

（六）面临的挑战和未来发展方向

1. 隐私和安全问题

在构建数据驱动的绩效评价体系时，隐私和安全问题是一个不可忽视的挑战。组织需要确保收集、存储和分析的数据得到妥善的保护，避免信息泄露和滥用。

2. 数据质量和准确性

数据的质量和准确性直接影响绩效评价的有效性。组织需要建立健全的数据采集和整合机制，确保数据来源的可靠性和准确性，避免由于数据质量问题而影响评价结果的科学性。

3. 数据分析能力不足

数据驱动的绩效评价需要组织具备一定的数据分析能力。面对庞大的数据集，组织需要培养或引入专业的数据分析人才，确保能够充分发挥数据在绩效评价中的作用。

4. 多元化评价体系的建立

在实际应用中，绩效评价往往需要考虑多个方面的因素。因此，构建一个多元化、全面的评价体系是一个复杂的任务。组织需要综合考虑不同业务领域和层面的评价指标，以建立更全面的评价模型。

5. 增加员工参与度

在建立数据驱动的绩效评价体系时，员工的参与度是关键因素。组织需要加强对员工的沟通和培训，提高员工对数据评价的理解和接受程度，使其更加愿意参与到绩效评价的过程中。

6. 强调持续改进

数据驱动的绩效评价体系是一个动态的过程，需要持续改进和优化。组织需要建立起持续改进的机制，不断结合实际应用中的反馈和结果进行调整，以确保评价体系的有效性和适应性。

数据驱动的绩效评价体系在组织管理中具有重要的意义。通过构建科学、客观、精准的评价体系，组织可以更好地了解自身绩效水平，制定科学合理的决策，提高资源利用效率，推动组织的可持续发展。然而，要克服隐私和安全问题、确保数据质量、提高数据分析能力等方面的挑战，需要组织在建设评价体系的过程中保持高度的警惕性和灵活性。

三、大数据驱动创新成果可视化与沟通

（一）概述

大数据技术的广泛应用为创新提供了强大支持，然而，创新成果的有效传播和沟通是推动创新实际应用的关键环节。在这个背景下，大数据驱动的创新成果可视化与沟通成为一项至关重要的任务。本书将深入探讨大数据驱动创新成果的可视化方法、工具以及在沟通中的实际应用。

（二）大数据驱动创新成果可视化的意义

1. 提高可理解性

大数据往往包含海量、复杂的信息，直接呈现可能让人难以理解。通过可视化，可以将抽象的数据转化为直观的图表、图形，提高了创新成果的可理解性。人们可以通过视觉感知更容易把握信息的内在关系和趋势。

2. 促进决策制定

创新成果涉及各个层面的决策，包括市场推广、资源投入、产品优化等。可视化为决策者提供了更为清晰的信息展示，使其能够更迅速、准确地做出决策。这对于创新成果的实际应用至关重要。

3. 吸引关注与支持

通过生动、直观的可视化展示，创新者能够更好地吸引公众、投资者和合作伙伴的关注。人们更愿意关注那些能够通过可视化方式展现价值和优势的创新成果，这为项目的进一步发展提供了有力支持。

（三）大数据驱动创新成果可视化的方法和工具

1. 数据仪表盘

数据仪表盘是一种集合多个数据可视化元素的工具，通常以仪表盘的形式呈现。它可以将不同维度的数据整合在一起，通过图表、指标等方式直观地展示创新成果的各个方面。常见的数据仪表盘工具包括 Tableau、Power BI 等。

2. 地理信息系统（GIS）

对于涉及地理位置信息的创新成果，GIS 技术可以提供强大的可视化能力。通过地图展示，人们可以清晰地看到地理数据的分布、关联和趋势。GIS 工具如 ArcGIS、QGIS 等广泛应用于这一领域。

3. 时间线图

时间线图是一种将事件或数据随时间推移呈现的可视化方式。对于展示创新成果的发展历程、里程碑事件等，时间线图是一种直观有效的工具。可使用工具如 TimelineJS、Tiki-Toki 等创建时间线图。

4. 网络图

网络图适用于展示创新成果中各个元素之间的关系。这种图形化的展示方式有助于展现复杂系统中的连接和交互。Gephi、Cytoscape 等工具提供了创建网络图的功能。

5.3D 可视化

对于一些复杂的创新成果，使用 3D 可视化可以更好地呈现空间关系和结构。这种方式通过在三维空间中展示数据，增加了信息的立体感。Unity、D3.js 等工具支持 3D 可视化的创建。

（四）大数据驱动创新成果可视化的实际应用

1. 行业案例：医疗健康创新

在医疗健康领域，大数据驱动的创新成果可视化应用广泛。通过数据仪表盘，医疗专业人士可以实时监测患者健康状况、疾病传播趋势等。同时，地理信息系统用于展示疫情地图，帮助决策者更好地制定防控策略。

2. 企业案例：市场营销优化

企业利用数据仪表盘和时间线图等工具对市场营销活动进行可视化分析。这使得营销团队能够直观地了解营销活动效果、用户反馈等信息，有针对性地调整策略，提高营销 ROI。

3. 学术研究案例：学科发展趋势

在学术领域，使用网络图和 3D 可视化展示学科之间的引用关系、合作关系等。这有助于研究者更好地把握学科发展趋势，发现潜在的研究合作机会。

（五）大数据驱动创新成果可视化的挑战与应对策略

1. 数据隐私和安全

在可视化过程中，涉及的数据可能包含敏感信息，因此数据隐私和安全是一大挑战。对于这一问题，可以采取数据脱敏、权限控制等途径，确保只有授权人员能够访问相关数据。

2. 可视化工具的选择和使用

选择合适的可视化工具是关键的一步。不同的可视化工具适用于不同的数据类型和展示需求。在选择工具时，需要考虑数据的复杂性、用户群体的需求以及工具的易用性。同时，不同的工具可能需要不同的学习成本，因此培训团队成员使用相应的工具也是必要的。

3. 数据准确性和一致性

可视化结果的准确性直接关系到决策的正确性。在数据准备阶段，需要确保数据的质量和一致性。数据清洗、去重和验证是确保可视化结果准确性的重要步骤。同时，在可视化过程中，需要注意避免误导性的图表和图形，确保信息传递的一致性。

4. 用户体验与交互性

用户体验对于可视化的成功应用至关重要。可视化工具应该具有良好的用户界面和用户体验，使用户能够轻松地进行操作和交互。增加交互性元素，如过滤器、交互式图表等，可以提高用户的参与感和使用效果。

5. 针对不同受众定制

不同的受众可能对创新成果关注的重点不同。在进行可视化设计时，需要根据不同受众的需求进行定制。例如，高层管理者可能更关注战略层面的指标，而操作团队可能更关注具体的细节和操作性的数据。因此，根据不同受众的角色和需求，进行差异化的可视化呈现。

6. 持续更新与演进

创新成果是一个不断演进的过程，可视化也需要随之更新和演进。及时更新数据、调整可视化展示方式，保持可视化与实际情况的一致性。同时，根据用户的反馈和需求，不断改进可视化工具和方法。

（六）大数据驱动创新成果可视化的未来发展趋势

1. 融合增强现实（AR）和虚拟现实（VR）

随着增强现实和虚拟现实技术的发展，将其应用于创新成果的可视化将成为未来的趋势。通过 AR 和 VR 技术，用户可以在虚拟环境中更直观地观察和交互创新成果，提升用户体验。

2. 自动化可视化

随着机器学习和自动化技术的不断发展，未来的可视化工具将更加智能化。可以通过机器学习算法自动识别数据中的关键信息，并生成适合的可视化结果，减轻用户在可视化设计上的负担。

3. 多模态可视化

未来的可视化将更多地融合多种感知方式，包括视觉、听觉、触觉等。这将为用户提供更丰富、全面的体验，促进更深入的理解和沟通。

4. 可视化与智能决策支持系统的整合

未来可视化将更加融入智能决策支持系统中，与数据分析和决策模型无缝连接。这将使得用户在可视化的基础上更直接地进行决策，并实现更高效的决策流程。

5. 社交化可视化

未来的可视化将更加重视社交化，支持用户之间的互动和共享。通过社交化可视化，团队成员可以更好地协同工作，共同理解和利用创新成果的信息。

大数据驱动的创新成果可视化与沟通在推动创新实际应用中发挥着重要作用。通过有效的可视化，创新者可以更好地传达创新成果的价值，吸引关注与支持。面临挑战时，选择合适的可视化工具、保障数据准确性和一致性、关注用户体验等都是应对的关键策略。未来，随着技术的不断发展，可视化将呈现出更多的创新形式，为创新的推动提供更强大的支持。

第四章　学生信息管理与个性化服务

第一节　学生信息管理系统

一、学生信息系统架构

（一）概述

随着教育信息化的发展，学生信息系统在高校管理中扮演着至关重要的角色。学生信息系统不仅仅是一个存储学生个人信息的数据库，更是一个涵盖多个模块、服务多方利益相关者的复杂系统①。本章节将深入探讨学生信息系统的架构，包括系统的组成部分、数据流程、安全性等方面。

（二）学生信息系统架构的组成部分

学生信息系统的架构通常由多个组成部分组成，每个部分承担着特定的功能。以下是一个典型的学生信息系统架构的主要组成部分：

1. 用户界面

用户界面是学生信息系统的门面，直接与用户进行交互。包括学生、教师、行政人员等多个角色的界面。用户界面应该友好、易用，能够满足不同用户群体的需求。常见的用户界面包括网页端、移动端应用等。

2. 数据存储

数据存储是学生信息系统的核心，包括学生个人信息、课程信息、成绩记录、选课信息等。这些数据通常存储在数据库中，可以使用关系型数据库（如 MySQL、Oracle）或者 NoSQL 数据库（如 MongoDB）。

3. 业务逻辑层

业务逻辑层是学生信息系统的大脑，负责处理用户请求，执行相应的业务逻辑。包括用户认证、权限管理、课程管理、成绩计算等功能。这一层通常包括一系列的服务和 API，用于处理前端与后端之间的通信。

① 张贞云．教育信息化［M］．青岛：中国海洋大学出版社，2018：59.

4. 集成接口

学生信息系统通常需要与其他系统进行集成，如教务系统、图书馆管理系统等。集成接口负责系统之间的数据交换和信息共享，确保各系统之间的协同工作。采用标准的API、数据格式有助于实现系统的可扩展性和互操作性。

5. 报表与分析

报表与分析模块用于生成各类报表、统计数据，帮助管理者和决策者更好地了解学生信息系统的运行情况。这其中包括学生的学业情况、教学资源利用情况、学校整体运行情况等。

（三）学生信息系统数据流程

学生信息系统的数据流程是指信息在系统中的流动和处理过程。以下是学生信息系统中的典型数据流程：

1. 学生注册与信息录入

数据流开始于学生的注册，学生信息由招生办公室或相关管理部门录入系统。这包括基本个人信息、身份证明、联系方式等。

2. 学生选课与课程管理

学生通过系统进行选课，选课信息被记录在系统中。同时，系统需要管理课程信息，包括教师信息、上课时间地点、课程内容等。

3. 教学过程中的数据记录

在教学过程中，系统需要记录学生的学习表现，包括出勤情况、作业完成情况、考试成绩等。这些数据共同反映了学生的学业进展和教学质量。

4. 学生成绩管理

学生成绩是学生信息系统中一个重要的数据，系统需要计算和管理学生成绩，包括平时成绩、期中考试成绩、期末考试成绩等。这些数据对于学校评估学生学业水平和进行教学质量分析具有重要意义。

5. 学籍管理与毕业审核

学生信息系统需要管理学生的学籍信息，包括学年、专业、年级等。在学生即将毕业时，系统需要进行毕业审核，确保学生完成了所有必须的学业要求。

6. 报表与统计分析

系统通过报表与统计分析模块生成各类报表和统计数据，以便管理者、教师和学生了解系统运行情况。这有助于学校进行绩效评估、资源分配等决策。

（四）学生信息系统的安全性

学生信息系统作为一个涉及大量个人隐私信息的系统，安全性至关重要。以下是确保学生信息系统安全性的一些关键措施：

1. 用户认证与权限管理

系统需要实现严格的用户认证机制，确保只有授权用户能够访问系统。同时，采用灵活的权限管理，不同用户角色有不同的权限，以确保数据的保密性和完整性。

2. 数据加密

对于敏感数据，应采用合适的加密算法对数据进行加密存储和传输，以防止数据泄露和窃听。这包括用户个人信息、成绩等隐私数据。

3. 安全审计

系统需要建立安全审计机制，记录用户的操作和系统的运行日志。通过安全审计，可以及时发现异常行为，追踪安全事件的发生和演变过程。

4. 防火墙与反病毒软件

在系统的网络环境中，使用防火墙和反病毒软件是保障系统安全的关键步骤。防火墙可以监控和控制网络流量，阻止潜在的网络攻击。反病毒软件用于检测和清除可能存在的恶意软件，保护系统免受病毒和恶意代码的侵害。

5. 定期安全检查与漏洞修补

学生信息系统需要进行定期的安全检查，发现潜在的安全漏洞并及时修补。这包括对系统软件和硬件进行安全性评估，以及对系统代码的静态和动态安全分析。

6. 备份与恢复

系统需要建立定期的数据备份机制，确保在数据丢失或遭受攻击时能够及时恢复。备份数据应存储在安全的地方，并定期测试恢复流程的有效性。

7. 安全培训与意识

对系统使用者进行安全培训，提高其对信息安全的意识是非常重要的。用户应该知晓安全最佳实践，如保护密码、不随意分享账户信息等，以防范社交工程等安全威胁。

（五）学生信息系统的发展趋势

1. 云计算与虚拟化

未来学生信息系统有望更多地借助云计算和虚拟化技术。云计算可以提供灵活的资源扩展和管理，降低系统运维成本。虚拟化技术则可以实现更高效的资源利用，增强系统的可伸缩性和灵活性。

2. 大数据与人工智能

学生信息系统将更多地利用大数据和人工智能技术。通过对海量数据的分析，系统可以提供更精准的学生画像和个性化服务。人工智能技术可以应用于学生学业预测、智能辅导等方面，提升系统的智能化水平。

3. 区块链技术

区块链技术有望应用于学生信息系统中的身份认证、学历验证等方面。通过区块链的去中心化和不可篡改性，可以提高学生信息的安全性和可信度。

4. 移动化与跨平台

随着移动设备的普及，学生信息系统将更加注重移动化和跨平台性能。学生、教师等用户可以通过手机、平板等移动设备方便地访问系统，提高系统的可用性和用户体验。

5. 社交化与协同

未来的学生信息系统将更加注重社交化和协同性。通过整合社交媒体元素，促进学生、教师、家长之间的交流与合作。协同功能将更好地支持团队项目、课程合作等活动。

6. 可持续发展

学生信息系统的可持续发展将成为一个重要趋势。系统设计应考虑环境友好、能源效率等因素，采用绿色技术，降低系统对资源的依赖，实现系统的可持续发展。

学生信息系统作为高校管理的关键工具，其架构的设计和安全性的保障至关重要。系统应包括用户界面、数据存储、业务逻辑层、集成接口、报表与分析等组成部分，通过清晰的数据流程确保信息的流动和处理。同时，系统需要采取一系列的安全措施，包括用户认证、数据加密、安全审计等，以保障学生个人信息的安全。未来，学生信息系统将更多地运用云计算、大数据、人工智能等前沿技术，实现智能化、移动化、社交化等发展趋势，以更好地满足高校管理的需求。

二、数据更新与维护机制

（一）概述

数据在学生信息系统中是至关重要的资源，它不仅反映了学生的学业情况，而且还支持了学校管理的各个方面。然而，数据是动态变化的，需要不断更新和维护，以确保系统的准确性、完整性和及时性。本章节将探讨学生信息系统中数据更新与维护的机制，包括更新的频率、流程、质量控制等方面。

（二）数据更新的频率

1. 基础信息更新

基础信息包括学生的个人信息、联系方式、家庭地址等，通常需要在学期开始前和学期结束后进行更新。这有助于学校及时了解学生的最新情况，并确保在紧急情况下能够及时联系到学生。

2. 选课与课程更新

学生在每个学期都会进行选课，因此选课信息需要在每个学期开始时进行更新。同时，课程信息可能会发生变化，包括教师调整、上课时间地点变更等，需要及时更新以保持系统的准确性。

3. 成绩与学业信息更新

成绩是学生信息系统中的重要组成部分，需要在每次考试后及时更新。学业信息包括学生的学分、学业计划等，也需要随着学业进展进行更新。

4. 学籍管理与毕业审核

学籍管理涉及学生的年级、专业等信息，需要在每个学期或学年开始时进行更新。而毕业审核则需要在学生即将毕业时进行，确保学生完成了所有的学业要求。

5. 教师与教学资源更新

教师信息和教学资源的更新通常与每个学期的教学计划相关。在新学期开始前，需要更新教师的任课信息和教学资源的分配情况。

（三）数据更新的流程

1. 数据采集与录入

数据更新的流程通常以数据采集和录入为起点。这涉及学校工作人员与学生、教师之间的协作。学生、教师通过系统提供的界面提交最新的信息，学校工作人员负责审核和录入系统。

2. 数据验证与审核

在数据录入后，需要进行验证和审核，确保数据的准确性和完整性。这一步骤通常由学校的数据管理员或相关负责人进行，对异常或错误的数据进行修正或标记，并及时反馈给提交数据的用户。

3. 系统更新与同步

通过验证和审核后，系统需要进行更新与同步。这包括将新的数据存储到数据库中，同时确保系统与其他相关系统的数据保持一致。系统更新与同步需要在系统不影响正常运行的情况下进行，通常在非工作时间进行。

4. 提醒与通知

为了保障学生、教师及时更新信息，系统可以设置提醒与通知机制。通过系统内部消息、邮件、短信等方式，提醒相关用户进行数据更新。这有助于降低信息更新的遗漏率。

（四）数据维护机制

1. 异常数据处理

在数据维护过程中，可能会发现一些异常数据，如重复记录、缺失信息等。系统需要建立相应的异常数据处理机制，及时发现并修复这些异常数据，以提高数据的质量。

2. 数据清理与整理

随着时间的推移，数据库中可能会积累大量的历史数据。为了提高系统运行效率和数据查询速度，系统需要定期进行数据清理和整理，删除过期数据或进行归档。

3. 数据备份与恢复

数据的安全性也是数据维护的重要方面。系统需要建立定期的数据备份机制，确保在数据丢失或遭受攻击时能够及时恢复。备份数据应存储在安全的地方，并定期测试恢复流程的有效性。

4. 定期检查与性能优化

学生信息系统需要定期进行性能检查与优化。通过监测系统的运行情况，发现潜在的性能问题，并采取相应的优化措施，以确保系统的稳定性和高效性。

5. 用户培训与支持

为了提高用户对系统的使用效果，系统需要提供定期的用户培训和支持。用户培训可以包括数据更新的流程介绍、系统操作技巧等方面，确保用户能够熟练使用系统进行数据更新。

（五）质量控制与保障

1. 数据质量监控

系统需要建立数据质量监控机制，通过设定数据质量指标和阈值，监控数据的准确性、完整性和一致性。一旦发现数据质量异常，系统应该及时报警并进行相应的处理。

2. 定期审查与评估

学校管理层需要定期审查学生信息系统的数据更新与维护机制，评估其运行效果和数据质量。通过定期的评估，可以及时发现问题并进行改进，以确保数据更新与维护机制的持续有效性。

3. 用户反馈与改进

用户是系统的直接使用者，他们的反馈对于改进数据更新与维护机制非常重要。系统应该建立用户反馈渠道，鼓励用户提出意见和建议。通过分析用户反馈，系统可以不断改进更新流程、界面设计等，提高用户满意度。

4. 安全性保障

数据更新与维护机制中需要强调安全性保障，确保更新的数据不受到未授权访问、篡改或泄露。采用加密技术、严格的用户权限控制等途径，保障数据的机密性和完整性。

（六）技术支持与自动化

1. 技术支持

系统应该提供有效的技术支持，为用户解决在数据更新与维护过程中遇到的问题。这可以包括在线帮助文档、常见问题解答、技术支持团队等形式，确保用户在使用系统时能够得到及时帮助。

2. 自动化更新

为提高效率，系统可以引入自动化更新机制。通过设置定时任务或触发器，系统可以自动检测并更新符合条件的数据，减少人为干预，降低更新流程的复杂度。

3. 数据质量工具

引入数据质量工具是维护数据质量的有效方式。这类工具可以自动识别潜在的数据质量问题，提供数据清洗、校验等功能，帮助系统管理员及时发现和解决数据质量方面的问题。

（七）未来发展趋势

1. 智能化数据更新

未来，学生信息系统可能会借助人工智能技术，实现智能化的数据更新。通过自动学习和模型优化，系统可以预测用户的更新需求，提供个性化的更新建议，进一步提高数据更新的效率。

2. 区块链技术应用

区块链技术的应用可以提高数据的安全性和可信度。学生信息系统可以考虑使用区块链技术来记录数据的变更历史，防止数据篡改，增强数据的透明度和不可篡改性。

3. 移动端更新

随着移动设备的普及，未来的发展趋势可能会更加注重移动端更新。学生、教师可以通过手机、平板等移动设备随时随地进行数据更新，提高更新的灵活性和便捷性。

4. 数据协同与集成

学生信息系统未来可能更加强调数据协同与集成，与其他相关系统进行更紧密的集成，实现数据的共享和协同更新。这有助于消除信息孤岛，提高数据的一致性和准确性。

数据更新与维护机制是学生信息系统中确保数据质量和系统正常运行的重要保障。通过明确的更新频率、流程，建立完善的维护机制，保证了数据的及时性和准确性。质量控制与保障、技术支持与自动化等方面的考虑进一步提高了系统的可靠性和用户体验。未来，智能化、区块链技术应用、移动端更新等趋势将推动学生信息系统更新与维护机制不断创新，更好地服务于学校管理。

三、学生信息系统与其他系统的集成

（一）概述

学生信息系统作为高校管理中的核心系统之一，负责管理学生的基本信息、课程信息、成绩记录等关键数据。然而，高校管理不仅仅依赖于学生信息系统，而且还涉及多个方面，包括财务、教务、图书馆、人事等。为了实现信息的共享、协同工作，学生信息系统需要与其他系统进行集成[①]。本章节将深入探讨学生信息系统与其他系统的集成，包括集成的意义、方式、挑战以及未来发展方向。

（二）集成的意义

1. 实现信息共享

学生信息系统与其他系统的集成能够实现不同系统之间的信息共享。例如，学生的基本信息可以与人事系统同步，课程信息可以与教务系统共享，从而避免重复录入数据，提高数据的准确性和一致性。

2. 提高工作效率

通过系统的集成，可以实现业务流程的自动化和优化，提高工作效率。教务系统的课程安排与学生信息系统的选课信息集成，可以自动更新学生的课程表，减少手工操作，降低错误率。

3. 增强决策支持

集成不同系统的数据，为管理层提供更全面、准确的信息，从而增强决策支持能力。例如，将学生信息系统的学业成绩与财务系统的奖学金发放数据集成，可以更好地评估学生的综合表现。

4. 提升用户体验

对于教职工和学生而言，集成意味着更便捷、流畅的工作体验。他们可以通过一个统一的入口访问不同系统的功能，无须频繁切换界面，提升用户体验和满意度。

① 左婷婷．高校档案公共服务与信息化管理［M］．长春：吉林出版集团股份有限公司，2018：8.

（三）集成的方式

1. 数据接口集成

数据接口集成是最常见的集成方式之一。通过定义标准的数据格式和接口，不同系统之间可以通过接口进行数据的传输和共享。常见的数据接口包括 RESTful API、SOAP 等。

2. 中间件集成

中间件集成采用中间层来实现系统之间的通信。中间件作为一个独立的服务，负责处理不同系统之间的消息传递、数据转换等工作。常见的中间件包括消息队列、企业服务总线（ESB）等。

3. 单点登录集成

单点登录（SSO）集成通过一个登录认证系统实现用户在多个系统之间的无缝切换。用户只需登录一次，就可以访问到所有集成的系统，提高用户体验效果。

4. 数据库集成

数据库集成是将不同系统的数据存储在同一个数据库中，通过共享数据库来实现集成。这需要统一数据模型和结构，确保不同系统能够正确访问和更新数据。

（四）集成的挑战

1. 数据一致性与完整性

在不同系统之间进行数据集成时，需要解决数据一致性和完整性的问题。不同系统可能对数据有不同的定义和规范，需要进行数据映射和转换，保障数据的一致性。

2. 安全性与权限管理

集成涉及不同系统之间的数据交换，安全性和权限管理是一个重要的考虑因素。确保数据在传输和存储过程中的安全性，以及对用户权限的有效管理是关键的挑战。需要采取加密技术、访问控制等手段来保障系统的安全性。

3. 技术异构性

不同系统可能采用不同的技术架构和开发语言，存在技术异构性。这导致在集成过程中需要解决不同技术之间的兼容性问题，确保系统能够协同工作。

4. 系统升级与维护

系统的升级和维护可能导致接口和数据模型的变化，从而影响集成。在系统发生升级时，需要及时更新集成方案，确保不会因为系统变更而导致集成的中断或错误。

5. 成本与资源投入

集成是一个需要投入大量成本和资源的过程，包括技术人员培训、系统修改、中间件的引入等。在集成的初期阶段，可能需要面对较高的投入成本。

6. 业务流程的变更

集成可能需要对原有的业务流程进行一定的调整和变更，以适应不同系统之间的数据交互和共享。这需要对业务流程的重新设计和调整。

学生信息系统与其他系统的集成是提高高校管理效率和信息化水平的重要途径。通过实现信息共享、提高工作效率、增强决策支持、提升用户体验等目标，集成为高校管理带来了显著的好处。然而，集成也面临着一系列的挑战，包括数据一致性、安全性、技术异构性等方面的问题。通过解决这些挑战，并结合未来的发展趋势，可以更好地实现学生信息系统与其他系统的深度集成，推动高校管理的现代化和智能化。

第二节　个性化学业规划与指导

一、大数据驱动的学业规划

（一）概述

学业规划是学生在高校阶段制定的长期目标和学术发展路线，旨在帮助他们更好地理解自己的兴趣、才能和职业方向。随着大数据技术的快速发展，大数据驱动的学业规划逐渐成为高校教育领域的热门话题[①]。本章节将深入探讨大数据如何驱动学业规划，包括大数据的应用领域、对学业规划的影响、技术支持以及未来的发展趋势。

（二）大数据在学业规划中的应用领域

1. 学科选择与兴趣匹配

大数据分析可以帮助学生更全面地了解各个学科领域的就业前景、薪资水平、发展趋势等信息。通过分析大数据，学生可以更明确地选择符合自己兴趣和职业规划的专业，提高学科选择的匹配度。

2. 职业发展路径预测

大数据技术可以分析各行业的用人需求、人才市场趋势等信息，为学生提供职业发展路径的预测和建议。学生可以根据大数据分析的结果制定更明智的职业规划，选择与未来就业市场紧密相关的方向。

3. 个性化学习推荐

通过大数据分析学生的学科偏好、学习方式和兴趣爱好，系统可以提供个性化的学习推荐。这包括推荐适合学生水平和兴趣的课程、项目以及相关的实践经验，帮助学生更好地规划自己的学业。

4. 智能辅导与反馈

大数据分析学生的学习表现和历史数据，为教师提供智能辅导建议。通过识别学生的学科薄弱环节和潜在问题，系统可以提供个性化的学习支持和反馈，帮助学生更好地进行学业规划。

① 李强，兀静．幼儿园安全管理信息化［M］．西安：西安交通大学出版社，2021：87.

（三）大数据对学业规划的影响

1. 提升规划的科学性

传统的学业规划更多地依赖于学生的主观判断和教师的经验，而大数据分析可以为学业规划提供更为科学的依据。通过分析庞大的数据集，系统可以识别出学科发展的趋势、行业需求的特点，进而提升规划的科学性和准确性。

2. 强化个性化服务

大数据技术使得个性化学业规划服务更为可行。系统可以根据学生的个体差异，为其提供定制化的学科推荐、职业规划建议等服务。这强化了学业规划的个性化特色，更好地满足学生的需求。

3. 拓宽信息获取渠道

大数据分析涵盖了庞大而多样的数据来源，包括用人市场、企业需求、行业趋势等信息。这拓宽了学生获取信息的渠道，使得他们能够更全面地了解各个领域的发展动态，有助于做出更为明智的学业规划。

4. 增强规划的实时性

由于大数据分析的实时性，学生可以获取到更为及时的职业发展信息和行业变化趋势。这使得学业规划更具灵活性，能够根据市场实时变化作出相应调整，提高规划的实时性和敏捷性。

（四）技术支持与实施

1. 大数据采集与存储

实施大数据驱动的学业规划首先需要建立庞大的数据集。这需要从各个学科领域、用人市场、行业数据库中采集丰富的数据，并建立高效的数据存储系统，确保数据的可靠性和及时性。

2. 数据分析与挖掘

大数据驱动的学业规划离不开强大的数据分析和挖掘能力。运用机器学习、数据挖掘等技术，对大数据进行深度分析，提取出对学生学业规划有价值的信息和规律。

3. 个性化推荐算法

为了实现个性化的学业规划服务，系统需要引入先进的个性化推荐算法。这包括基于用户历史数据的协同过滤、基于内容的推荐等算法，以确保推荐结果更符合学生的个体差异。

4. 可视化与用户界面设计

为了更好地呈现学业规划的结果，系统需要设计直观、易用的用户界面，并提供可视化的数据展示。这包括使用图表、图形化界面等方式，让学生能够直观地理解大数据分析的结果，更好地制定和调整自己的学业规划。

5. 安全性与隐私保护

由于学业规划涉及学生个人信息和敏感数据，系统在实施过程中必须高度重视安全性和隐私保护。采取加密技术、权限管理等手段，确保学生个人信息不被滥用和泄露。

6. 持续优化与更新

大数据驱动的学业规划系统需要进行持续的优化和更新。这包括不断更新数据集，采用新的分析算法，优化推荐系统，以适应不断变化的学科发展和用人市场需求。

（五）未来发展趋势

1. 结合人工智能技术

未来，大数据驱动的学业规划可能会更深度地结合人工智能技术。通过引入自然语言处理、智能语音助手等技术，系统能够更好地理解学生的需求，提供更自然、智能的交互体验。

2. 多源数据集成

未来的发展趋势可能更加重视多源数据的集成。除了学科领域的数据，还可以整合社会经济数据、科技创新数据等多领域数据，为学生提供更全面的信息支持，帮助他们更全面地规划学业。

3. 强化跨学科的规划

随着跨学科研究的增加，未来的学业规划可能更加强调跨学科的发展。系统可以通过大数据分析学科之间的关联性，为学生提供跨学科的学业规划建议，培养更具综合素养的人才。

4. 智能教育生态系统

未来大数据驱动的学业规划可能会融入智能教育生态系统中。这包括与教育机构、企业、社会资源的深度合作，为学生提供更全面的支持，促使他们在学业规划中更好地融入社会发展。

大数据驱动的学业规划在高校教育中具有巨大的潜力，可以为学生提供更科学、个性化的规划服务。通过应用领域的拓展、对学业规划影响的深入剖析以及技术支持与实施的全面考虑，学业规划系统能够更好地帮助学生了解未来的发展方向，提高教育质量。随着技术的不断发展和未来趋势的引领，大数据驱动的学业规划将在推动教育创新、培养人才方面发挥越来越重要的作用。

二、学生个性化指导服务

（一）概述

学生在高校生涯中面临着各种学业、职业、生活等方面的挑战。为了更好地引导学生顺利度过这一阶段，学校与教育机构逐渐意识到个性化指导服务的重要性。个性化指导服务旨在根据学生的个体差异，提供定制化的学业、职业和心理支持，以促进其全面发展。本章节将深入探讨学生个性化指导服务的概念、重要性、实施方式以及未来发展方向。

（二）个性化指导服务的概念

个性化指导服务是一种基于个体差异的、定制化的支持体系，旨在帮助学生更好地理解自己、规划未来、解决问题，以及更好地适应学校和社会环境。这种服务以考虑学生的个体需求和特点为基础，通过提供个性化的建议、资源和支持，使每位学生都能够充分发挥潜力、实现自身目标。

（三）个性化指导服务的重要性

1. 理解学生差异

每位学生都是独特的个体，拥有不同的兴趣、能力、学习风格和价值观。个性化指导服务能够帮助教育机构更好地理解学生的差异，从而更有针对性地提供支持和资源。

2. 促进学生发展

通过个性化指导，学生可以更好地认识自己的优势和劣势，发现潜在的兴趣和职业方向。这有助于他们在学业和职业发展中更有针对性地制定计划，促进个人取得全面发展。

3. 提高学业满意度

学生在面对学业挑战时，个性化指导服务可以提供更具体、贴近实际的建议。这有助于提高学生的学业满意度，增强他们对学习的积极性和主动性。

4. 预防心理问题

通过个性化的心理服务，学校可以更好地预防和解决学生可能面临的心理问题。了解学生的个性特点，能够更及时地提供心理咨询、辅导等服务，帮助学生更好地应对挑战。

（四）个性化指导服务的实施方式

1. 学业规划与辅导

个性化学业规划是个性化指导服务的核心。通过了解学生的兴趣、职业目标和学科偏好，制定个性化的学业规划，包括选修课程、实习机会、研究项目等，帮助学生更好地达成自己的学术目标。

2. 职业发展指导

个性化职业发展指导旨在帮助学生更好地了解职业市场、拓展职业网络、制定职业规划。这可能包括职业咨询、实践经验提供、职业技能培训等方面的支持。

3. 心理健康支持

学校可以通过心理测试、咨询服务等方式，了解学生的心理健康状况，提供个性化的心理健康支持。这有助于预防和解决学生可能面临的焦虑、压力等心理问题。

4. 学习辅导与资源支持

为了满足学生的个体学习需求，学校可以提供个性化的学习辅导服务，包括课外辅导、学科辅导、学习资源推荐等。这有助于提高学生的学习效果和成绩。

5. 交流与社交支持

通过组织社交活动、建立学生社群，学校可以提供学生间交流与支持的机会。这有助于建立良好的人际关系，提升学生的社交能力和情感支持。

（五）个性化指导服务的挑战

1. 数据隐私与安全

个性化指导服务需要收集和分析大量的个人数据，因此数据隐私和安全成为一个重要挑战。学校需要建立安全的数据管理体系，确保学生的个人信息不被滥用或泄露。

2. 人力资源与成本

实施个性化指导服务需要投入大量的人力资源和财力。学校需要培养专业的辅导团队、购置相关技术工具，这可能带来较高的成本压力。

3. 技术工具与平台建设

个性化指导服务离不开先进的技术工具和平台支持。学校需要投资于建设和维护这些技术工具，确保其稳定运行和不断更新。

4. 学生接受度与参与度

个性化指导服务的效果与学生的接受度和参与度密切相关。一些学生可能对这种服务存在抵触情绪，或者缺乏足够的参与意愿。学校需要通过宣传、培训等方式提高学生对个性化指导服务的认知和积极参与度。

5. 评估与效果验证

个性化指导服务的效果评估是一个复杂的问题。学校需要建立科学的评估体系，监测服务的实施效果，并根据学生的反馈进行调整和改进。同时，还需要验证服务对学生整体发展的积极影响。

（六）未来发展趋势

1. 数据驱动与智能化

未来个性化指导服务可能更加重视数据的驱动和智能化。通过采用人工智能、大数据分析等技术，系统可以更精准地了解学生需求，提供更智能、个性化的建议和支持。

2. 跨平台与移动化

随着移动互联网的发展，个性化指导服务可能会更加注重跨平台和移动化。学校可以通过开发移动应用、在线平台等方式，提供随时随地的个性化指导服务，增加学生的便捷性和使用体验。

3. 社会资源整合

未来的个性化指导服务可能更加注重整合社会资源。学校可以与企业、社会组织等建立合作关系，为学生提供更广泛的职业发展支持，帮助他们更好地融入社会。

4. 联动教育生态系统

个性化指导服务可能会更加强调与整个教育生态系统的联动。学校、家庭、社会等各方面可以共同参与，形成一个全面的支持体系，促进学生综合发展。

个性化指导服务是推动学生全面发展的关键支持途径。通过理解学生差异、提供个性化的学业规划、职业发展支持、心理健康服务等，学校可以更好地引导学生顺利度过高校生涯。尽管在实施过程中面临一些挑战，但随着技术的发展和社会的变化，未来个性化指导服务有望在提高教育质量、培养更具综合素养的人才方面发挥越来越重要的作用。通过不断优化服务模式、整合资源，学校可以为学生提供更全面、个性化的支持，促进其在学业和生活中取得更好的成就。

三、数据在学业规划中的应用

（一）概述

随着信息化时代的到来，数据在各个领域的应用愈发广泛，其中包括教育领域。学业规划作为学生发展的重要组成部分，也开始逐渐引入数据科技，以更科学、智能地辅助学生进行规划。本章节将深入探讨数据在学业规划中的应用，包括其应用领域、优势、具体方式以及未来发展趋势。

（二）数据在学业规划中的应用领域

1. 学科选择与发展规划

数据可以分析学科的发展趋势、就业市场需求等信息，帮助学生更科学地选择适合自己兴趣和发展方向的专业。通过对历年就业数据的分析，学生可以更准确地了解不同专业的就业前景，有助于制定长期的发展规划。

2. 个性化学业规划

基于学生的学科偏好、兴趣爱好、学习习惯等个体差异，数据可以提供个性化的学业规划建议。通过分析学生的学习历史和表现，系统可以推荐适合其水平和兴趣的课程、项目，帮助学生更有针对性地规划学业。

3. 职业路径预测与规划

数据分析可以预测不同职业路径的发展趋势，包括薪资水平、晋升机会等。学生可以通过对职业市场数据的了解，更合理地制定职业规划，选择与自己兴趣和能力相匹配的职业方向。

4. 学习效果评估

通过对学生学习过程中的数据进行分析，系统可以评估学生的学习效果。这包括课程成绩、参与活动的表现等方面的数据。学生可以根据这些评估结果调整学业规划，更好地适应学习环境。

（三）数据在学业规划中的优势

1. 科学决策支持

数据提供了客观、科学的信息基础，帮助学生和教育机构做出更为准确的决策。学生可以更有信心地选择专业、规划职业，而学校也可以更科学地制定教育政策和规划课程设置。

2. 个性化服务

基于数据分析的个性化学业规划服务可以更好地满足学生的个体需求。系统可以根据学生的兴趣、学科偏好等信息，为其提供定制化的学科推荐、职业建议，使学业规划更贴近学生的实际情况。

3. 提高学业满意度

通过数据分析，学校可以更好地了解学生的需求和反馈。及时调整学业规划，提供更适应学生的教育服务，有助于提高学生的学业满意度，增强其对学习的积极性。

4. 有效资源配置

数据分析可以帮助学校更合理地配置教育资源。通过了解学科需求、就业市场需求等，学校可以调整专业设置、增设相关课程，以更好地满足学生和社会的不同需求。

（四）数据在学业规划中的具体应用方式

1. 大数据驱动的个性化推荐系统

利用大数据技术，建立个性化推荐系统。系统通过分析学生的学科兴趣、历史学业表现等数据，为其推荐符合个体差异的课程、实践项目，提供个性化的学业规划建议。

2. 小数据分析与个体辅导

除了大数据，学校还可以通过小数据分析进行个体辅导。教育机构可以收集个别学生的学业数据，通过个性化辅导，帮助学生解决个人学业问题，提高学习成绩。

3. 在线学习平台数据分析

利用在线学习平台的学生学习行为数据，学校可以了解学生的学习习惯、兴趣点等信息。通过分析这些数据，可以为学生提供更为个性化的学业规划建议，促进在线学习的效果。

4. 智能化学业规划工具

开发智能化学业规划工具，通过数据分析提供个性化的学业规划建议。这些工具可以根据学生的兴趣、能力等因素，为其制定更适合自己发展路径的规划方案。

（五）未来发展趋势

1. 结合人工智能技术

未来学业规划可能会更深度地结合人工智能技术。人工智能可以通过自然语言处理、机器学习等技术，更深入地理解学生的需求，为其提供更智能、个性化的学业规划建议。人工智能还可以在规划过程中进行实时调整，更好地适应学生的发展变化。

2. 跨学科数据整合

未来学业规划的数据可能会更加强调跨学科的整合。除了学科专业的数据，还可以整合社会经济、科技创新等多领域的数据，为学生提供更全面的信息支持，使其在学业规划中更具多维度的认识。

3. 强化数据可视化

未来学业规划中，数据可视化的应用可能会更为强化。通过直观的图表、图形等方式，将学业规划的数据呈现给学生，使其更容易理解、分析自己的学业状况，进而更主动地参与规划过程。

4. 社会资源整合

学业规划可能会更加强调与社会资源的整合。学校可以与企业、行业组织等建立更紧密的合作关系，提供更多实践机会、行业洞察，帮助学生更好地规划职业发展。

5. 多元化评估指标

未来学业规划的评估指标可能会更加多元化。除了学科成绩，可能会引入更多的能力评估、综合素养评价等指标，以更全面地了解学生的发展状况，为其提供更精准的规划建议。

数据在学业规划中的应用不仅拓宽了规划的视角，而且更使规划更加科学、个性化。通过大数据分析、人工智能等技术的运用，学生能够得到更为准确、实时的学业建议，有助于更好地应对学业挑战。未来，随着技术的不断发展和社会的变化，数据在学业规划中的应用将更加深入，为学生提供更全面、个性化的支持，推动教育领域朝着更智能、更人性化的方向发展。通过不断优化数据分析算法、整合更多的信息资源，学校可以更好地发挥数据在学业规划中的作用，促使学生实现更为理想的学业和职业目标。

第三节　学生成绩分析与反馈

一、大数据支持的成绩分析工具

（一）概述

随着教育信息化的不断深化，大数据技术在教育领域的应用逐渐成为一种趋势。成绩分析是教育管理中至关重要的一环，而大数据支持的成绩分析工具的出现，为学校提供了更全面、深入的成绩数据分析能力。本章节将探讨大数据支持的成绩分析工具的定义、应用领域、优势，以及具体工具的特点和未来发展趋势。

（二）大数据支持的成绩分析工具的定义

大数据支持的成绩分析工具是基于大数据技术构建的，用于收集、处理、分析和可视化学生学业成绩数据的工具。这些工具通过整合多维度的数据，提供对学生成绩进行深度挖掘和分析的功能，帮助学校和教育机构更好地了解学生的学业状况、发现潜在问题、制定针对性的教学策略。

（三）大数据支持的成绩分析工具的应用领域

1. 教学评估与改进

大数据支持的成绩分析工具可以用于教学评估，通过分析学生的成绩数据，评估教学质量。教育机构可以了解到不同教学内容的学习效果，发现可能存在的问题，并及时调整教学方法和内容，以提高教学效果。

2. 个性化学习

通过大数据分析学生成绩数据，工具可以为学生提供个性化的学习建议。根据学生的学科优劣势、学习风格等特点，系统可以推荐适合其个体差异的学习资源和方式，促进个性化学习。

3. 学科发展趋势分析

大数据支持的成绩分析工具可以用于分析学科的发展趋势。通过对不同学科的学生成绩数据进行比较和趋势分析，学校可以了解学科的受欢迎程度，为课程设置和资源分配提供科学依据。

4. 学业规划与指导

成绩分析工具可以用于学业规划与指导。通过分析学生的历史成绩、兴趣爱好等数据，系统可以为学生提供更科学的学业规划建议，帮助其更好地选择专业、课程，制定未来的学习计划。

（四）大数据支持的成绩分析工具的优势

1. 多维度数据分析

大数据支持的成绩分析工具能够整合多维度的数据，包括学科成绩、考勤情况、作业完成情况等。这样的多维度数据分析有助于更全面地了解学生的学业状况，发现问题的根本。

2. 实时性与及时性

传统的成绩分析可能需要花费较长时间，而大数据支持的工具具有更好的实时性。通过实时监测学生成绩变化，教育机构可以及时发现问题、调整教学策略，提高对学生的支持和指导的及时性。

3. 个性化服务

大数据支持的成绩分析工具可以为学生提供个性化的服务。通过对学生的学业数据进行深度分析，工具可以为每个学生量身定制的学业规划和学习建议，提高个性化服务水平。

4. 决策支持

这些工具提供的数据分析结果可以为学校领导、教师提供决策支持。根据学生成绩的整体情况和趋势，学校可以制定更科学的教学计划，优化资源配置，提高教育管理水平。

（五）大数据支持的成绩分析工具的未来发展趋势

1. 智能化分析与预测

未来的大数据支持的成绩分析工具可能更加智能化，运用机器学习和人工智能技术进行数据分析和预测。这样的工具能够通过学生成绩历史数据，预测学生未来的学业表现，并提供更精准的个性化建议。

2. 跨平台整合

随着教育信息化的深入，未来的工具可能更注重跨平台整合，将不同系统的数据进行统一分析。这有助于提供更全面的数据视角，促进不同平台的信息流通，为决策提供更完整的依据。

3. 数据安全与隐私保护

随着数据应用范围的拓展，数据安全与隐私保护将成为未来发展的重要方向。大数据支持的成绩分析工具需要强化对学生个人信息的保护，确保数据的安全性和隐私性。

4. 多元化评估指标

未来工具可能会引入更多的多元化评估指标，不仅仅局限于传统的学科成绩。例如，可以结合学科能力、创新思维、团队协作等方面的评估，为学校提供更全面的学业评估。

5. 可视化工具的进一步优化

未来的大数据支持的成绩分析工具可能会进一步优化可视化工具的设计，使数据更加直观、易懂。这有助于教育管理者、教师和学生更好地理解数据，更高效地做出相应决策。

大数据支持的成绩分析工具在教育管理中发挥着越来越重要的作用。通过多维度的数据分析，这些工具能够提供全面、深度的学生成绩评估，帮助学校和教育机构更好地了解学生的学业状况，制定有针对性的教学策略和个性化服务。未来，随着技术的不断创新和社会需求的变化，大数据支持的成绩分析工具有望在智能化、跨平台整合、数据安全等方面取得更大的突破，为教育管理提供更为强大的决策支持。通过不断改进工具的设计和功能，可以更好地促进学生的学业发展，提高教学质量，推动教育领域的创新和发展。

二、成绩反馈与学科发展建议

（一）概述

成绩反馈是学校教育管理中不可或缺的一环，它为学生提供了对个体学业表现的直观了解，并为学科发展提供了重要的数据支持。成绩反馈不仅仅是对学生学业的评估，而且更是促使学生进步、帮助学科调整教学策略的有力工具。本章节将深入探讨成绩反馈的重要性，分析成绩反馈与学科发展之间的关系，并提出对学科发展的建议。

（二）成绩反馈的重要性

1. 促进学生自我认知

成绩反馈为学生提供了一个自我认知的机会。通过了解自己在不同学科的表现，学生可以更清晰地认识到个体在学术方面的优势和不足。这种认知有助于学生更好地制定学业目标，明确自己的发展方向。

2. 提高学业动力

及时的成绩反馈可以激发学生的学业动力。正面的反馈能够肯定学生的努力和成绩，增强其对学业的积极性。同时，负面的反馈也能够促使学生认真反思，主动寻求改进方法，提高学习效果。

3. 为个性化学习提供依据

成绩反馈为个性化学习提供了依据。通过分析学生的成绩数据，教育机构可以更好地了解学生的学科偏好、学习风格等个体差异，为个性化学习方案的制定提供有力支持。

4. 促进教学效果评估

成绩反馈是对教学效果的直观评估。教育机构可以通过学生成绩的反馈情况，评估不同教学内容和方法的效果，及时调整教学策略，提高教育教学的质量。

（三）成绩反馈与学科发展的关系

1. 学科发展的数据支持

成绩反馈为学科发展提供了丰富的数据支持。通过分析学生成绩，学校可以了解到不同学科的受欢迎程度、学科发展趋势等信息。这有助于制定更科学的课程设置、资源配置，推动学科的发展。

2. 调整教学策略

成绩反馈是调整教学策略的重要依据。通过分析学生成绩的优劣势，教育机构可以更有针对性地调整教学方法、内容，提高教学效果。这种反馈机制有助于实现教学的进一步优化。

3. 激发学科竞争力

学科的竞争力与学生的学科表现直接相关。成绩反馈可以为学科提供学生在该领域的实际表现，有助于评估学科的竞争力。通过鼓励学生在学科中取得更好的成绩，学科的整体竞争力也将得到提升。

4. 增强学科吸引力

通过积极的成绩反馈，学科能够增强自身的吸引力。学科表现优异的学生将成为学科的亮点，吸引更多学生的关注和参与。这有助于形成学科的特色，提高学科的知名度和吸引力。

（四）成绩反馈对学科发展的建议

1. 提倡多元化评价

成绩反馈应该更加注重多元化的评价方法。不仅仅局限于传统的笔试成绩，而且还可以包括项目实践、小组作业、口头表达等多个方面的评价。这样的多元化评价更能全面地反映学生的综合能力。

2. 引入实时反馈机制

实时反馈机制可以更迅速地为学科提供学生表现的信息。学校可以通过在线平台、学科评价系统等工具，实现对学生学科表现的实时监测和反馈，有利于及时调整教学策略和学科发展规划。

3. 鼓励学生参与学科竞赛

学科竞赛是展示学科实力的重要平台，可以通过成绩反馈激励学生积极参与。学校可以通过奖励机制、宣传推广等手段，鼓励学生参与学科竞赛，提高学科在竞争中的水平。

4. 建立学科导师制度

学科导师制度可以为学生提供更个性化的成绩反馈和发展建议。每位学生可以得到专业领域的老师指导，老师可以根据学生的兴趣、学科表现等情况，提供更具针对性的发展建议，帮助学生更好地发展。

成绩反馈与学科发展之间存在着密切的联系，二者相辅相成。成绩反馈通过对学生学业表现的评估，为学科提供了重要的数据支持，有助于调整教学策略、提升学科竞争力。学科发展建议则为成绩反馈提供了更具体的指导方向，通过多元化评价、实时反馈、学科竞赛等手段，促使学科更好地服务学生、提高教学质量。未来，随着教育信息化技术的发展，成绩反馈与学科发展的关系将更加密切，各种智能化工具将为二者的有机结合提供更多可能性。通过共同努力，可以推动学科与学生共同发展，实现教育的双赢。

三、数据驱动的学业评价体系

（一）概述

学业评价是教育管理中至关重要的一环，它旨在全面了解学生的学术水平、个性特点和潜在发展方向。随着大数据技术的不断发展，数据驱动的学业评价体系逐渐成为教育领域的创新方向。本章节将深入探讨数据驱动的学业评价体系的定义、重要性，分析其构建要素以及对学生、教育机构和教学质量的影响。

（二）数据驱动的学业评价体系的定义

数据驱动的学业评价体系是指借助大数据技术，通过收集、整合、分析学生多维度的学术数据，以科学的方法对学生的学业水平和发展进行评估。这种评价体系不仅依赖于传统的考试成绩，而且更注重对学生综合素养、个性发展和学科能力的全面评估，通过数据分析提供更深入的学业反馈和个性化指导。

（三）数据驱动的学业评价体系的重要性

1. 提高评价的客观性

传统的学业评价可能受到主观因素的影响，而数据驱动的评价体系通过客观的学术数据，减少了主观性的干扰，提高了评价的客观性和公正性。

2. 实现个性化指导

数据驱动的学业评价体系能够全面了解学生的学科兴趣、学习习惯等个性特点，为个性化学习和指导提供依据。通过数据分析，教育机构可以更好地满足学生个性化发展的需求。

3. 促进学生自主学习

通过向学生提供详细的学业数据反馈，激发学生的学业动力，培养其自主学习的能力。学生在了解自己的学业表现后更容易认识到改进的方向，从而促使学生更主动地投入学习。

4. 优化教学资源配置

数据驱动的学业评价体系可以为教育机构提供对学科教学效果的全面了解，有助于优化教学资源的配置。通过分析学科发展趋势和教学效果，机构可以更科学地制定教学计划，提高教学质量。

（四）构建数据驱动的学业评价体系的要素

1. 多维度的学术数据

构建数据驱动的学业评价体系的关键是收集多维度的学术数据。除了传统的考试成绩，还包括学科兴趣、参与课外活动、项目实践、小组合作等方面的数据。这样的多元化数据能够更全面地反映学生的学科能力和综合素养。

2. 先进的数据分析工具

数据分析工具是构建数据驱动的学业评价体系的基础。先进的数据分析工具能够处理大规模的学术数据，通过算法和模型对学生的学科能力进行精准评估。这种工具的使用有助于发现隐藏在数据背后的规律和趋势。

3. 个性化算法和模型

个性化算法和模型是实现数据驱动学业评价个性化的关键。通过考虑学生的个性特点、学科偏好等因素，个性化的算法和模型能够更准确地对学生进行评价，提供更合理的个性化建议。

4. 安全的数据存储和处理机制

在构建数据驱动的学业评价体系时，保护学生隐私是至关重要的。建立安全的数据存储和处理机制，采用隐私保护技术，确保学生的个人信息不被滥用和泄露。

（五）数据驱动的学业评价体系对各方的影响

1. 对学生的影响

数据驱动的学业评价体系使学生能够更全面地了解自己的学业表现，获得更具体的个性化建议。这有助于激发学生学习动力，促使其更主动地参与学科学习和个人发展规划。

2. 对教育机构的影响

数据驱动的学业评价体系为教育机构提供了更科学的评价手段，有助于更好地了解学科教学效果、学科发展趋势。这种体系可以帮助机构优化教学资源，提高教学质量，推动教育创新。

3. 对教学质量的影响

通过数据驱动的学业评价体系，教学质量得以更加精准地衡量。教育机构可以根据学术数据分析结果，及时调整教学策略，提高教学效果，实现更好的学业评价和提升教学质量的目标。

（六）数据驱动的学业评价体系的挑战与未来发展趋势

1. 挑战

（1）隐私保护与安全性

收集、存储和处理大量学生数据可能涉及隐私问题。保障学生隐私的安全性和合法性是数据驱动学业评价体系面临的挑战之一。机构需要制定严格的隐私保护政策和安全措施，以确保学生数据不被滥用。

（2）数据偏见和公平性

大数据分析可能受到数据偏见的影响，从而影响评价结果的公平性。如果数据采样不均匀或包含偏见，评价体系可能会对某些群体产生不公平的结果。解决这一问题需要采取措施确保数据采样的多样性和公正性。

（3）技术实施与成本

建立和维护数据驱动的学业评价体系需要投入大量的技术和人力资源。教育机构可能面临技术实施和成本压力，特别是对于一些资源有限的机构。

2. 未来发展趋势

（1）人工智能和机器学习

未来数据驱动的学业评价体系将更加倚重人工智能和机器学习技术。这将使得系统能够更准确地预测学生的学科发展趋势，提供更智能化的个性化建议。

（2）区块链技术

区块链技术的应用可以提高学生数据的透明度和安全性。通过将学生数据存储在去中心化的区块链上，可以减少数据被篡改的风险，增强数据的可信度。

（3）多模态数据分析

未来的学业评价体系可能不仅仅依赖于传统的学术数据，而且还会包括多模态数据，如语音、图像、视频等。这样的数据来源将使得评价更为全面，更准确地反映学生的全面素养。

（4）开放性数据共享

未来的趋势可能会推动学业评价体系向更加开放的方向发展，实现数据的共享和互通。这样的举措有助于促进教育领域的合作和创新，共同提升学业评价的水平。

数据驱动的学业评价体系在提高评价客观性、实现个性化指导、促进学生自主学习和优化教学资源配置等方面发挥了重要作用。构建这样的体系需要多维度的学术数据、先进的分析工具和个性化算法。尽管面临隐私保护、数据偏见和技术实施等问题，但未来发展趋势表明，借助人工智能、区块链技术和多模态数据分析等创新，数据驱动的学业评价体系有望迎来更广阔的发展空间。通过不断优化体系的设计和实施，可以更好地为学生提供个性化的学业指导，为教育机构提供科学的教学决策支持，推动教育领域朝着更加智能、精准的方向发展。

第四节　学生行为预警与干预

一、预警模型的构建与优化

（一）概述

随着教育信息化的不断发展，预警模型在学校教育管理中扮演着越来越重要的角色。预警模型通过分析学生的学业数据，旨在及早识别可能面临学业问题的学生，并为教育机构提供及时的干预机会。本章节将深入探讨预警模型的构建过程，关键要素的选择以及如何通过优化提高模型的准确性和实用性。

（二）预警模型的构建过程

1. 数据收集与准备

预警模型的构建始于对学生数据的收集和准备。学生数据可以包括学科成绩、考勤记录、参与课外活动情况、作业提交情况等多个方面。数据的质量和多样性对于构建有效的预警模型至关重要。

2. 特征选择

在构建预警模型时，需要选择合适的特征来描述学生的学业状况。这可能包括学科成绩的历史趋势、课堂表现、参与活动的频率等。特征选择的关键在于挑选那些与学业问题相关的特征，排除不相关或冗余的信息。

3. 模型选择

选择合适的预警模型是构建过程中的核心步骤。常见的模型包括决策树、支持向量机、神经网络等。不同的模型适用于不同的问题，因此需要集合具体情况选择最合适的模型。同时，考虑到学生数据可能具有时序性，可以采用时间序列模型进行建模。

4. 模型训练与验证

在选定模型后，需要利用已有的学生数据进行模型的训练和验证。训练过程旨在调整模型参数，使其能够更好地拟合数据。验证过程则用于评估模型的性能，检查其在未见过的数据上的泛化能力。

5. 预警阈值设定

预警模型通常需要设定一个阈值，当学生的预测值超过该阈值时触发预警。阈值的设定需要根据具体情况进行调整，既要确保对学业问题的准确识别，又要避免出现过多的误报。

6. 模型部署

在模型训练和验证通过后，将模型部署到实际的教育管理系统中。部署过程需要考虑系统的实时性和稳定性，确保模型能够在学校实际运行中发挥作用。

（三）关键要素的选择

1. 学科成绩

学科成绩是预警模型中最重要的特征之一。通过分析学科成绩的历史趋势和当前水平，可以有效识别学生的学业状态。

2. 考勤记录

学生的出勤情况通常也是一个重要的预警指标。频繁的缺勤可能暗示学生可能面临学业问题。

3. 作业提交情况

作业提交情况可以反映学生的学业态度和努力程度。长期不提交作业可能是学业问题的信号。

4. 参与课外活动

学生参与课外活动的频率也是一个潜在的特征。活跃的学生可能更有可能保持良好的学业状态。

5. 学习行为模式

学生的学习行为模式，如学习时间的分布、学科学习的顺序等，也可以被纳入预警模型的考虑范围。

（四）优化预警模型

1. 数据增强

为了提高模型的泛化能力，可以考虑采用数据增强技术。数据增强包括在训练数据中引入随机性、扩充样本量等方法，有助于模型更好地适应不同的学生群体。

2. 特征工程

通过对特征进行工程处理，可以提高模型的性能。例如，可以引入学科成绩的变化率、考勤的变化趋势等特征，使模型能够更全面地捕捉学生的学业状态。

3. 模型调参

调整模型的参数是优化过程中的重要一环。通过系统的参数调整，可以提高模型的预测准确性。

4. 集成学习

集成学习是通过将多个模型的预测结果结合起来，以获得更为准确和稳定的结果的方法。常见的集成学习方法包括投票法、堆叠法等。

5. 持续监控与更新

一旦模型部署到实际系统中，需要建立持续的监控机制。及时发现模型性能下降或者需要更新的情况，保证预警模型的稳定性和持续有效性。

预警模型的构建与优化是提高学生学业预测准确性和实用性的关键。通过有效的数据收集、合适的特征选择、模型的训练与验证，可以构建出初步的预警模型。选择关键要素时，学科成绩、考勤记录、作业提交情况等是常用而有效的特征。而在优化模型的过程中，数据增强、特征工程、模型调参、集成学习等方法都能够有效提高模型性能。

二、干预策略与效果评估

（一）概述

在学生学业预警系统中，干预策略的制定和实施是预警工作的关键环节。一旦学生被识别为可能面临学业问题，及时的干预可以帮助他们纠正学习方向、提高学业水平。本书将深入探讨学业预警系统中的干预策略的制定、实施以及效果评估的重要性。

（二）干预策略的制定

1. 个性化辅导

个性化辅导是一种常见的干预策略，通过了解学生的学科差异、学习习惯、学业兴趣等方面的信息，为每位学生提供量身定制的辅导计划。这可以包括额外的课外辅导、学科导师的指导等形式，以帮助学生更好地理解学科知识，提高学业成绩。

2. 学业规划与目标设定

通过制定学业规划和设定明确的学业目标，帮助学生更好地理清学科方向、规划学业生涯。学校可以提供学业规划的培训和资源，引导学生设定短期和长期的学业目标，激发他们的学业动力。

3. 时间管理与学习方法培养

培养学生良好的时间管理能力和学习方法对学业的提高至关重要。学校可以通过组织相关培训、提供学习方法指导等方式，帮助学生更高效地利用时间，培养科学的学习方法，提升学习效果。

4. 心理健康支持

心理健康对学生的学业成绩有着直接的影响。学校可以建立心理健康支持系统，提供心理咨询服务，帮助学生解决学业和生活中的心理问题，提高其学习动力和适应能力。

5. 家庭与学校的沟通协作

学校与家庭之间的沟通与协作对学生学业的干预起到关键作用。及时将学生的学业情况反馈给家长，让家庭能够更好地支持学生的学习。同时，学校可以邀请家长参与学校举办的相关培训和活动，形成学校与家庭共同促进学生学业发展的良好合作关系。

（三）干预策略的实施

1. 制定详细的干预计划

在识别出学业问题的学生后，学校需要制定详细的干预计划。计划需要包括具体的干预内容、实施时间、责任人等信息，以确保干预工作的有序进行。

2. 提供必要的资源与支持

学校需要为实施干预策略提供足够的资源和支持。这包括辅导老师、心理健康服务、学业规划师等专业人员的支持，同时也需要提供足够的学习资源、辅导材料等。

3. 与学生建立密切联系

实施干预策略的关键在于与学生建立密切的联系。辅导老师、学业规划师等可以与学生进行面对面的沟通，了解他们的实际情况，制定更切实可行的干预方案。

4. 持续监测与调整

开展干预工作不是一蹴而就的过程，需要持续监测学生的学业进展，并根据实际情况调整干预策略。及时发现问题，灵活调整干预方案，确保干预的有效性。

（四）效果评估的重要性

1. 评估干预策略的有效性

对于实施的干预策略，需要进行定期的效果评估。通过分析学生的学业数据、成绩变化、学业动力等方面的指标，评估干预策略的实际效果。这有助于学校了解不同干预策略的实际效果，判断哪些策略更为有效，为未来的干预工作提供经验和参考。

2. 调整与改进干预策略

通过效果评估，学校可以及时发现干预策略的不足之处，并进行相应的调整和改进。例如，如果某一策略的效果不佳，可以尝试引入新的方法或调整干预计划，以提高干预的成功率。

3. 监测学生综合发展状况

效果评估不仅仅局限于学业成绩的提高，而且还应该关注学生的综合发展状况，包括心理健康、学科兴趣、参与活动的积极性等方面。这有助于全面了解干预对学生整体成长的影响。

4. 提高整体学校管理水平

通过不断的效果评估，学校可以积累宝贵的经验，逐步提高整体学校管理水平。有效的干预策略不仅仅对个别学生有益，而且也有助于学校形成更加科学、系统的学业预警体系，提升整个学校的教育质量。

（五）效果评估的方法与指标

1. 方法

（1）定量分析

定量分析是效果评估的重要手段之一。通过统计学生的学科成绩、考勤记录、参与活动情况等数据，进行比较分析，从而客观评估不同干预策略的效果。常用的定量分析方法包括 t 检验、方差分析等。

（2）质性研究

质性研究通过深入的访谈、焦点小组等方法，收集学生和教师的主观感受和反馈。这种方法可以更全面地了解干预策略在实际操作中的影响，发现隐藏在数据背后的更深层次的问题。

2. 指标

（1）学科成绩提升率

学科成绩提升率是评估学业预警干预效果的重要指标之一。通过比较实施干预前后学生的学科成绩，计算提升率，直观地反映干预后的实际效果。

（2）减少学科挂科率

学科挂科率是学业问题的一个重要指标。通过干预策略，学校可以评估学科挂科率的变化，以判断是否成功减少了学生面临学科挂科的风险。

（3）学业动力提升

学业动力指学生对学业的积极性和主动性。通过定量或质性方法，评估学生在干预后的学业动力变化，从而判断干预策略对学生学习动机的影响。

（4）心理健康指数

心理健康是学生全面发展的重要保障。通过心理健康问卷等工具，评估学生在干预后的心理健康状况，判断干预策略对学生心理健康的影响。

学业预警系统的干预策略与效果评估是学校教育管理中不可忽视的重要环节。通过制定个性化、多层次的干预策略，学校可以更好地帮助学生解决学业问题，提高整体教育质量。同时，定期的效果评估有助于学校了解不同策略的实际效果，及时调整和改进干预计划。选择合适的评估方法和指标，结合学校实际情况，有助于形成科学、系统的学业预警体系，为学生提供更好的学习环境和支持。在不断总结经验、改进策略的过程中，学校可以逐步提高整体的学业预警和干预水平，为学生成长奠定坚实的基础。

三、学生行为数据隐私处理

（一）概述

学生行为数据在学业预警系统中扮演着重要的角色，但随之而来的是对学生隐私的关切。在处理学生行为数据时，学校和教育机构需要制定合适的隐私保护策略，确保数据的使用符合法规，并保护学生的个人隐私权。本书将深入探讨学生行为数据隐私的处理方法，包括数据收集、存储、传输、共享等方面的隐私保护措施。

（二）数据收集隐私保护

1. 匿名化和脱敏

在进行学生行为数据收集时，首要考虑的是采用匿名化和脱敏技术。匿名化是指去除个体身份信息，使得学生无法直接被识别。脱敏则是对数据进行处理，使得即便获取到数据，也无法还原出个体的真实信息。这两种技术的结合可以最大程度地保护学生的隐私。

2. 数据最小化原则

在数据收集阶段，学校应遵循数据最小化原则，仅收集与学业预警相关的必要信息。不必要的个人信息应该被排除在数据收集范围之外，以降低隐私泄露的潜在风险。

3. 透明度和知情同意

学校应当向学生和家长提供充分的信息，解释数据收集的目的、范围以及使用方式。并在数据收集前征得学生和家长的知情同意，确保他们了解并同意自己的数据被收集和使用。

（三）数据存储隐私保护

1. 安全存储措施

学生行为数据应采用安全存储措施，包括加密、访问控制等技术，以防止未经授权的访问。数据存储应选择安全可靠的数据库系统，并建立完善的数据备份和恢复机制，防范数据丢失或损坏的风险。

2. 数据保留期限

学校应设定合理的数据保留期限，不应过长时间地保留学生行为数据。一旦数据不再为学业预警所需，应及时删除或匿名化处理，减少潜在隐私泄露的风险。

（四）数据传输隐私保护

1. 安全传输通道

在学生行为数据传输过程中，应采用安全的传输通道，如加密协议和虚拟专用网络（VPN），以确保数据在传输过程中不受到恶意攻击和窃听。

2. 数据传输加密

对学生行为数据进行端到端的加密，确保数据在传输过程中不易被窃取。采用先进的加密算法，如 SSL/TLS 协议，保障数据传输的机密性。

（五）数据共享隐私保护

1. 匿名共享原则

当需要与其他部门或机构共享学生行为数据时，应遵循匿名共享原则。共享的数据应去除个体身份信息，以防止学生被直接识别。

2. 数据访问控制

建立健全的数据访问控制机制，限制数据的访问权限。只有经过授权的人员才能够访问特定的学生行为数据，确保数据不被滥用。

（六）隐私政策与法规遵从

学校应制定明确的隐私政策，并严格遵守相关法律法规，如《个人信息保护法》等。隐私政策应当包括数据收集、存储、传输、共享等方面的规定，明确保护学生隐私的具体措施。

（七）数据安全培训与意识提升

学校应对相关工作人员进行数据安全培训，提升他们对隐私保护的认识和技能。员工应了解隐私保护的重要性，掌握数据安全的最佳实践，以及应对数据泄露和安全事件的紧急处理措施。通过培训，能够提高整体团队对隐私保护的敏感性，避免人为失误和疏忽，保障学生行为数据的安全性。

（八）隐私违规监测与应对机制

学校应建立隐私违规监测与应对机制，通过监控系统日志、定期审查数据处理流程等方式，及时发现潜在的隐私违规行为。一旦发现隐私违规情况，学校应迅速采取相应措施，包括停止数据处理、通知相关方以及报告相关监管机构。

（九）学生参与与权利保障

在学生行为数据的处理过程中，应充分尊重学生的参与权利。学生有权了解自己的数据被如何收集和使用，并能够行使拒绝、访问、更正等权利。学校应设立相关渠道，使学生能够方便地提出相关请求和疑虑，确保他们的权益得到有效保障。

（十）社会责任与透明度

学校在处理学生行为数据时，应当承担社会责任，确保数据的合法、合规和道德使用。保持透明度，及时向学生、家长和社会公众公开相关信息，建立信任关系，以维护学校声誉和社会形象。

学生行为数据的隐私保护是学校在建设学业预警系统过程中必须高度重视的问题。通过匿名化和脱敏、数据最小化原则、透明度和知情同意等手段，学校可以在数据收集、存储、传输和共享等环节有效保护学生隐私。同时，建立完善的安全机制、加强人员培训、遵守法规等措施也是确保学生行为数据安全的重要步骤。通过全面系统的隐私保护措施，学校可以更好地平衡学生行为数据的利用和隐私权的保护，保障数据在促进学业预警的同时，不侵犯学生的个人隐私，为学校教育管理提供更为可靠的基础。

第五章　教学资源管理与优化

第一节　教学资源整合与共享

一、教学资源整合平台建设

随着信息技术的迅猛发展，教育领域也逐渐迎来数字化时代。教学资源的整合和共享成为提高教育效果、促进教学创新的重要手段。为了更好地满足教学需求，建设一体化的教学资源整合平台显得尤为重要[①]。本章节将深入探讨教学资源整合平台的建设，包括目标设定、平台架构、功能模块、实施策略等多个方面。

（一）建设目标

1. 提高教学效果

教学资源整合平台的首要目标是提高教学效果。通过整合多样化的教学资源，包括文本、图像、音频、视频等，教师可以更灵活地选择和运用资源，从而提升教学质量和学生学习效果。

2. 促进教学创新

平台的建设应当鼓励和支持教学创新。为教师提供丰富多样的教学资源，激发其创造力，推动采用新的教学方法和工具，促进教学方式的创新和变革。

3. 优化资源利用

通过整合平台，可以更好地利用各类教学资源，避免资源的重复购置和浪费。优化资源利用不仅有助于提高教学效率，而且还有助于降低教育成本。

（二）平台架构设计

1. 前端界面

前端界面是用户与平台互动的入口，需要简洁直观、易于操作。支持多设备访问，包括 PC 端、平板和手机，以满足不同用户的需求。

① 尹新，杨平展．融合与创新：高校教育信息化探索与实践 [M]．长沙：湖南科学技术出版社，2018：64.

2. 后台系统

后台系统是整个平台的核心，包括数据库、服务器、系统管理等。需要具备高效的数据存储和检索能力，确保平台的稳定性和可靠性。

3. 用户权限管理

建设一个灵活且安全的用户权限管理系统，保障不同用户（如教师、学生、管理员等）拥有适当的权限，以保障平台的安全性和合规性。

（三）功能模块设计

1. 资源上传与管理

教师可以上传各类教学资源，包括课件、视频、题库等。平台需要提供便捷的资源管理功能，支持资源的分类、标签、搜索等操作，确保资源的有序管理。

2. 课程设计与发布

教师可以通过平台设计和发布课程。平台应提供课程设计的模板和工具，支持多媒体元素的插入，以便教师设计富有创意的课程内容。

3. 学生互动与评价

支持学生在平台上进行互动，包括讨论区、在线答疑等功能。同时，平台应提供学生评价教学资源和课程的机制，为教学提供反馈。

4. 数据分析与报告

平台需要提供数据分析工具，帮助教师和管理员深入了解学生的学习情况、教学资源的使用情况等。生成报告和图表，为教学决策提供数据支持。

（四）实施策略

1. 项目规划与团队建设

在项目启动前，进行详细的规划，包括需求分析、项目周期、人员配置等。建设一个专业的团队，包括开发人员、测试人员、项目管理人员等。

2. 教师培训与支持

为使用平台的教师提供培训和支持，确保他们熟练掌握平台的使用方法。建立在线帮助和咨询服务，及时解决教师在使用过程中的问题。

3. 渐进式推广

采用渐进式推广策略，逐步引入平台，先在一部分学科或学段进行试点，然后根据反馈和经验逐步扩大范围。确保平台的稳定性和用户满意度。

4. 定期更新与改进

持续进行平台的更新和改进，根据用户反馈和教育技术的发展趋势，不断提升平台的性能和功能，确保平台始终保持领先水平。

教学资源整合平台的建设不仅是一项技术工程，而且更是对教育理念和方法的创新。通过充分利用现代技术手段，打破传统教学的时空限制，提供更灵活、多样化的教学资源，可以为学生创造更加开放、富有创意的学习环境。同时，合理应对面临的挑战，确保平台的安全性、用户友好性和可持续性，是平台建设的必要保障。未来，随着科技的不断发展和教育理念的深化，教学资源整合平台将在教育领域发挥越来越重要的作用。

二、共享机制与协同开发

随着信息技术的不断发展，共享机制与协同开发在各个领域都成为推动创新和提高效率的关键因素。在科技、商业、教育等多个领域，人们越来越意识到通过共享资源和协同开发可以实现更大的价值。本章节将深入探讨共享机制与协同开发的概念、意义、应用领域以及未来发展方向。

（一）共享机制与协同开发的概念

1. 共享机制

共享机制是指一种将资源、信息或服务交给多个用户或参与者使用的机制。这可以涵盖各种资源，包括物质资源、知识资源、软件资源等。共享机制的实施可以通过建立共享平台、采用开放式协议等方式来实现。

2. 协同开发

协同开发是指多个个体或团队在一个项目或任务中共同合作，共同努力达到共同的目标。协同开发强调多方之间的协同与合作，通过有效的沟通、资源共享和分工合作来实现更高效、更创新的开发过程。

（二）共享机制与协同开发的意义

1. 提高资源利用效率

共享机制能够最大化资源的利用效率。通过将资源共享给多个用户或参与者使用，可以避免出现资源的浪费和重复建设，提高资源的利用率。

2. 促进创新和协同创作

协同开发为不同领域的专业人士提供了平台，使他们能够集思广益、共同协作，从而促进创新和协同创作。不同领域的专业知识可以相互交叉，形成更加综合和创新的解决方案。

3. 降低成本

共享机制和协同开发可以降低成本。通过共享资源，个体或组织无须独立投入大量资金进行开发或研究，进而降低了整体的成本。

4. 加速项目推进速度

协同开发可以加速项目推进速度。多人共同合作可以同时进行多个任务，从而提高项目的整体进展速度。这对于项目的及时交付和市场竞争至关重要。

5. 促进知识共享和学习

共享机制和协同开发有助于知识的共享和学习。通过参与协同开发，个体或组织能够学习到其他人的经验和专业知识，促进知识的传承和共享。

（三）应用领域

1. 科技领域

在科技领域，开源软件就是一种典型的共享机制和协同开发的实践。通过开源软件项目，全球的开发者可以共同合作，为软件的改进和创新提供贡献。

2. 商业领域

共享经济在商业领域得到广泛应用。共享经济模式，如共享单车、共享汽车、共享办公空间等，通过共享资源实现了资源的最大化利用。

3. 教育领域

协同开发在教育领域也有重要应用。教师可以通过共享教学资源、教学方法，实现更好的教学效果。同时，学生在协同学习中也能够共同合作，提高学习效率。

4. 研究领域

在科研领域，共享研究数据、实验设备等资源，能够促进科学家之间的协同研究，推动科研项目的进展。

（四）未来发展方向

1. 区块链技术的应用

区块链技术的去中心化、不可篡改的特征为共享机制和协同开发提供了更安全和可信的基础。通过区块链技术，可以建立更加透明和高效的共享机制。

2. 人工智能的融合

人工智能的融合将为共享机制和协同开发带来更多可能性。通过人工智能算法，可以更智能地分析和处理共享资源，提高协同开发的效率。

3. 数据隐私与安全

在共享机制中，数据隐私和安全问题备受关注。未来的发展需要更加重视数据隐私保护和安全机制的建设，保障共享的数据不被滥用或泄露。

4. 跨领域的协同

未来的协同开发将更加跨领域，不同领域的专业人士将更加紧密地协同工作。这将带来更多创新的可能性，推动不同领域之间的合作。

（五）面临的挑战

1. 版权和知识产权问题

在共享机制和协同开发中，牵涉到资源和知识的共享，因此版权和知识产权问题成为一大挑战。如何在共享的同时保护创作者的权益，需要建立合理的法律和技术机制，以确保创意成果得到合理的保护。

2. 数据安全与隐私

随着共享机制的发展，个人和机构之间的数据交换变得更加频繁，因此数据安全和隐私成为一个持续的挑战。共享的数据可能包含敏感信息，需要建立安全措施，防止数据泄露和滥用。

3. 信息不对称

在协同开发中，不同参与者的信息水平和专业领域可能存在差异，导致信息不对称。这可能影响到协同的效率和质量。解决这一挑战需要建立有效的沟通和协作机制，确保信息能够充分流通和分享。

4. 技术标准和互操作性

不同系统、平台和工具之间存在技术标准和互操作性的差异，这可能阻碍协同开发的顺利进行。制定统一的技术标准，提高系统之间的互操作性，是一个需要解决的挑战。

共享机制和协同开发作为推动创新和提高效率的重要途径，已经在各个领域展现了巨大的潜力。然而，面临的挑战也需要我们不断努力，建立更加健全的法律和技术体系，促进更安全、更高效的共享与协同。未来，随着科技的不断演进和社会认知的提高，共享机制与协同开发将继续在全球范围内发挥着重要的作用，推动人类社会不断迈向更加协同和共享的未来。

三、数据在资源整合中的角色

在当今数字化时代，数据被认为是一种宝贵的资源，具有巨大的潜力和价值。数据的合理整合和有效利用对于各行各业都至关重要。本书将探讨数据在资源整合中的关键角色，包括数据的定义、数据整合的意义、数据在不同领域中的应用，以及数据整合所面临的挑战。

（一）数据的定义和特性

1. 数据的定义

数据是对现实世界事物的描述，是对事实、观察或记录的表达。数据可以是数字、文字、图形等形式，具有多样性和多维度的特性。

2. 数据的特性

多样性：数据可以包括结构化数据（数据库中的表格数据）、半结构化数据（XML、JSON 等格式）、非结构化数据（文本、图像、音频等），具有多样性的表达形式。

实时性：部分数据需要实时更新，以反映当前的状态，如传感器数据、社交媒体实时评论等。

体量庞大：随着互联网的发展，数据量呈爆炸性增长，大数据时代下数据的体量往往非常庞大。

（二）数据整合的意义

1. 实现全局视图

数据整合可以将分散在不同系统、部门或业务单元中的数据整合为一个全局视图。这有助于组织更好地理解整个业务运作的情况，支持业务决策和规划。

2. 提高数据质量

通过整合数据，可以对数据进行清洗、去重和标准化，提高数据的质量。高质量的数据对于准确的分析和决策至关重要。

3. 实现跨系统协同

在企业和组织中，往往存在各种不同的系统和应用，数据整合可以帮助这些系统之间实现协同，促进信息流通和业务流程的协同。

4. 支持业务创新

通过整合不同来源的数据，组织可以更好地识别市场趋势、客户需求，进而支持业务创新。数据整合为企业提供了更多洞察，帮助其更好地适应变化。

（三）数据在不同领域的应用

1. 企业管理

在企业管理中，数据整合用于整合各部门的数据，形成全面的企业数据仓库。这有助于企业领导层基于全局数据做出更加准确的战略决策。

2. 医疗健康

医疗领域需要整合患者的医疗记录、诊断数据、医学影像等信息，以提供更全面、连贯的患者视图，支持医生做出更精准的诊断和治疗计划。

3. 金融服务

银行和金融机构需要整合客户的交易数据、信用信息、风险评估等，以建立客户全貌，提供更个性化的金融服务和产品。

4. 教育领域

在教育领域，学校和教育机构需要整合学生的学习记录、考试成绩、行为评价等数据，以便更好地了解学生的发展情况，实施个性化教育。

5. 城市规划

在城市规划中，整合城市交通、环境、人口等多方面数据，有助于制定更科学的城市规划和发展策略，提升城市的可持续性和智能性。

（四）数据整合的关键挑战

1. 数据质量问题

不同系统和数据源的数据质量可能存在差异，可能包括不一致、不准确、缺失等问题。数据整合过程中需要解决这些数据质量问题，保障整合后的数据是可信的。

2. 数据安全与隐私

在整合数据的同时，需要保护数据的安全和隐私。涉及敏感信息的整合，需要建立强有力的安全机制，防范数据泄露和非法访问。

3. 数据标准化

不同系统和应用使用的数据格式和标准可能存在差异，需要进行数据标准化，以确保整合后的数据能够被正确理解和使用。

4. 技术复杂性

随着数据量的增加，数据整合过程的技术复杂性也增加。选择适当的技术工具和平台，确保数据整合的效率和准确性，是一个关键的挑战。

（五）数据整合的关键技术和方法

1.ETL（抽取、转换、加载）

ETL 是数据仓库中常用的一种数据整合方法，通过抽取数据源、进行数据转换、最后加载到目标系统中，实现不同数据源的整合。

2. 数据仓库

数据仓库是一个集中存储和管理数据的系统，它整合了来自不同数据源的数据，提供了一种集中式的数据管理和查询平台，支持复杂的数据分析和报告生成。

3.API（应用程序接口）

API 是一种用于不同软件应用之间数据交互的技术。通过定义良好的 API，不同系统可以进行数据共享和整合，实现系统之间的协同工作。

4. 数据湖

数据湖是一种存储所有类型和格式的原始数据的系统，提供了一个灵活的存储和分析平台。数据湖的出现使得更多不同格式和结构的数据可以在一个存储库中整合，以支持更灵活的数据分析需求。

5. 数据虚拟化

数据虚拟化是一种将数据整合的方法，通过在不同数据源之间建立虚拟视图，实现对数据的统一访问。这种方法不需要将数据物理整合，减少了数据复杂性和整合成本。

（六）数据整合的未来趋势

1. 人工智能和机器学习的应用

随着人工智能和机器学习技术的发展，未来数据整合将更加智能化。机器学习算法可以用于自动发现模式、识别关联，从而更好地支持数据整合和分析。

2. 边缘计算和物联网的整合

边缘计算和物联网的兴起将导致更多的数据产生于边缘设备。数据整合将不仅仅涉及中心化的数据仓库，还需要更好地支持边缘数据的整合和分析。

3. 区块链技术的应用

区块链技术的去中心化和不可篡改的特性为数据整合提供了更安全和可信的基础。未来，区块链技术可能在数据整合领域发挥更大的作用。

4. 数据治理和合规性

随着数据隐私和合规性的重要性增加，未来数据整合将更加注重数据治理和合规性。建立健全的数据管理和监管机制，保障数据整合过程合规和可追溯。

5. 自助服务数据整合

未来，数据整合可能趋向于更加自助服务的模式。业务用户可能更加独立地进行数据整合和分析，而不仅仅依赖于专业的数据团队。

数据在资源整合中扮演着关键的角色，对于组织和企业的决策、创新和发展具有重要意义。通过合理利用数据整合的技术和方法，可以将来自不同来源的数据整合为有意义的信息，支持更好的业务决策和创新。然而，数据整合也面临着一系列挑战，包括数据质量、安全性、标准化等方面的问题。随着技术的不断发展和应用领域的拓展，数据整合将在未来继续发挥着关键的作用，推动各行各业朝着更加智能、协同和可持续的方向发展。

第二节　在线课程设计与管理

一、在线课程设计工具与平台

随着信息技术的迅猛发展，在线教育已经成为现代教育领域的重要组成部分。在线课程设计工具与平台的出现，为教育机构、教师和学生提供了更加灵活、便捷的教学方式[①]。本章节将深入探讨在线课程设计工具与平台的定义、意义、主要特点、应用领域以及未来发展趋势。

（一）在线课程设计工具与平台的定义

1. 在线课程设计工具

在线课程设计工具是指通过互联网技术，为教育工作者提供的用于创建、编辑、管理和发布在线课程的软件工具。这些工具通常包括内容创作、资源管理、学习互动等功能，以支持全过程的在线课程设计。

2. 在线课程设计平台

在线课程设计平台是指为教育机构、教师和学生提供在线学习环境的综合性平台。它不仅包括课程设计工具，而且还涵盖了学习管理、学生成绩跟踪、社交互动等多方面的功能，为用户提供全面的在线学习体验。

（二）在线课程设计的意义

1. 提高教学灵活性

在线课程设计工具与平台使教师能够更加灵活地创建和调整课程内容。他们可以根据学生的反馈和实时需求进行调整，提供更具个性化的教学体验。

2. 打破地域限制

传统教育存在地域限制，学生需要前往特定地点上课。而在线课程设计使学生可以随时随地访问课程内容，打破了地域限制，提供了更广泛的学习机会。

3. 提升学生参与度

在线课程设计平台通常包含各种互动元素，如在线讨论、实时问答等，能够提升学生的参与度。学生可以在课程中进行更积极的互动，提高学习效果。

4. 多样化教学资源

在线课程设计工具与平台能够整合多样化的教学资源，包括文字、图像、音视频等形

① 张燕，安欣，胡均法．现代高校教育管理与教学创新研究 [M]．天津：天津科学技术出版社；天津出版传媒集团，2023：29.

式，为学生提供更为丰富和多样的学习体验。

5. 实现个性化学习

通过在线课程设计，教育机构和教师能够更好地实现个性化学习。根据学生的兴趣、水平和学习风格，提供定制化的学习内容和路径。

（三）在线课程设计工具与平台的主要特点

1. 内容创作与编辑

在线课程设计工具通常具备直观的内容创作与编辑功能，使教师能够轻松创建和编辑课程内容，包括文字、图像、音视频等。

2. 学习管理系统（LMS）

学习管理系统是在线课程设计平台的重要组成部分，用于管理学生信息、课程进度、学生成绩等数据，提供全面的学习管理服务。

3. 多媒体支持

在线课程设计工具与平台通常支持多媒体内容的嵌入和播放，包括图像、音频、视频等形式，丰富了课程的呈现方式。

4. 互动元素

为了提高学生参与度，在线课程设计平台通常包含各种互动元素，如在线讨论、问答环节、实时投票等，促进学生与教师之间的互动。

5. 实时反馈与评估

在线课程设计工具与平台能够提供实时的学生反馈和评估机制。教师可以迅速了解学生的学习情况，及时调整教学策略。

6. 移动学习支持

为适应移动化学习趋势，现代在线课程设计工具与平台通常支持在移动设备上访问，提供更便捷的学习体验。

（四）在线课程设计在不同领域的应用

1. 高等教育

在高等教育领域，大学和研究机构广泛使用在线课程设计工具与平台，为学生提供更为灵活的学习机会，支持远程教育和混合式教学。

2. 职业培训

企业和职业培训机构利用在线课程设计工具，为员工提供培训课程，提升员工技能，适应行业变化。

3.K-12 教育

在线课程设计工具在基础教育领域也得到了广泛应用，为中小学教师提供更多的教学资源和工具，促进教学创新。

4. 职业教育

职业教育机构利用在线课程设计工具与平台，为学生提供与职业相关的课程，帮助他们获取实用的职业技能和知识。

5. 持续专业发展

在线课程设计工具与平台也被广泛用于专业人士的持续专业发展。医生、律师、工程师等行业的专业人员通过在线课程获取最新的专业知识和技能，保持竞争力。

6. 兴趣爱好教育

在线课程设计工具与平台也在支持兴趣爱好教育方面发挥作用。例如，音乐、绘画、编程等领域的在线教育平台提供了丰富多样的课程，满足学习者的个性化需求。

（五）未来发展趋势

1. 智能化与个性化学习

未来在线课程设计工具与平台将更加注重智能化技术的应用，通过人工智能和机器学习算法实现个性化学习路径和内容推荐，提升学习效果。

2. 虚拟和增强现实

虚拟和增强现实技术有望融入在线课程设计工具与平台，为学生提供更为沉浸式的学习体验，拓宽在线学习的边界。

3. 区块链技术的应用

区块链技术的去中心化、安全性和透明性特点使其成为在线教育领域的潜在应用方向，用于学生学历认证、成绩记录等。

4. 社交学习的强化

未来的在线课程设计平台可能更强调社交学习的元素，通过在线社区、协作项目等方式促进学生之间的合作与交流。

5. 多模态学习支持

支持多种学习模式，包括文字、图像、音频、视频等多模态学习，以满足不同学习者的需求。

6. 持续性专业发展

在线课程设计工具与平台将更多地支持职业人士的持续性专业发展，为他们提供更加灵活、便捷的学习机会，保持职业竞争力。

（六）面临的挑战

1. 技术标准和互操作性

在线课程设计工具与平台之间存在技术标准和互操作性的差异，这可能导致学校、机构选择时面临一定的困扰。未来需要更加严格统一的标准。

2. 数据隐私和安全性

随着在线学习的普及，数据隐私和安全性成为一个重要问题。在线课程设计平台需要加强数据保护措施，确保学生个人信息的安全。

3. 教育不平等问题

在线学习可能加剧教育不平等问题，一些学生可能因为缺乏设备、网络或监护人支持而受到影响。在线课程设计需要考虑如何解决这些不平等问题。

4. 教师培训与支持

教师在使用新的在线课程设计工具与平台时，需要得到相关的培训和支持。教育机构需要投入资源确保教师能够充分发挥在线教育的潜力。

在线课程设计工具与平台的发展为教育领域带来了巨大的变革。它不仅提供了更灵活、便捷的学习方式，也促进了教育的全球化和个性化。未来，随着技术的不断创新和社会需求的不断变化，在线课程设计工具与平台将继续发挥着重要作用。智能技术的应用、虚拟与增强现实的整合、社交学习的强化等趋势将进一步推动在线教育的发展。

然而，随着社会不断发展，我们也需要应对一系列的挑战，包括技术标准和互操作性的问题、数据隐私与安全性的担忧、教育不平等的可能加剧，以及教师培训与支持的需求。解决这些挑战需要社会各界的共同努力，包括政府、教育机构、科技公司以及社会组织。

在线课程设计工具与平台的未来发展需要更多关注学生的个性化需求、教学的质量提升、数据隐私保护等方面。借助技术的力量，我们有望建设更加智能、灵活、包容的在线学习环境，为学生提供更好的学习体验，为教育的可持续发展贡献力量。

在未来，不仅需要不断改进和创新在线课程设计工具与平台，还需要加强国际合作，分享最佳实践，共同应对全球性的教育挑战。通过共同努力，我们可以更好地利用科技的力量，让教育更加普惠、灵活、公平，助力个体的成长与社会的进步。

二、教学资源的数字化与在线化

随着信息技术的迅猛发展，教育领域也在经历着数字化与在线化的革命。教学资源的数字化与在线化不仅改变了传统教学的方式，也为学生、教师和教育机构提供了更加灵活、便捷、个性化的学习和教学体验。本章节将深入探讨教学资源数字化与在线化的定义、意义、主要特点、应用领域以及未来发展趋势。

（一）教学资源的数字化与在线化的定义

1. 教学资源的数字化

教学资源的数字化是指将传统的教育资源，如教科书、课件、试题等，通过数字技术转化为数字形式，以便于存储、传播、管理和利用。数字化使得教学资源可以在电子设备上呈现，并具有更强的交互性和可操作性。

2. 教学资源的在线化

教学资源的在线化是指将数字化的教学资源通过互联网等在线平台进行存储、传播和共享。在线化不仅包括教育内容的数字呈现，而且还涵盖了在线互动、社交学习、实时反馈等功能，为学习者提供全方位的在线学习体验。

（二）教学资源数字化与在线化的意义

1. 提高教学效率

数字化与在线化使得教学资源可以随时随地访问，教师和学生可以更加灵活地获取所需的教学材料。这有助于提高教学的效率，减少了时间和空间的限制。

2. 个性化学习

数字化与在线化提供了更多个性化学习的可能性。学生可以根据自己的学习节奏和兴趣选择教学资源，实现更加个性化的学习路径，满足不同学生的需求。

3. 提升教学质量

在线化的教学资源支持更多互动和反馈机制，教师可以及时了解学生的学习情况，进行针对性的教学调整。这有助于提升教学的质量，使得教育更加有针对性和有效果。

4. 促进教育创新

数字化与在线化为教育创新提供了技术支持。教师可以运用多媒体、虚拟实验、在线协作等方式创造更为丰富的教学体验，激发学生的学习兴趣和创造力。

5. 全球教育资源共享

通过在线化，教学资源可以跨足全球范围内进行共享。这意味着世界各地的学生和教师可以共享高质量的教育资源，促进全球教育的平等与共享。

（三）教学资源数字化与在线化的主要特点

1. 多样化的资源形式

数字化与在线化的教学资源形式丰富多样，包括文字、图像、音频、视频等多种形式。这种多样性使得学习更加生动有趣，更符合不同学习者的需求。

2. 互动性与参与度

在线化的教学资源通常具有更强的互动性，支持在线讨论、实时问答、在线测验等功能。这有助于提高学生的参与度，促进学生与教师之间的互动，营造更加积极的学习氛围。

3. 灵活性与便捷性

学生和教师可以随时随地通过互联网访问在线教学资源，不再受制于时间和空间的限制。这种灵活性与便捷性使得学习更为方便，符合现代人的生活方式。

4. 个性化学习路径

数字化与在线化允许学生根据个体差异选择适合自己的学习路径。通过智能化的学习系统，可以根据学生的学习历史和表现，为其推荐更符合个性化需求的教学资源。

5. 实时反馈与评估

在线化的教学资源支持实时的学生反馈和评估机制。教师可以通过在线工具及时了解学生的学习情况，帮助他们更好地掌握知识，及时纠正学习中出现的问题。

6. 多维度的学习体验

数字化与在线化的教学资源可以结合多种媒体形式，例如视频、音频、互动模拟等，为学生提供更为多维度的学习体验。这有助于激发学生的学习兴趣，增强学习的吸引力。

（四）教学资源数字化与在线化在不同领域的应用

1. 高等教育

在高等教育领域，数字化与在线化的教学资源广泛应用于在线课程、远程教学、虚拟实验等方面。学生可以通过网络学习丰富的课程内容，获取全球范围内的学术资源。

2.K-12 教育

数字化与在线化的教学资源在基础教育中也得到广泛应用。教师可以利用数字教材、在线习题、教学视频等资源，提供更为多样化的教学方式，满足学生个性化的学习需求。

3. 职业培训

企业和职业培训机构利用在线教学资源，为员工提供培训课程，提升其职业技能。在线化的培训资源使得员工可以在工作之余进行学习，提高工作效能。

4. 公共教育

在线教育资源也在公共教育领域发挥着重要作用。政府和社会组织通过在线平台为广大群众提供免费或低成本的教育资源，促进社会公平与包容。

5. 语言学习

数字化与在线化的教学资源在语言学习领域应用广泛。学习者可以通过在线语言课程、语音识别软件等工具进行语言学习，实现随时随地的语言实践。

6. 艺术与创意教育

在艺术与创意教育中，数字化与在线化的教学资源可以为学生提供更多样的学习材料，包括艺术作品展示、创意工坊等，拓宽学生的艺术视野。

三、在线课程数据分析与改进

随着在线教育的兴起，教育机构和教师能够通过在线课程平台收集大量学生学习数据。这些数据包括学生的学习行为、表现数据、参与度等信息，为教育提供了更多的参考依据。在线课程数据分析成为一项关键任务，通过对学习数据的深入挖掘，可以实现对教学过程的全面理解，并为教学质量的提升提供有力支持。本章节将深入探讨在线课程数据分析的定义、意义、主要方法、应用场景以及未来发展趋势。

（一）在线课程数据分析的定义

1. 数据分析

数据分析是指通过收集、处理、分析数据来获取信息和对现象进行解释的过程。在教育领域，数据分析可以帮助教育工作者更好地理解学生的学习行为、优化教学过程、提高学习效果。

2. 在线课程数据分析

在线课程数据分析是指对在线学习平台上产生的学习数据进行系统分析，以揭示学生在课程中的学习情况、行为模式和教学效果。这包括对学生参与度、学习进度、知识掌握程度等方面的数据进行综合分析，进而为教学改进提供科学依据。

（二）在线课程数据分析的意义

1. 个性化学习支持

通过分析学生的学习数据，教育机构和教师可以更好地了解每个学生的学习特点、兴趣和水平。基于这些数据，可以提供个性化的学习支持，满足学生个性化的学习需求。

2. 教学过程优化

在线课程数据分析可以帮助教育工作者深入了解教学过程中的问题和瓶颈。通过分析学生在不同环节的表现，可以进行教学过程的优化，提高教学效果。

3. 实时反馈与调整

在线课程数据分析提供了实时的学生反馈和学习情况的动态监控。教育工作者可以根据实时数据及时调整教学策略，更好地满足学生的学习需求。

4. 教学资源优化

分析学生对教学资源的使用情况，可以为教育机构提供指导，帮助其优化在线教学资源。通过了解哪些资源更受学生欢迎，可以提高资源利用率。

5. 教学质量评估

在线课程数据分析可以作为一种教学质量评估的方式。通过对学生学习数据的综合评估，可以更客观地了解教学效果，为未来的教学发展提供依据。

（三）在线课程数据分析的主要方法

1. 学习分析

学习分析主要关注学生在在线学习平台上的学习行为。这包括学生的学习时间、学习路径、观看视频的时长、参与讨论的频率等方面。通过学习分析，可以了解学生的学习习惯，为个性化学习提供有力支持。

2. 行为分析

行为分析主要关注学生在学习过程中的交互行为。这包括学生在平台上的点击行为、提交作业的时间、在线讨论的参与情况等。通过行为分析，可以了解学生的学习参与度，发现可能存在的问题。

3. 成绩分析

成绩分析主要关注学生在在线课程中的学术表现。这包括考试成绩、作业成绩、项目成绩等方面。通过成绩分析，可以评估学生的学术水平，及时发现学术问题。

4. 情感分析

情感分析关注学生在学习过程中的情感状态。这可以通过分析学生在讨论区的言论情感色彩、对教学资源的评价等方式来实现。情感分析有助于了解学生的学习动机和情感体验。

（四）在线课程数据分析的应用场景

1. 个性化学习路径设计

通过学习分析和行为分析，教育机构可以根据每个学生的学习习惯和水平，设计个性化的学习路径。这有助于提高学生的学习兴趣和主动参与度。

2. 教学过程实时调整

通过实时监控学生的学习行为和成绩，教育机构和教师可以在教学过程中进行实时调整。例如，调整教学内容、改进教学方法，以更好地满足学生的学习需求。

3. 学术支持与干预

通过成绩分析和情感分析，教育机构可以提供学术支持和干预措施。对于表现较差或情感状态较差的学生，可以及时提供额外的学术帮助、心理支持或导师服务，以提高其学习体验和学术成就。

4. 教学资源优化

通过学习分析和行为分析，教育机构可以了解学生对教学资源的使用情况。这有助于对教学资源进行优化，提高资源的质量和吸引力，满足学生的不同学习需求。

5. 学习社区建设

情感分析可以帮助教育机构了解学生在学习过程中的情感状态，包括积极的情感和负面的情感。通过这些信息，可以更好地建设学习社区，促进学生之间的互动和合作，提高整体学习氛围。

6. 教学质量评估

在线课程数据分析为教学质量评估提供了客观的依据。通过综合分析学生的学习行为、成绩和情感状态，可以更全面地了解教学的优点和不足，为教学改进提供指导。

（五）未来发展趋势

1. 智能化分析工具

未来，随着人工智能技术的不断发展，智能化分析工具将更广泛地应用于在线课程数据分析中。这些工具能够通过机器学习和数据挖掘技术，自动发现隐藏在大量数据中的模式，提供更精准的分析结果。

2. 跨平台数据整合

未来的发展趋势还包括跨平台数据整合，即将不同在线学习平台的数据进行整合分析。这有助于全面了解学生在不同平台上的学习情况，为更综合的个性化学习路径设计提供支持。

3. 学习分析的标准化

为了更好地实现教育机构和教育从业者之间的合作，学习分析的标准化将成为未来的发展趋势。通过建立共同的数据标准和分析框架，可以更方便地进行跨学科、跨机构的合作。

4. 强调隐私保护

随着对数据隐私的关注不断增加，未来的在线课程数据分析将更加重视学生隐私的保护。教育机构需要制定明确的隐私政策，并采取有效的措施确保学生数据的安全性。

5. 情感分析的深化研究

情感分析将成为未来在线课程数据分析的一个重要方向。通过更深入地研究学生的情感状态，教育机构可以更好地了解学生的心理需求，提供更贴近学生情感体验的教学服务。

6. 教学过程的实时性

未来的在线课程数据分析将更加注重教学过程的实时性。通过实时监测学生的学习行为和表现，教育机构和教师可以及时调整教学策略，提高教学的灵活性和针对性。

在线课程数据分析作为教育领域的一项重要工作，为教育机构、教师和学生提供了丰富的信息资源。通过学习分析、行为分析、成绩分析和情感分析等手段，可以全面了解学生的学习状态和需求，为个性化学习提供支持，实现教学过程的优化和质量的提升。未来，随着技术的不断进步和对教育的深入理解，在线课程数据分析将迎来更加广阔的发展空间，为教育创新和提升教学质量提供更有力的支持。

第三节　教学质量评估与反馈

一、大数据支持的教学评估模型

随着大数据技术的迅猛发展，教育领域也开始利用大数据来支持教学评估。大数据在教学评估中的应用为教育工作者提供了更全面、客观的数据基础，促进了教学质量的提升和个性化学习的实现。本书将深入探讨大数据支持的教学评估模型的定义、意义、主要特点、应用场景以及未来发展趋势。

（一）大数据支持的教学评估模型的定义

1. 教学评估模型

教学评估模型是一种用于衡量和评价教学效果的框架或方法。传统的教学评估模型主要依赖于问卷调查、观察和定期考试等方式，局限性在于数据获取方式单一，评估结果受到主观因素的影响。

2. 大数据支持的教学评估模型

大数据支持的教学评估模型是指基于大规模、多源、实时的教育数据进行教学评估的一种模型。这包括学生学习行为数据、课程资源利用情况、社交互动数据等多方面的信息，通过大数据技术进行分析和挖掘，为教学效果的评估提供更准确的数据支持。

（二）大数据支持的教学评估模型的意义

1. 提供客观的评估数据

大数据支持的教学评估模型通过收集大量学生学习数据，提供了更客观、真实的评估数据。这有助于教育工作者更准确地了解教学过程中的问题和优势，为教学改进提供有力的依据。

2. 个性化学习支持

通过分析学生的学习行为和表现数据，大数据支持的教学评估模型可以为每个学生提供个性化的学习支持。教育工作者可以根据学生的学习风格、进度和需求，调整教学策略，提高学生的学习效率。

3. 实时监测和调整

大数据支持的教学评估模型具有实时性，能够实时监测学生的学习行为和教学效果。这使得教育工作者能够及时调整教学策略，做出针对性的改进，提高教学的灵活性和针对性。

4. 优化教学资源分配

通过分析学生对不同教学资源的利用情况，大数据支持的教学评估模型可以帮助教育机构优化教学资源的分配。这有助于提高教学资源的利用效率，满足学生不同层次的需求。

5. 教学质量的可量化评估

大数据支持的教学评估模型可以将教学质量进行更为精准和可量化的评估。通过对大量的学生学习数据进行统计和分析，可以得到更准确的教学质量评估结果，帮助教育决策制定更科学的发展方向。

（三）大数据支持的教学评估模型的主要特点

1. 多维度数据分析

大数据支持的教学评估模型不仅关注学生的学术表现，而且还涵盖学生的学习行为、社交互动、资源利用等多个维度。这种多维度的数据分析使得教学评估更全面。

2. 实时性

大数据支持的教学评估模型具有实时性，能够及时获取学生的学习数据。这有助于实时监测学生的学习情况，及时调整教学策略，提高教学效果。

3. 个性化学习支持

基于大数据分析的教学评估模型可以提供个性化的学习支持。通过分析学生的学习行为和表现，教育工作者可以了解每个学生的学习特点和需求，为其提供定制化的学习建议、资源推荐等，进而提高学生的学习体验和学术成就。

4. 预测性分析

大数据支持的教学评估模型具备一定的预测性。通过对历史学习数据的分析，模型可以预测学生未来的学习趋势、可能的问题和潜在的进步方向。这使得教育工作者能够提前做好教学策略的调整和学生的个性化指导。

5. 数据可视化

大数据支持的教学评估模型通常采用数据可视化的方式呈现分析结果。通过图表、图形等形式直观展示学生的学习情况和教学效果，使教育工作者能够更容易理解和应用分析结果。

6. 多源数据整合

教学评估模型将多源数据进行整合，包括学生的学术成绩、学习行为、在线互动、参与度等多方面的信息。这种多源数据整合使得分析结果更为全面，有助于更全面地理解教学过程和学生学习状态。

（四）大数据支持的教学评估模型的应用场景

1. 个性化学习路径设计

大数据支持的教学评估模型可以根据学生的学习数据，为每个学生设计个性化的学习路径。通过分析学生的学科偏好、学习速度、知识掌握程度等信息，模型可以为学生提供更适合其个体差异的学习资源和任务，提高学生的学习效果。

2. 实时教学调整

模型的实时性使得教育工作者能够在教学过程中进行实时调整。通过监测学生的学习行为和表现,教育工作者可以迅速识别问题、调整教学策略,以更好地满足学生的学习需求。

3. 学生干预与支持

基于大数据的教学评估模型可以识别出可能存在学习问题的学生。一旦发现学生的学习状态异常或有下降趋势，教育工作者可以及时对学生干预，提供针对性的支持和帮助，防范学业困扰。

4. 教学资源优化

通过分析学生对不同教学资源的使用情况，大数据支持的教学评估模型可以帮助教育机构优化教学资源。这有助于提高资源的利用效率，使得学生更加倾向于使用高质量的教学资源。

5. 教学效果评估

大数据支持的教学评估模型能够更全面、客观地评估教学效果。通过分析学生的学科成绩、参与度、课程完成度等数据，模型可以为教育机构提供更精准的教学质量评估，为进一步的教学改进提供有效参考。

（五）大数据支持的教学评估模型的未来发展趋势

1. 深度学习技术的应用

未来，深度学习技术在大数据支持的教学评估模型中的应用将更加广泛。深度学习模型能够处理更复杂的数据关系，挖掘更深层次的学生特征，提高模型的预测和分析能力。

2. 教学数据标准化

为了更好地实现教育机构和教育从业者之间的合作，教学数据的标准化将成为未来的发展趋势。建立共同的数据标准和分析框架可以促进跨学科、跨机构的数据共享与合作，使得教育评估更具普适性和可比性。

3. 强调学生参与与反馈

未来的大数据支持的教学评估模型将更加强调学生的参与与反馈。通过收集学生的自我评价、学习体验反馈等信息，模型可以更全面地了解学生的感受和需求，为教学改进提供更加丰富的信息。

4. 跨平台数据整合

教育机构使用的教学平台多种多样，未来的趋势将是实现跨平台数据的整合。这有助于全面了解学生在不同平台上的学习情况，为更综合的个性化学习路径设计提供支持。

5. 智能化辅助决策

未来，大数据支持的教学评估模型将更加智能化，能够为教育工作者提供更精准的辅助决策。通过整合多维度数据、利用机器学习算法，模型可以自动分析、识别问题，并提供针对性的建议，促进高校更科学的教学管理。

6. 面向全球化的教学评估

随着在线教育的普及，大数据支持的教学评估模型将更多面向全球化。不同国家和地区的教育系统存在差异，但通过数据的国际标准化与共享，可以实现全球范围内的教育评估与比较，促进全球教育的发展。

7. 隐私保护与伦理规范

随着对个人隐私保护意识的增强，未来的大数据支持的教学评估模型将更加注重隐私保护与伦理规范。教育机构需要建立健全的隐私政策，确保学生的个人信息得到妥善保护，同时保持数据分析的合法合规性。

大数据支持的教学评估模型为教育领域带来了革命性的变革。通过多源、多维度的数据分析，模型不仅提供了更客观、全面的教学评估方式，还支持个性化学习、实时教学调整、教学资源优化等多个方面的教育创新。未来，随着技术的不断发展和对教育的深入理解，大数据支持的教学评估模型将继续发挥重要作用，为教育质量提升、学生发展提供更为精准的支持。同时，隐私保护与伦理规范将成为发展的重要考量，促使模型的应用更加合法、安全、可持续。在全球范围内，大数据支持的教学评估模型将推动教育的全面进步，为学生提供更优质、个性化的学习体验。

二、教学质量反馈与改进策略

教学质量是教育工作中的核心要素之一，直接关系到学生学习效果和教育机构的声誉。为了不断提高教学质量，教育机构需要建立有效的反馈机制，并采取相应的改进策略。本书将探讨教学质量反馈的定义、意义，以及在此基础上提出的改进策略，旨在为教育工作者提供有益的参考。

（一）教学质量反馈的定义与意义

1. 教学质量反馈的定义

教学质量反馈是指通过各种手段和渠道，收集学生、同行、上级、自我等多方面的信息，对教学过程和效果进行评价和反馈的过程。这包括定期的评估、学生的反馈意见、同行评审等多种形式。

2. 教学质量反馈的意义

提高教学效果：通过教学质量反馈，教育工作者可以更清晰地了解自己的教学效果，及时调整教学方法，提高学生的学习效率。

满足学生需求：学生是教学的主体，他们的反馈是改进教学的重要依据。通过听取学生的反馈，可以更好地满足他们的学习需求，提高教学的针对性。

促进教师专业发展：教学质量反馈有助于教师了解自己的教学优势和不足，推动教师进行专业发展，提高其教育水平。

提升教育机构声誉：教育机构通过关注教学质量，接受外部评估和反馈，可以提升自身的声誉和吸引力，吸引更多学生和资金投入。

（二）教学质量反馈的主要形式

1. 学生评价与调查

学生评价与调查是最直接的反馈形式之一。通过匿名或非匿名的方式，学生可以对教学内容、教学方法、教师态度等方面提出意见和建议。学生评价是教学质量反馈中常见、重要的环节。

2. 同行评审

同行评审是通过邀请其他教育工作者对教学过程进行评估。这可以包括同级教师、学科专家或外部评审专家。同行评审有助于提供专业的、客观的反馈，促使教学者进行深入的自我反思。

3. 教学观摩

教学观摩是一种教学质量反馈的活动，教师可以邀请其他教育工作者或同事到课堂上进行教学观摩。通过观摩，可以收集来自专业人士的实时反馈，帮助教师发现自己的盲点和不足。

4. 自我评估

自我评估是教育工作者对自己教学过程进行主动反思和评价的过程。通过制定教学目标、回顾教学活动、分析学生成绩等步骤，教师可以形成对自己教学的全面认知。

（三）教学质量改进策略

1. 建立开放的沟通渠道

建立开放的沟通渠道是实现教学质量反馈与改进的首要步骤。教育机构可以设立专门的反馈平台，鼓励学生、同行和教师之间进行积极的沟通，分享观点和建议。

2. 定期组织教学评估活动

定期组织教学评估活动是保障教学质量改进的有效手段。可以设置每学期、每学年的评估计划，包括学生评价、同行评审、教学观摩等多种形式，确保全面、系统地获取反馈信息。

3. 引入外部评估机制

引入外部评估机制可以提供更客观、独立的反馈。通过邀请外部专业评估团队，对教学过程和效果进行评估，可以获得来自行业专家的专业意见，推动教学改进。

4. 制定个性化的教学发展计划

教育机构可以根据不同教师的教学反馈情况，制定个性化的教学发展计划。通过设定明确的目标和计划，帮助教师在专业领域和教学方法上取得进步。

5. 提供专业培训和支持

为教师提供专业培训和支持是教学质量改进的关键环节。培训内容可以包括教学方法、课程设计、教学技术的应用等方面。通过定期的专业培训，教师可以更新教学理念，学习新的教学方法，提升自己的教学水平。

6. 鼓励创新和实践

教育机构应该鼓励教师在教学中进行创新和实践。为教师提供创新的空间和资源，支持教师尝试新的教学方法和技术，促使教学更加生动、有趣，提高学生的参与度和学习效果。

7. 关注学生反馈并及时调整

学生的反馈是教学质量改进的关键因素。教育机构应该建立及时有效的学生反馈机制，通过问卷调查、小组讨论等方式听取学生的意见和建议。同时，及时作出调整，回应学生的需求，提高教学满意度。

8. 制定奖励机制激励教学优秀者

为鼓励教学的优秀表现，教育机构可以制定奖励机制。设立教学奖项，定期评选出表现优秀的教师，并给予一定的奖励和荣誉，以激发教师的积极性和创造力。

9. 制定长期规划和战略

教育机构需要制定长期的教学规划和战略，明确教学目标和发展方向。通过设定明确的发展计划，可以推动教育机构在教学质量方面实现长足的进步，提高整体实力。

10. 加强教学资源的管理与优化

教育机构应加强对教学资源的管理与优化。保障充足的教学资源，包括教材、设备、技术支持等，以提供更好的教学条件。同时，通过不断优化教学资源的配置，提高其利用效率，满足学生多样化的学习需求。

教学质量反馈与改进是教育体系中的一项重要工作，其有效实施对于提高教学水平、满足学生需求、推动整个教育体系的发展至关重要。通过建立多元化的反馈机制，引入创新的评估方式，教育机构能够更全面地了解教学过程和效果，为教育工作者提供精准的改进建议。

在未来，随着技术的不断进步和社会的发展，教学质量反馈将朝着更加智能、全面、参与度高的方向发展。教育机构需要不断更新反馈体系，推动教学改进的不断创新，以适应时代发展的需求，提供更优质的教育服务。通过全员参与、数据驱动的教学管理，教育机构能够更好地应对未来的挑战，实现教育的可持续发展。

三、数据驱动的教学创新实践

随着信息技术的飞速发展，大数据的应用逐渐渗透到各行各业，包括教育领域。数据驱动的教学创新实践是一种基于大数据分析的教学方式，旨在通过收集、分析和利用教学过程中产生的数据，实现更有效的教学管理和个性化学习支持。本书将探讨数据驱动教学创新的概念、意义以及实践策略，为教育工作者提供深入了解和应用数据驱动教学的参考。

（一）数据驱动的教学创新概念

1. 数据驱动教学的定义

数据驱动教学是一种基于教学过程中产生的大量数据进行分析、解读，以指导教学决策和实现教学创新的方法。通过收集学生学习行为、表现数据以及教学环境中的各种信息，教育工作者可以更全面、客观地了解学生的学情，进而调整教学策略、优化教学资源，实现更个性化、高效的教育服务。

2. 数据驱动教学创新的核心要素

数据驱动教学创新的核心要素包括：

数据收集：收集学生在学习过程中产生的各类数据，包括学习行为、学科成绩、参与度等信息。

数据分析：运用数据分析技术，对收集到的数据进行深度分析，挖掘潜在的规律和关联。

决策制定：基于数据分析的结果，制定教学决策和调整策略，以满足学生个性化的学习需求。

实践创新：在教学实践中应用数据驱动的决策，推动教学创新和效果优化。

（二）数据驱动教学创新的意义

1. 个性化学习支持

数据驱动的教学创新使教育工作者能够更好地理解每个学生的学习特点和需求，为其提供个性化的学习支持。通过分析学生的学习数据，可以适当调整教学内容、难度和节奏，使学生在更适合自己的环境中学习，提高学习效果。

2. 教学效果评估与优化

数据驱动的教学创新为教育机构提供了更全面的教学效果评估手段。通过分析学生的学科成绩、参与度、学习行为等数据，可以及时发现问题，优化教学资源配置，提升整体的教学质量。

3. 教育决策科学化

教育决策的科学化是数据驱动教学创新的重要意义之一。教育管理者可以通过分析大量的教学数据，更准确地制定教育政策、资源分配和师资培训计划，推动教育决策的科学化和精准化。

4. 教育资源优化

通过数据驱动的教学创新，教育机构能够更好地管理和优化教育资源。根据学生的学科需求和学习偏好，有针对性地配置教材、课程和其他学习资源，提高资源利用效率，实现资源的最优化分配。

5. 提升教育体验

数据驱动的教学创新有助于提升学生和教师的教育体验。学生能够在更符合个人需求的学习环境中成长，教师可以更有针对性地指导学生，实现教学的个性化和人性化。

（三）数据驱动教学创新的实践策略

1. 设定明确的教学目标

在数据驱动的教学创新中，首先需要设定明确的教学目标。明确的教学目标有助于确定需要收集的数据类型和分析方向，保障数据收集和分析的过程与教学目标保持一致。

2. 选择合适的数据源和工具

选择合适的数据源和数据分析工具是实践数据驱动教学创新的关键一步。数据源可以包括学生学科成绩、学习行为记录、在线学习平台的活动数据等。数据分析工具可以是数据分析软件、机器学习算法等，结合实际情况进行选择。

3. 建立数据收集和管理系统

建立高效的数据收集和管理系统是数据驱动教学创新的基础。教育机构可以利用现代化的信息技术手段建立学生信息系统、学科成绩数据库等，确保数据的准确、完整和安全。

4. 进行数据分析与挖掘

数据分析与挖掘是数据驱动教学创新的核心步骤。通过数据分析与挖掘，教育工作者可以发现学生的学科偏好、学习习惯、知识掌握情况等信息。借助统计分析、机器学习等技术，可以深入挖掘数据中的隐藏模式，为教学决策提供更有力的支持。

5. 制定个性化教学计划

基于数据分析的结果，制定个性化教学计划是数据驱动教学创新的重要环节。根据学生的特点和需求，调整教学内容、教学方法、学科难度等方面，使每个学生都能够在适合自己的教学环境中实现更好的学习效果。

6. 实施实时教学调整

数据驱动教学创新强调实时教学调整，即根据实时产生的数据进行即时的教学改进。教育工作者可以在教学过程中获取学生的反馈、参与度等数据，及时调整教学策略，提高教学的灵活性和针对性。

7. 引入教学反馈机制

为促进数据驱动的教学创新，引入教学反馈机制是必要的。创建学生与教师之间的双向反馈渠道，通过问卷调查、小组讨论等形式，及时收集学生对教学的意见和建议，为教学的持续改进提供重要参考。

8. 提供教育工作者培训

在实施数据驱动教学创新之前，需要为教育工作者提供相关的培训。这包括数据分析技能、教学设计方法、教育技术的应用等方面的培训，以提升教育工作者的数据素养和创新能力。

9. 关注隐私和伦理问题

在数据驱动的教学创新中，关注学生隐私和伦理问题至关重要。教育机构需要建立健全的隐私保护政策，保障学生个人信息的安全性和合法使用，同时遵循伦理原则，保障教学创新的道德合规性。

10. 进行评估和改进

定期进行评估和改进是数据驱动教学创新的循环过程。通过收集教学数据、学生学科成绩等信息，进行效果评估，找出问题和不足，并制定改进策略，实现教学创新的持续优化。

（四）面临的挑战与应对策略

1. 数据安全与隐私保护

数据安全与隐私保护一直是数据驱动教学创新中的重要问题。教育机构应采用先进的数据安全技术，建立完善的隐私保护机制，确保学生个人信息不被滥用和泄露。

2. 师资队伍培训不足

许多教育工作者在数据分析和教学创新方面的培训不足，这成为数据驱动教学创新的一大挑战。教育机构可以通过开设培训课程、组织研讨会等方式提升师资队伍的相关能力。

3. 技术基础设施不足

一些教育机构的技术基础设施可能不足以支撑大规模的数据收集和分析工作。解决这一问题需要投入资金改善硬件设备和网络环境，确保数据驱动教学创新的顺利实施。

4. 数据分析专业人才短缺

数据分析专业人才在教育领域的需求逐渐增加，但短缺问题依然存在。为解决这一挑战，教育机构可以与相关领域的高校、研究机构合作，共同培养数据分析专业人才。同时，引入外部专业团队，提供专业的数据分析服务和支持。

5. 学科差异和个体差异

不同学科和不同学生个体之间存在差异，这对于数据驱动教学创新提出了挑战。教育机构需要采用灵活的数据分析方法，综合考虑学科特点和个体差异，制定更具针对性的教学策略。

6. 教学质量指标的确定

确定科学有效的教学质量指标是一个复杂的问题。教育机构需要通过综合考虑学科知识、学生能力培养、创新思维等多方面因素，创建科学合理的教学质量指标体系，以确保评估结果具有说服力和可操作性。

应对策略：

建立完善的数据安全与隐私政策：制定清晰的数据安全和隐私保护政策，确保学生和教师的数据得到妥善管理和保护。

加强师资队伍培训：提供定期的师资培训课程，帮助教育工作者提升数据分析和教学创新的能力。

投入资金改善技术基础设施：教育机构应投入资金，升级和完善技术基础设施，以支持大规模的数据收集和分析工作。

与高校、研究机构合作：与相关领域的高校和研究机构建立合作关系，共同培养数据分析专业人才，获取专业支持。

采用灵活的数据分析方法：针对不同学科和个体差异，采用灵活多样的数据分析方法，制定更具有针对性的教学策略。

建立科学合理的教学质量指标体系：通过广泛的专业讨论和研究，建立科学合理的教学质量指标体系，确保评估结果具有科学性和可操作性。

数据驱动的教学创新实践是教育领域应对信息时代挑战的重要手段。通过充分利用大数据分析技术，教育机构能够更全面、深入地了解学生和教学过程，提供更个性化、高效的教育服务。然而，数据驱动教学创新也面临一系列的挑战，需要教育机构、教育管理者和教育工作者共同努力，制定合理的政策、提高师资队伍素质、完善技术基础设施，以推动数据驱动教学创新的可持续发展。在未来，随着技术的不断进步和教育理念的不断拓展，数据驱动教学创新将更加深入地融入教育实践，为学生提供更具针对性和贴近实际需求的学习体验。

第四节　教学过程优化与个性化辅导

一、数据驱动的教学过程优化

随着信息技术的不断发展，大数据的应用逐渐成为教育领域的一项重要趋势。数据驱动的教学过程优化是指利用大数据分析技术，深度挖掘教学过程中产生的数据，以指导和优化教学活动。本书将通过探讨数据驱动的教学过程优化的概念、意义以及实践策略，为教育工作者提供深入了解和应用数据驱动教学优化的参考。

（一）数据驱动的教学过程优化概念

1. 定义

数据驱动的教学过程优化是指在教学实践中运用大数据分析技术，通过收集、整理、分析教学过程中产生的多维数据，以科学的方式指导和优化教学活动，提高教学效果和学习体验的过程。

2. 核心要素

数据驱动的教学过程优化的核心要素包括：

数据收集：收集教学过程中产生的多样化数据，包括学生参与度、学习行为、作业表现等信息。

数据分析：运用数据分析技术，对收集到的数据进行深度分析，挖掘教学过程中的规律和关联。

决策制定：基于数据分析的结果，制定教学决策，调整教学策略，实现教学过程的优化。

实践优化：在实际教学中应用数据驱动的决策，推动教学过程的创新和效果不断提升。

（二）数据驱动教学过程优化的意义

1. 个性化学习支持

数据驱动的教学过程优化可以为每个学生提供更个性化的学习支持。通过分析学生的学科偏好、学习习惯等数据，教育工作者可以调整教学内容和方法，使每个学生在更适合自己的教学环境中学习。

2. 教学效果评估与提升

通过对教学过程中产生的多维数据进行分析，可以更全面地评估教学效果。教育机构可以根据数据分析的结果及时发现问题，调整教学策略，提高整体教学质量。

3. 教学决策科学化

数据驱动的教学过程优化使得教学决策更加科学化。教育管理者可以根据数据分析的结果，制定更准确、有效的教学政策，科学合理地配置教学资源，提升整体教学水平。

4. 教学资源优化

通过深度分析教学过程中的数据，可以更好地管理和优化教学资源。教育机构可以根据学生的学科需求、学习习惯等因素，有针对性地配置教材、课程和其他学习资源，提高资源利用效率，实现资源的最优化分配。

5. 提升教育体验

数据驱动的教学过程优化有助于提升学生和教师的教育体验。学生能够在更符合个人需求的学习环境中成长，教师可以更有针对性地指导学生，实现教学的个性化和人性化。

（三）数据驱动教学过程优化的实践策略

1. 设定明确的教学目标

在进行数据驱动的教学过程优化之前，需要明确教学目标。明确的教学目标有助于确定需要收集的数据类型和分析方向，保证数据收集和分析的过程与教学目标保持一致。

2. 选择合适的数据源和工具

选择合适的数据源和数据分析工具是实践数据驱动教学过程优化的关键一步。数据源可以包括学生参与度、学习行为记录、在线学习平台的活动数据等。数据分析工具可以是数据分析软件、机器学习算法等，根据实际情况进行选择。

3. 建立数据收集和管理系统

建立高效的数据收集和管理系统是数据驱动教学过程优化的基础。教育机构可以通过利用现代化的信息技术手段建立学生信息系统、教学数据仓库等，确保数据的准确、完整和安全。

4. 进行数据分析与挖掘

数据分析与挖掘是数据驱动教学过程优化的核心步骤。通过数据分析，教育工作者可以发现教学过程中的规律和关联，深入挖掘数据中的信息，为教学过程的优化提供依据。这可能包括学生的学习行为、参与度、作业表现等多个方面的数据。

5. 制定个性化教学计划

基于数据分析的结果，制定个性化教学计划是数据驱动教学过程优化的关键环节。根据学生的学科偏好、学习习惯等个体差异，调整教学内容和方法，使每个学生都能够在适合自己的教学环境中更好地学习。

6. 实施实时教学调整

数据驱动教学过程优化强调实时教学调整，即结合实时产生的数据进行即时的教学改进。教育工作者可以在教学过程中获取学生的反馈、参与度等数据，及时调整教学策略，提高教学的灵活性和针对性。

7. 引入教学反馈机制

为促进数据驱动的教学过程优化，引入教学反馈机制是必要的。建立学生与教师之间的双向反馈渠道，通过问卷调查、小组讨论等形式，及时收集学生对教学的意见和建议，为教学过程的持续改进提供重要参考。

8. 提供教育工作者培训

在实施数据驱动教学过程优化之前，需要为教育工作者提供相关的培训。这包括数据分析技能、教学设计方法、教育技术的应用等方面的培训，以提高教育工作者的数据素养和创新能力。

9. 关注隐私和伦理问题

在数据驱动的教学过程优化中，关注学生隐私和伦理问题至关重要。教育机构需要建立健全的隐私保护政策，确保学生个人信息的安全性和合法使用，同时遵循伦理原则，保障教学过程的道德合规性。

10. 进行评估和改进

定期进行评估和改进是数据驱动教学过程优化的循环过程。通过分析收集教学过程中的数据，进行效果评估，找出问题和不足，并制定改进策略，实现教学过程的持续优化。

（四）面临的挑战与应对策略

1. 数据安全与隐私保护

数据安全与隐私保护一直是数据驱动教学过程优化中的重要问题。教育机构应采用先进的数据安全技术，创建完善的隐私保护机制，确保学生个人信息不被滥用和泄露。

2. 师资队伍培训不足

许多教育工作者在数据分析和教学优化方面的培训不足，这成为数据驱动教学过程优化的一大挑战。教育机构可以通过开设培训课程、组织研讨会等方式提升师资队伍的相关能力。

3. 技术基础设施不足

一些教育机构的技术基础设施可能不足以支撑大规模的数据收集和分析工作。解决这一问题需要投入资金改善硬件设备和网络环境，确保数据驱动教学过程优化的顺利实施。

4. 数据分析专业人才短缺

数据分析专业人才在教育领域的需求逐渐增加，但短缺问题依然存在。为解决这一挑战，教育机构可以与相关领域的高校、研究机构合作，共同培养数据分析专业人才。同时，引入外部专业团队，提供专业的数据分析服务和支持。

5. 学科差异和个体差异

不同学科和不同学生个体之间存在差异，这对于数据驱动教学过程优化提出了挑战。教育机构需要采用灵活的数据分析方法，考虑学科特点和个体差异，制定更具针对性的教学策略。

6. 教学质量指标的确定

确定科学有效的教学质量指标是一个复杂的问题。教育机构需要通过综合考虑学科知识、学生能力培养、创新思维等多方面因素，建立科学合理的教学质量指标体系，以确保评估结果具有说服力和可操作性。

应对策略：

建立完善的数据安全与隐私政策：制定清晰的数据安全和隐私保护政策，确保学生和教师的数据得到妥善管理和保护。

加强师资队伍培训：提供定期的师资培训课程，帮助教育工作者提高数据分析和教学优化的能力。

投入资金改善技术基础设施：教育机构应投入资金，升级和完善技术基础设施，以支持大规模的数据收集和分析工作。

与高校、研究机构合作：与相关领域的高校和研究机构建立合作关系，共同培养数据分析专业人才，获取专业支持。

采用灵活的数据分析方法：针对不同学科和个体差异，采用灵活多样的数据分析方法，制定更具有针对性的教学策略。

建立科学合理的教学质量指标体系：通过广泛的专业讨论和研究，建立科学合理的教学质量指标体系，确保评估结果具有科学性和可操作性。

数据驱动的教学过程优化是教育领域适应信息化时代的必然趋势。通过充分利用大数据分析技术，教育机构能够更全面、深入地了解教学过程，实现教学个性化、科学化的优化。然而，面对挑战，教育机构需要采取有效的措施，包括建立健全的数据安全和隐私保护机制、加强师资队伍培训、改善技术基础设施等。只有通过全面而科学的实践，数据驱动的教学过程优化才能为学生提供更优质的教育服务，促进教育事业的可持续发展。未来，随着技术的不断创新和教育理念的不断深化，数据驱动的教学过程优化将更为深入地融入教育实践，推动教育的不断创新与进步。

二、个性化辅导系统建设

在现代教育环境中，每个学生都拥有独特的学习风格、需求和潜力。为了更好地满足学生的个性化学习需求，个性化辅导系统的建设成为教育领域的重要任务。本书将深入探讨个性化辅导系统的概念、意义以及建设过程中需要考虑的关键因素，以期为实现更有效的教育提供有益的指导。

（一）个性化辅导系统概述

1. 定义

个性化辅导系统是一种利用先进的信息技术手段，通过收集、分析学生的学习数据，为每位学生提供定制化的学习体验和支持的系统。这种系统致力于理解和满足学生个体差异，以更有效地促进他们的学术成就和全面发展。

2. 核心要素

个性化辅导系统的核心要素包括：

学习数据收集：通过各种方式收集学生的学习数据，包括学科成绩、学习行为、兴趣爱好、学科偏好等。

数据分析与挖掘：运用数据分析技术，深入挖掘学生学习数据中的模式和关联，为个性化辅导提供依据。

个性化内容提供：结合学生的学习需求和特点，提供定制化的学习内容，包括教材、作业、测验等。

实时反馈与调整：提供实时的学习反馈，帮助学生了解自己的学习状态，同时调整辅导策略以更好地适应学生的发展变化。

（二）个性化辅导系统的意义

1. 满足个体差异

每个学生都有独特的学习方式和潜能，传统教学难以充分满足这些个体差异，个性化辅导系统通过个性化的学习路径和资源推荐，更好地适应不同学生的学习需求，提高学习的针对性和效果。

2. 激发学习兴趣

通过分析学生的兴趣爱好和学科偏好，个性化辅导系统可以为学生提供更具吸引力的学习内容。这有助于激发学生的学习兴趣，提升他们的学习动力和积极性。

3. 促进自主学习

个性化辅导系统注重培养学生的自主学习能力。通过为学生提供个性化的学习资源和任务，激发他们的学习主动性，培养自主学习的习惯和能力。

4. 提高学习效率

传统教学中，老师需要照顾整个班级的学生，难以深入了解每个学生的学习状态。个性化辅导系统可以根据学生的实际情况提供有针对性的辅导，提高学习效率，使学生在更短的时间内取得更好的学业成绩。

5. 适应快速变化的学科知识

某些学科的知识更新迅速，传统的教材和教学方法可能跟不上最新的发展。个性化辅导系统可以根据学科知识的更新及时调整学习内容，确保学生学到的知识始终具有实用性和前瞻性。

（三）个性化辅导系统建设关键因素

1. 数据收集与分析

个性化辅导系统的核心在于对学生学习数据的准确收集和深度分析，系统需要能够获取学科成绩、学习行为、兴趣爱好等多方面的数据，并通过先进的数据分析技术挖掘出隐藏在数据背后的规律，为个性化辅导提供有力支持。

2. 学习路径设计

基于数据分析的结果，个性化辅导系统需要设计个性化的学习路径。这包括确定学科的难易程度、学习资源的选择和推荐，以及学习任务的设置。合理的学习路径设计是个性化辅导系统能否成功的关键。

3. 人工智能技术应用

人工智能技术在个性化辅导系统中发挥着重要作用。通过机器学习算法，系统能够不断优化个性化推荐和辅导策略，提高系统智能化水平。人工智能技术的应用需要充分考虑系统的实时性和准确性。

4. 实时反馈机制

个性化辅导系统需要建立实时反馈机制，及时向学生反馈学习状态、进度和成绩，帮助他们更好地掌握学习进程。同时，系统也需要能够结合学生的反馈动态调整个性化辅导策略，以更好地适应学生的需求和变化。

5. 教育内容多样性

为了提供真正个性化的学习体验，个性化辅导系统需要具备丰富多样的教育内容。这包括不同难度的学科内容、各种形式的学习资源、丰富的实践活动等。系统应能够根据学生的兴趣和能力，为其提供个性化的内容选择。

6. 科技硬件和网络支持

个性化辅导系统的建设离不开先进的科技硬件和稳定的网络支持。系统需要具备高性能的服务器、智能终端设备，以保障流畅的数据处理和传输。同时，网络的稳定性对于学生能够随时随地获取个性化辅导至关重要。

7. 隐私保护机制

在收集和使用学生个体数据时，个性化辅导系统必须创建完善的隐私保护机制。保护学生个体隐私，合法合规地处理个人信息是系统建设中的一项重要责任。系统应该明确规定数据的收集和使用范围，采取有效措施保障学生隐私安全。

8. 教育法规遵循

个性化辅导系统的建设必须遵循教育法规和政策，确保系统的合法性和合规性。系统应当配合学校和政府的教育管理，不得违反相关法规，确保个性化辅导的实施在法律框架内进行。

（四）个性化辅导系统建设实践策略

1. 制定明确的目标和指标

在个性化辅导系统建设初期，需明确系统的建设目标和评价指标。明确的目标有助于确定系统的功能和特性，评价指标则是对系统性能和效果的客观标准，便于后续的评估和改进。

2. 充分调研学生需求

在系统设计之前，进行广泛而深入的学生需求调研是至关重要的。了解学生的学习习惯、兴趣爱好、学科偏好等信息，有助于系统更好地满足学生的个性化需求。

3. 采用先进的技术手段

个性化辅导系统的建设需要借助先进的技术手段，特别是人工智能、大数据分析等技术。通过引入先进技术，系统可以更智能、更精确地为学生提供个性化辅导服务。

4. 强化师资队伍培训

个性化辅导系统建设不仅仅是技术的问题，也涉及师资队伍的应用能力。系统上线前，需要为教师提供相关培训，使其熟练掌握系统的操作和辅导策略的调整。

5. 建立学校与家庭的沟通机制

个性化辅导系统需要与学校和家庭形成有效的沟通机制。与学校的沟通有助于系统更好地融入教育体系，与家庭的沟通能够让家长更好地了解学生的学习情况，形成教育的联动效应。

6. 定期评估和改进

系统上线后，需要定期进行评估和改进。通过收集用户反馈、学生成绩、系统使用数据等，评估系统的性能和效果，并及时调整系统的策略和功能，保持系统的持续优化。

个性化辅导系统的建设是教育信息化的重要方向，有助于更好地满足学生的个性化学习需求，提高教学效果。在系统的建设过程中，需要充分考虑学生个体差异、隐私保护、技术难题等多方面因素，并采取相应的策略进行应对。通过不断努力，个性化辅导系统有望为教育领域带来更多创新与进步。

三、教学效果数据分析与改善

在现代教育中，教学效果的评估和改善是提高教育质量的关键环节。通过对教学效果数据进行深入的分析，学校和教育机构能够更好地了解学生的学习情况、识别教学问题，从而有针对性地进行改进。本书将探讨教学效果数据分析的重要性，分析数据的来源和内容，以及如何通过数据的改善来提升教学效果。

（一）教学效果数据的重要性

1. 量化评估教学效果

教学效果数据是通过量化手段对教学成果和学生学业表现进行评估的重要工具。根据数据，可以客观地衡量教学的成果，了解学生的学科掌握程度、学习兴趣、学习动力等方面的信息。

2. 提供决策依据

教学效果数据为学校管理层提供了科学的决策依据。通过数据分析，管理者可以了解教学的瓶颈和亮点，有针对性地进行资源调配、教师培训等决策，以提高整体教学质量。

3. 个性化教学支持

教学效果数据还为个性化教学提供了支持。通过分析学生的学习数据，可以了解每个学生的学科偏好、学习习惯等，从而为个性化辅导和教学提供有力的数据支持。

（二）教学效果数据的来源和内容

1. 数据来源

教学效果数据可以从多个来源获取，主要包括：

学科考试成绩：学生在各类学科考试中的表现是评估教学效果的重要数据来源。

课堂参与度：通过记录学生的课堂参与情况，包括提问、回答问题、讨论等，来评估教学的活跃程度。

作业和项目表现：学生在课后布置的作业和项目中的表现，反映了他们对所学知识的理解和应用能力。

学生反馈：学生的意见和反馈是了解教学效果的主要途径，可以通过问卷调查、访谈等方式获取。

2. 数据内容

教学效果数据的内容涵盖了多个方面，主要包括：

学科掌握程度：通过分析学生的考试成绩和作业表现，了解学生在不同学科的掌握程度，找出存在的问题和亮点。

学科兴趣和动机：通过学生的参与度和反馈，了解他们对不同学科的兴趣和学习动机，为激发学生学习兴趣提供依据。

学习习惯和方法：通过分析学生的学习行为数据，了解他们的学习习惯和方法，为个性化教学提供支持。

教学资源使用情况：分析教师和学生对教学资源的使用情况，了解资源的有效性和受欢迎程度。

（三）教学效果数据的改善

1. 数据分析方法

教学效果数据的改善首先需要运用有效的数据分析方法。常用的方法包括：

趋势分析：通过对历年数据的比较，找出教学效果的趋势，以便及时调整教学计划。

关联分析：分析不同因素之间的关联关系，例如学科成绩与学生参与度的关系，找出影响教学效果的主要因素。

群体比较：将学生分成不同群体，比较它们在教学效果上的差异，找到不同群体的特点和需求。

2. 教学方法优化

结合数据分析，可以及时调整和优化教学方法。例如，如果发现某一学科的成绩普遍较低，可以考虑改变教学策略，采用更生动、实践性更强的教学方法。

3. 个性化辅导和支持

对学生的学科掌握程度、学科兴趣和动机进行深入分析后，可以为每个学生提供个性化的辅导和支持。通过个性化的教学计划、资源推荐等方式，满足学生个体差异，提升学习效果。

4. 资源优化和更新

分析教学资源使用情况，了解哪些资源受欢迎，哪些资源效果较好，可以为学校提供优化和更新资源的建议。及时更新教材、引入新颖的教学资源，有助于提高教学效果。

5. 教师培训与提升

教学效果数据分析也为教师培训提供指导。通过了解教师在教学中的表现，可以有针对性地进行培训和提升，以提高其教学水平。培训内容可以包括更有效的课堂管理方法、个性化教学策略的应用等方面。

6. 学生参与度提升

通过分析学生的课堂参与度数据，可以制定措施提高学生的参与度。可能的措施包括增加互动环节、设计更富有趣味性的教学内容、鼓励学生提问等，从而提高整体教学效果。

7. 教学环境优化

教学效果数据也可以为学校的教学环境提供改善建议。比如，如果发现某一班级的平均成绩较低，可以考虑优化班级管理、提高学习氛围，创造更适宜学习的环境。

8. 学科交叉整合

在数据分析的基础上，学校可以探索学科交叉整合的可能性。通过跨学科的合作和整合，提供更有深度和广度的学科知识，帮助学生更好地理解和应用知识。

9. 学科课程更新

数据分析可以帮助学校及时了解学科课程的更新需求。根据学生的学科掌握情况和兴趣方向，学校可以调整和更新课程内容，确保教学内容与时俱进，符合学生的学习需求。

10. 学生支持服务

通过分析学生的学科成绩、学习兴趣和动机等数据，学校可以提供更有效的学生支持服务。例如，为学科较差的学生提供额外的辅导服务，鼓励学科优秀的学生参加进阶学科活动，以更好地满足学生的个性化需求。

教学效果数据分析与改善是现代教育管理的必然趋势。通过深入分析教学效果数据，学校能够更全面、科学地了解教学情况，为教学质量的提高提供有力支持。在不断推进教育信息化的过程中，学校和教育机构应当注重数据的科学应用，以促进更有效的教育实践和更全面的学生发展。通过教学效果数据的改善，教育领域有望实现更加个性化、有针对性的教学模式，为学生成长提供更好的支持和指导。

第六章　校园管理与服务创新

第一节　校园信息化管理系统

一、校园信息化系统架构

随着信息技术的飞速发展，校园信息化系统正逐渐成为学校管理和教学的重要工具。校园信息化系统旨在整合和管理学校各方面的信息资源，提高管理效率、加强教学质量、促进校园内外的信息共享[①]。本书将深入探讨校园信息化系统的架构，包括系统的组成部分、功能模块、技术实现以及未来发展方向。

（一）校园信息化系统的基本概念与定义

1. 校园信息化系统的定义

校园信息化系统是指通过信息技术手段，将学校内外各种信息资源进行整合、管理和应用，以提高学校管理和教学服务水平的系统。这一系统涵盖了学校的方方面面，包括学生信息管理、教务管理、财务管理、教学资源管理等多个方面，旨在实现信息的高效流通和管理。

2. 校园信息化系统的目标

校园信息化系统的目标主要包括：

提高学校管理效率：通过利用数字化和自动化的手段，简化学校管理过程，提高管理效率，降低管理成本。

加强教学质量：通过信息化手段，支持教学资源的优化和个性化教学服务的提供，促进教育教学的创新和发展。

促进信息共享：实现不同管理系统和部门之间的信息共享，打破信息孤岛，提升信息的整体利用效率。

提升服务水平：通过在线服务和信息查询等功能，提升学校对师生和家长的服务水平，增强用户体验。

① 高健磊．新时期高校管理与发展路径探索［M］．北京：中国政法大学出版社，2021：77.

（二）校园信息化系统的组成部分

校园信息化系统通常包括以下几个主要组成部分：

1. 学生信息管理系统

学生信息管理系统主要用于管理学生的个人信息、学籍信息、成绩信息等。该系统能够实现学籍注册、学生档案管理、成绩查询等功能，为学校提供学生信息的全面管理。

2. 教务管理系统

教务管理系统是学校管理教学活动的核心系统，包括课程安排、教学计划、考试管理等功能。通过该系统，学校可以实现对教学资源的有效调配和课程安排的科学合理。

3. 财务管理系统

财务管理系统用于学校的财务数据管理和财务流程控制，包括预算编制、费用报销、财务审批等功能。该系统能够提高学校财务管理的透明度和效率。

4. 人事管理系统

人事管理系统用于管理学校的教职工信息、薪资福利、考勤等。通过该系统，学校能够实现对人事信息的集中管理，提升人力资源的利用效率。

5. 教学资源管理系统

教学资源管理系统包括图书馆管理、实验室管理、设备管理等功能，用于对学校各类教学资源的统一管理和调配。

6. 学生家长服务系统

学生家长服务系统通过在线服务平台，提供课程表查询、成绩查询、在线缴费等服务，方便家长随时随地获取学生相关信息。

7. 门禁与安防系统

门禁与安防系统通过技术手段，实现对校园出入口的控制和监控，确保校园的安全。

8. 校园网站和移动应用

校园网站和移动应用是学校与师生、家长进行信息互动和服务的重要平台，包括学校新闻、通知公告、在线学习等功能。

（三）校园信息化系统的功能模块

1. 基础数据管理模块

基础数据管理模块用于管理学校的基础数据，包括学生基本信息、教职工基本信息、课程信息等。该模块为其他功能模块提供基础的数据支持。

2. 业务管理模块

业务管理模块包括学生信息管理、教务管理、财务管理、人事管理等多个业务领域的管理功能。每个领域的管理都有相应的模块，以满足不同业务的需要。

3. 查询与统计模块

查询与统计模块为用户提供各种查询和统计功能，用户可以通过系统方便地查询学生信息、教学资源使用情况、财务数据等，并进行数据统计与分析。

4. 通知与消息模块

通知与消息模块用于学校向师生发布通知和消息，包括课程安排、校园活动、考试通告等。该模块支持多种通知方式，如短信、邮件、App 推送等。

5. 在线服务与学习模块

在线服务与学习模块为师生和家长提供在线服务和学习功能，包括成绩查询、在线缴费、课程表查询、在线学习等。这些功能通过校园网站和移动应用平台提供，方便用户随时随地获取所需信息和进行相关操作。

6. 安全与权限管理模块

安全与权限管理模块用于保障系统的安全性和数据的保密性。该模块包括用户身份认证、权限分配、数据加密等功能，以防止未经授权的访问和数据泄漏。

7. 智能决策支持模块

智能决策支持模块通过数据分析和挖掘技术，为学校管理层提供决策支持。该模块能够分析学生学业情况、教学资源利用情况等数据，为学校提供科学的决策建议。

8. 云服务与集成模块

云服务与集成模块通过云计算技术，提供灵活的系统部署和拓展方案。该模块还支持系统与其他校园管理系统、第三方服务的集成，实现信息的互通共享。

（四）校园信息化系统的技术实现

校园信息化系统的技术实现涉及多种技术和工具，主要包括以下几个方面：

1. 数据库技术

校园信息化系统需要存储大量的学生信息、教学资源信息等数据，因此，数据库技术是至关重要的。常用的数据库管理系统包括 MySQL、Oracle、SQL Server 等，通过数据库技术实现数据的高效存储和检索。

2. 网络技术

网络技术是校园信息化系统实现信息共享和在线服务的基础。采用高速、稳定的网络架构，确保用户在校内外能够方便地访问系统。

3. 云计算技术

云计算技术可以提供灵活的系统部署和扩展方案。学校可以选择将校园信息化系统部署在云平台上，实现资源的弹性调配和高可用性。

4. 移动应用开发技术

随着移动设备的普及，移动应用已经成为校园信息化系统的重要访问渠道之一。采用移动应用开发技术，如 React Native、Flutter 等，可以快速开发跨平台的移动应用。

5. 安全技术

信息安全是校园信息化系统建设的重中之重。采用加密技术、访问控制技术、安全审计技术等手段，确保系统的安全性和用户数据的隐私保护。

6. 大数据与人工智能技术

校园信息化系统可以借助大数据和人工智能技术实现更智能化的管理和服务。通过数据分析和挖掘，系统能够为学校提供更精准的决策支持和个性化服务。

7. 开放 API 与集成技术

采用开放 API 与集成技术，可以实现校园信息化系统与其他系统的无缝集成，促进信息的流通共享。这也为未来系统的拓展和升级提供了更大的灵活性。

（五）未来发展方向与挑战

1. 未来发展方向

（1）智能化与个性化

未来校园信息化系统将更加重视智能化和个性化的发展。通过引入人工智能技术，系统能够更好地理解用户需求，提供个性化的服务和建议。

（2）创新教学模式

校园信息化系统将成为创新教学模式的支撑平台。通过虚拟实验、在线学习、互动式教学等功能，系统将促进教育教学的创新与发展。

（3）跨校互通与资源共享

未来的系统将更加注重跨校互通和资源共享。学校之间可以通过信息化系统实现资源的互通共享，促进教育资源的优化利用。

2. 面临的挑战

（1）数据安全与隐私问题

随着信息量的不断增加，数据安全与隐私问题将成为一个更为严峻的挑战。学校需要加强信息安全管理，确保用户数据的安全和隐私。

（2）技术更新与升级

信息技术发展迅猛，系统需要不断更新和升级以适应新技术的发展。学校需要投入更多的人力和财力保持系统的先进性。

（3）教师与学生培训

系统的有效使用需要教师和学生具备一定的信息技术素养。学校需要加强培训工作，提升教师和学生的信息化水平。

（4）组织文化变革

校园信息化系统的使用需要学校进行组织文化的变革，推动信息化在学校管理和教学中的深入应用。

校园信息化系统作为学校管理和教学的重要工具，扮演着促进信息共享、提高效率、优化资源利用的角色。系统的架构涉及多个组成部分和功能模块，技术实现则需要利用数据库、网络、云计算、移动应用等多种技术手段。未来，系统将朝着智能化、个性化、创新教学模式、跨校资源共享等方向发展，但同时也面临着数据安全与隐私、技术更新与升级、教师与学生培训、组织文化变革等挑战。

二、数据集成与流程优化

随着信息技术的不断发展和应用，数据集成与流程优化成为企业和组织中关键的战略举措。数据集成旨在整合分散在不同系统和部门的数据，提高数据的可访问性和利用效率；

而流程优化则旨在通过重新设计和改进业务流程，提高工作效率、降低成本、提高服务质量。本书将深入探讨数据集成与流程优化的概念、意义、关键技术和未来发展趋势。

（一）数据集成的概念与意义

1. 数据集成的定义

数据集成是指将分散在不同系统、应用和地点的数据整合到一个一致的、可统一访问的数据集中，以支持企业决策、业务运营和信息共享。

2. 数据集成的意义

数据集成的意义主要体现在以下几个方面：

（1）实现全面的数据视图

通过使用数据集成，企业能够实现对各个业务部门和系统中的数据进行集中管理，形成全面的数据视图。这使得决策者能够更全面、准确地了解企业的运营状况。

（2）提高数据可访问性

数据集成使得数据在不同系统之间流动起来，提高了数据的可访问性。员工可以更便捷地获取所需的信息，从而更有效地开展工作。

（3）降低数据冗余

通过数据集成，可以避免同一数据在不同系统中的重复存储，减少数据冗余，提高数据的一致性和准确性。

（4）支持业务创新

数据集成为企业提供了更灵活的数据管理手段，支持业务创新。新的业务需求可以更快速地集成到现有系统中，提高了企业的敏捷性。

（二）数据集成的关键技术

1.ETL（Extract, Transform, Load）过程

ETL 是数据集成中的关键过程，包括数据抽取、转换和加载。这一过程确保从各个数据源中提取的数据能够在目标系统中被正确地存储和使用。ETL 工具如 Apache NiFi、Talend 等在数据集成中发挥着重要作用。

2. 数据仓库

数据仓库是一个集中存储企业各类数据的数据库，通过将数据集中存储，实现了对数据的一致性管理和统一查询。数据仓库通常包括数据清洗、建模、加载等过程，以支持复杂的查询和分析。

3.API（Application Programming Interface）

API 是不同系统之间实现数据通信的关键接口。通过 API，系统可以安全、高效地分享数据，实现数据的互通和集成。开放的 API 设计使得不同系统能够更好地协同工作。

4. 数据标准化与一致性

在数据集成过程中，确保数据的标准化和一致性是至关重要的。通过制定数据标准，可以降低数据集成的复杂度，提高数据的可理解性和可维护性。

（三）流程优化的概念与意义

1. 流程优化的定义

流程优化是指对企业或组织中的业务流程进行重新设计和改进，以提高工作效率、降低成本、提升服务质量。流程优化强调对现有流程的深度分析，并通过技术和管理手段实现流程的升级和优化。

2. 流程优化的意义

（1）提高工作效率

流程优化通过简化流程、减少冗余步骤，从而提高工作效率。员工能够更快速地完成任务，提高工作产出。

（2）降低成本

通过优化流程，企业可以降低运营成本。精简流程、提高资源利用效率，使得企业在实现相同业务效果的同时减少了投入。

（3）提升服务质量

流程优化有助于消除流程中的瓶颈和问题，提高服务的响应速度和质量。客户和合作伙伴能够更快地得到满足，提高了整体的服务水平。

（4）促进创新

流程优化不仅关注现有流程的改进，还有助于发现和引入新的技术、方法，促进业务创新。

（四）流程优化的关键技术

1. 流程建模与分析

流程建模是对业务流程进行可视化表示的过程，通过流程分析工具，可以深入了解业务流程中的每一个环节、每一步，发现潜在问题和改进点。

2. 自动化与数字化

自动化和数字化是流程优化的关键技术之一。通过引入自动化工具和数字化平台，可以实现任务的自动执行、信息的数字化传递，提高流程的效率和精度。3. 业务流程再设计（BPR）

业务流程再设计是对业务流程进行根本性的重新构思和调整，以实现业务流程的极大改进。这可能涉及组织结构的调整、角色的重新定义，以及技术的全新应用。

4. 持续改进与监控

流程优化是一个持续改进的过程，企业需要创建监控机制，及时发现流程中的问题和改进空间。通过数据分析和性能监控，企业能够对流程进行实时评估。

5. 人工智能与机器学习

人工智能和机器学习技术可以应用于流程优化中，通过分析大量的数据和模式，提供智能化的决策支持。例如，通过预测性分析，企业可以更好地调整生产计划和库存管理。

（五）数据集成与流程优化的协同作用

1. 数据支撑流程优化

数据集成为流程优化提供了重要的支持。流程中涉及的各种数据，可以通过数据集成实现快速、准确的共享。这使得流程中的决策更有依据，操作更为高效。

2. 流程优化促进数据集成

流程优化的过程中，会涉及各个环节和部门，而这些环节和部门通常都有各自的数据源。通过流程优化，可以促使企业更积极地进行数据集成，实现信息的流通和整合。

3. 共同服务业务目标

数据集成和流程优化的最终目标都是为了提高企业的整体运营效率和服务质量。通过协同作用，可以更好地实现共同的服务业务目标，使企业在激烈的市场竞争中更具竞争力。

（六）未来发展趋势

1. 数据集成的未来发展趋势

（1）多云环境下的数据集成

随着云计算的不断发展，未来数据集成将更多地面向多云环境。企业可能同时使用多个云平台，因此数据集成需要具备在不同云环境下灵活运行的能力。

（2）边缘计算与物联网数据集成

随着物联网技术的普及，边缘计算将成为一个重要的数据处理场景。数据集成需要适应边缘计算环境，实现对物联网设备生成的数据的高效集成和分析。

（3）数据集成与人工智能的深度融合

未来数据集成将更深度地融合人工智能技术。通过机器学习和自动化，数据集成可以更智能地处理不同数据源的映射和转换，提高数据集成的效率和准确性。

2. 流程优化的未来发展趋势

（1）智能流程自动化

未来流程优化将更加注重智能化。通过引入人工智能和自动化技术，企业可以实现更智能、更自动化的流程执行，减少人工干预，提高流程的效率。

（2）低代码 / 无代码开发

未来流程优化将更注重降低开发门槛。低代码 / 无代码开发平台的出现使得非专业开发人员也能参与流程的设计和改进，加快流程优化的速度。

（3）数据驱动的流程优化

未来流程优化将更加数据驱动。通过对流程中产生的数据进行分析，企业可以更好地理解流程的运作情况，找到潜在问题并进行改进。

数据集成与流程优化是组织在信息化时代面临的重要课题，它们相辅相成，协同作用，共同为组织提供更高效、更智能的业务运营和决策支持。随着技术的不断发展，数据集成和流程优化将朝着更智能、更自动化、更数据驱动的方向发展。企业需要紧跟时代潮流，不断优化自身的数据集成和业务流程，以适应竞争激烈的市场环境，取得更大的商业成功。

三、校园信息系统与其他模块的关联

校园信息系统是一个覆盖多个方面的综合性系统，与其他模块的关联密切，共同构建了一个有机的校园管理体系。本书将深入探讨校园信息系统与其他模块的关系，包括学生管理、教学管理、财务管理、人力资源管理等，以及这些关联如何促进校园管理的高效运作。

（一）学生管理模块与校园信息系统的关联

1. 学籍信息管理

学生管理模块与校园信息系统的首要关联在于学籍信息的管理。校园信息系统通过学生管理模块记录学生的基本信息、入学时间、学籍变动等，为学校提供全面、实时的学生信息。

2. 课程选课与成绩管理

学生在校园信息系统中进行课程选课，选课信息与学籍信息相互关联。系统能够记录学生所选课程、课程成绩等，为学校提供全面的学业管理服务。

3. 考勤与行为管理

通过校园信息系统的学生管理模块，学校能够进行学生考勤的记录，同时对学生的行为表现进行管理。这有助于学校对学生全面的管理和评估。

（二）教学管理模块与校园信息系统的关联

1. 课程安排与教室管理

教学管理模块与校园信息系统关联的一个重要方面是课程安排和教室管理。系统能够自动安排课程表，保障教室资源的合理利用，提高教学效率。

2. 教学资源管理

校园信息系统通过教学管理模块实现对教学资源的综合管理，包括教材、多媒体资源、实验室设备等。这有助于教学资源的有效利用和更新。

3. 在线教育与学习管理

随着数字化时代的不断发展，校园信息系统通过教学管理模块支持在线教育和学习管理。学生可以通过系统进行在线学习，教师能够方便地进行教学资源的上传和管理。

（三）财务管理模块与校园信息系统的关联

1. 学费管理与缴费记录

财务管理模块与校园信息系统关联的核心是学费管理。系统能够记录学生的学费信息，包括应缴费用、已缴费用等，方便学校进行财务核算。

2. 经费预算与支出管理

校园信息系统通过财务管理模块支持学校的经费预算和支出管理。学校能够对各项经费进行计划和管理，确保经济资源的合理利用。

3. 财务报表生成

财务管理模块与其他模块的关联还表现在财务报表的生成。系统能够自动生成各类财务报表，包括资产负债表、损益表等，为学校领导提供全面的财务信息。

（四）人力资源管理模块与校园信息系统的关联

1. 教职工档案管理

人力资源管理模块与校园信息系统的一个重要关联点在于教职工档案管理。系统能够记录教职工的基本信息、聘用合同、工作履历等，方便学校进行人事管理。

2. 招聘与招生管理

通过人力资源管理模块，学校可以进行招聘和招生管理。系统支持发布招聘信息、管理招聘流程，并记录招生信息，为学校提供人才和生源的信息支持。

3. 考勤与绩效管理

人力资源管理模块与考勤、绩效管理关联，系统能够记录教职工的考勤情况和绩效表现，为学校提供全面的人事信息，支持绩效考核与薪酬管理。

（五）校园信息系统与其他辅助模块的关联

1. 图书馆管理模块

校园信息系统与图书馆管理模块关联，支持学生图书借阅、图书信息管理等功能，实现学校图书馆的数字化管理。

2. 实验室与设备管理模块

系统通过实验室与设备管理模块支持实验室和设备的预约、借用、维护等管理，确保实验室资源的有效利用。

3. 学生宿舍管理模块

校园信息系统与学生宿舍管理模块关联，快速实现学生宿舍的分配、入住管理，提供学生宿舍信息的实时监控。

（六）校园信息系统的综合作用

校园信息系统通过以上模块的关联，实现了校园管理的全面信息化。其综合作用主要体现在以下几个方面：

1. 提高管理效率

校园信息系统的综合作用可以显著提高学校的管理效率。通过学生管理模块，学校可以快速获取学生的基本信息，轻松处理学籍变动，实现对学生的全方位管理，在教学管理模块的支持下，课程安排和教室利用得以优化，教学资源得到充分利用，提高了教学效果。同时，财务管理模块为学校提供了财务核算的工具，经费预算和支出管理更加精准，财务报表的自动生成也减轻了工作负担。人力资源管理模块则使得教职工档案、招聘招生、考勤绩效等方面的管理更为便捷，提高了人事工作效率。

2. 促进信息共享

不同模块之间的关联促进了校园信息的共享。学生的选课信息、成绩信息与学籍信息相互关联，教职工的考勤与绩效信息也与人事档案相互关联。这种信息的关联性使得学校各个部门之间能够更好地共享信息，减少信息孤岛，提高决策的准确性和及时性。

3. 支持数据分析与决策

校园信息系统关联的各个模块产生了大量的数据，这些数据可以通过系统内置的分析工具进行综合分析。例如，学校可以通过学生管理模块的数据分析学生的学业成绩、行为表现，通过教学管理模块的数据分析教学资源利用情况，通过财务管理模块的数据进行经济预测。这些分析结果为学校领导提供了有力的决策支持，有助于制定更科学的管理策略。

4. 强化安全与隐私保护

校园信息系统的各个模块关联的同时，也需要强调信息安全和隐私保护。学生的个人信息、教职工的档案信息等都属于敏感数据，系统需要采取严格的安全措施，保障信息不被非法获取和滥用。加强用户权限管理、数据加密等措施是确保系统安全性的重要手段。

（七）面临的挑战与未来发展趋势

1. 面临的挑战

（1）数据一致性与完整性

不同模块之间的数据关联需要保证一致性与完整性，确保数据的准确性。数据在不同模块之间的传递和更新可能面临同步不及时、数据不一致的问题。

（2）系统集成与兼容性

随着信息系统的不断升级和变革，不同模块的系统可能存在兼容性问题。系统集成需要考虑到不同系统的融合，确保信息系统的整体性和协同性。

（3）用户培训与适应

校园信息系统涉及多个模块，用户需要熟练掌握各个模块的使用方法。所以，用户培训与适应成为一个重要挑战，需要投入时间和资源进行培训。

2. 未来发展趋势

（1）智能化与人工智能应用

未来，校园信息系统将更加注重智能化的发展，引入人工智能技术用于数据分析、决策支持、学生个性化辅导等方面，提升系统的智能化水平。

（2）移动化与云端服务

移动化是未来校园信息系统发展的趋势之一。学校信息系统将更多地基于移动终端，实现随时随地的信息访问。同时，云端服务的应用将带来更大的灵活性和可扩展性。

（3）多模块集成与模块化设计

未来的校园信息系统将更加注重多模块集成与模块化设计，不同模块之间的集成更加灵活，方便学校根据自身需求进行系统定制和扩展。

（4）数据安全与隐私保护

随着信息泄露和隐私问题的不断增多，未来校园信息系统将更加重视数据安全与隐私保护。加强系统的安全措施、采用先进的加密技术成为未来发展的必然趋势。

校园信息系统与其他模块的关联构建了一个高效、智能的校园管理体系。学生管理、教学管理、财务管理、人力资源管理等模块相互关联，共同为学校提供了全面的信息支持。然而，关联也面临一些挑战，包括数据一致性、系统集成与兼容性、用户培训与适应等方面。

第二节　安全管理与事件预警

一、安全管理体系建设

随着社会的不断发展和信息技术的普及应用，安全管理成为各个领域关注的焦点之一。建立健全的安全管理体系是确保组织安全运营的重要保障。本书将深入探讨安全管理体系的建设，包括其定义、重要性、关键要素、建设步骤以及未来发展趋势，以期为各类组织提供指导和启示。

（一）安全管理体系概述

1. 安全管理体系的定义

安全管理体系是指为了有效预防、管理和控制组织内外的各种安全风险，创建的一套包括组织结构、责任、政策、流程、程序、监测和改进等要素的综合管理体系。

2. 安全管理体系的重要性

建立安全管理体系的重要性主要体现在以下几个方面：

（1）保障人员和财产安全

安全管理体系的首要目标是保障人员和财产的安全。通过利用科学合理的管理手段，能够有效降低事故和灾害发生的概率，最大限度地减少人员和财产的损失。

（2）提高组织运营效率

安全管理体系有助于规范组织内部的运营流程，减少事故和突发事件对业务的干扰。提高运营效率不仅能够降低成本，还能提升组织的竞争力。

（3）符合法规与标准要求

建立安全管理体系有助于组织符合相关法规和标准的要求。不同行业和地区可能有不同的安全法规，通过建设安全管理体系，组织能够更好地遵守法规，降低法律风险。

（4）塑造组织文化

安全管理体系有助于塑造积极的安全文化。通过强调安全责任、意识和培训，可以使组织的员工形成对安全的高度重视和共识，提高员工的安全素养。

（二）安全管理体系的关键要素

1. 安全政策与目标

安全管理体系的建设始于明确的安全政策与目标，组织需要制定明确的安全政策，明确安全的核心价值和原则，并设定明确的安全目标，为安全管理体系的建设提供明确的方向。

2. 组织结构、责任与资源

建立适应组织规模和结构的安全管理体系，明确安全管理的组织结构和各个层级的责任。同时，保障足够的资源被分配用于安全管理，包括人力、物力、财力等。

3. 安全风险评估与控制

安全管理体系需要包含全面的安全风险评估与控制机制。通过对组织内外的潜在安全风险进行科学评估，采取相应的控制措施，降低风险对组织的影响。

4. 安全培训与意识

建设安全管理体系需要关注员工的安全培训与意识提升。培养员工对安全的敏感性和紧迫感，确保员工在工作中具备正确的安全知识和行为。

5. 安全监控与检查

安全监控与检查是安全管理体系的重要环节。通过建立有效的监控机制，可以及时发现潜在的安全问题，采取相应的纠正措施，确保组织的安全状况得到持续的监测和改进。

6. 紧急响应与应急预案

在建设安全管理体系时，制定完善的紧急响应与应急预案是至关重要的。通过制定预案，明确各类紧急情况下的应急措施和责任分工，可以有效减轻事故带来的损失。

7. 安全绩效评估与改进

建设安全管理体系不仅仅是一个静态的过程，而且更是一个动态的循环。通过建立安全绩效评估机制，定期对安全管理体系的运行效果进行评估，及时发现问题并进行改进。

（三）安全管理体系建设步骤

1. 制定安全政策与目标

安全管理体系建设的第一步是制定明确的安全政策与目标。安全政策应当符合组织的价值观和法规要求，为后续的建设提供基础。

2. 设立安全管理小组

建设安全管理体系需要设立专门的安全管理小组，明确各个成员的职责和任务。该小组将成为整个安全管理体系建设的推动力量。

3. 进行安全风险评估

通过对组织内外的安全风险进行评估，识别潜在的威胁和薄弱环节。评估结果将为后续的控制措施提供依据。

4. 制定安全管理计划

结合风险评估的结果，制定详细的安全管理计划。该计划应当包括具体的控制措施、培训计划、监测方案等。

5. 实施安全培训

安全培训是安全管理体系建设的重要环节。对组织内的员工进行全面、系统的安全培训，提高员工的安全意识和操作水平。

6. 建立安全监控机制

建立安全监控机制，包括对组织内部流程的监控和对外部环境的监控。及时发现潜在风险，采取措施进行控制。

7. 制定应急预案

制定全面的应急预案，包括各类紧急事件的处理流程、通讯方案、应急资源调配等。保障在紧急情况下组织能够迅速、有序地做出应对。

8. 进行安全绩效评估

创建安全绩效评估机制，定期对安全管理体系的运行效果进行评估。根据评估结果，及时调整和完善安全管理体系。

9. 持续改进

安全管理体系建设是一个不断改进的过程。组织需要持续关注安全管理体系的运行情况，根据反馈信息和绩效评估结果进行调整和改进。

（四）未来发展趋势

1. 数据驱动的安全管理

未来，安全管理体系将更加注重数据的应用。通过引入大数据、人工智能等技术，实现对安全数据的分析和挖掘，提升安全管理的精确性和实效性。

2. 智能化安全监测

随着物联网技术的发展，未来安全管理体系将更加智能化。通过各类传感器、监控设备等实现对组织内外安全情况的实时监测，为预防和应对安全风险提供更多数据支持。

3. 多元化培训手段

未来安全培训将更加多元化。除传统的培训方式外，如在线培训、虚拟现实培训等将成为安全培训的重要组成部分，提高培训的灵活性和互动性。

4. 法规合规与国际标准一体化

未来，安全管理体系将更加密切地与相关法规和国际标准相结合。组织需要不断更新安全管理体系，确保符合法规要求，提高国际竞争力。

5. 区块链技术应用

区块链技术的应用将为安全管理体系提供更安全、透明的信息存储和传递方式。尤其在安全事件溯源、信息防篡改等方面，区块链技术有望发挥重要作用。

安全管理体系的建设是组织确保安全运营的基础和保障。通过明确的安全政策与目标、综合的安全要素、科学的建设步骤，组织能够建立起一个健全的安全管理体系，提高对各类安全风险的预防和控制能力。在未来，随着科技的不断发展和社会的变革，安全管理体系将迎来更多的机遇和挑战。

安全管理体系建设需要组织高层的重视和全员的参与，同时要注重与时俱进，及时调整和改进体系。通过数据驱动、智能化监测、多元化培训等手段，可以更好地适应不断变化的安全环境，提高安全管理的效能。

在未来，全球化的合作与交流将更为频繁，安全管理体系的国际标准化和法规合规将更加重要。组织需要关注国际安全标准的更新，确保自身安全管理体系与国际接轨，提升全球竞争力。

区块链技术的应用为安全管理体系带来了新的可能性，尤其是在信息安全和溯源方面。通过引入区块链技术，可以增强数据的安全性和可信度，防范信息篡改和恶意攻击。

总体而言，安全管理体系建设是一个动态、复杂的过程，需要不断学习和适应新的挑战。通过科学合理的建设步骤、全员的参与和持续的改进，组织能够更好地应对各类安全风险，实现安全、稳定、可持续的发展。

二、大数据在事件预警中的应用

随着信息技术的不断进步和社会的不断发展，大数据技术逐渐成为各个领域的关键工具之一。在灾害、安全和风险管理等方面，事件预警是一项至关重要的任务。大数据的引入为事件预警提供了新的可能性和机遇。本书将深入探讨大数据在事件预警中的应用，包括其定义、关键技术、成功案例以及未来发展趋势，旨在为相关领域的决策者和研究者提供深入的洞察和启示。

（一）大数据在事件预警中的定义

1. 事件预警概述

事件预警是指在某种事件发生之前或在早期阶段，通过收集、分析和解释相关信息，向相关利益方提供关于可能发生的事件的警告信息。事件可以包括自然灾害、社会安全事件、疫情爆发等多种类型。

2. 大数据在事件预警中的角色

大数据在事件预警中扮演着关键的角色。通过处理庞大、多样的数据集，大数据技术能够提供更为精准、实时的事件预测和预警信息。其主要作用包括：

实时监测：大数据技术可以实时监测各类数据源，包括社交媒体、传感器数据、气象数据等，以捕捉事件发生的初期迹象。

多源数据整合：大数据平台能够整合来自不同领域和来源的数据，实现全面、综合的信息分析，提高预警的全局性和准确性。

模型建设：利用大数据技术构建预测模型，通过对历史数据和实时数据的分析，识别事件的潜在模式和规律。

预警推送：大数据系统可实现智能化的预警信息推送，确保及时将关键信息传递给相关利益方，提高应对事件的效率。

（二）大数据在事件预警中的关键技术

1. 数据采集与整合技术

大数据事件预警的第一步是数据的采集和整合，这涉及多源数据的获取，包括传感器数据、社交媒体数据、卫星遥感数据等。采用先进的数据整合技术，将这些异构数据整合成一个可供分析的统一数据集。

2. 实时数据处理技术

实时性对于事件预警至关重要。大数据平台需要具备实时数据处理技术，能够在数据源不断产生的情况下，快速准确地进行数据分析和处理。公式计算、实时数据库等技术在此方面发挥关键作用。

3. 数据挖掘与机器学习技术

数据挖掘和机器学习是大数据事件预警中的核心技术。通过对历史数据的分析，挖掘其中的规律和模式，构建预测模型。机器学习算法能够自动学习和适应新的数据，提高预测的准确性。

4. 空间信息技术

对于一些事件，尤其是自然灾害和地理相关的事件，空间信息技术是不可或缺的。地理信息系统（GIS）等技术可以帮助分析地理位置上的数据，提供更为精准的事件发生地点信息。

5. 多模态数据融合技术

大数据事件预警通常涉及多种数据类型，包括文本、图像、视频等。多模态数据融合技术可以将这些不同类型的数据融合在一起，提供更全面的信息。

（三）大数据事件预警的成功案例

1. 疫情预警

在疫情爆发初期，大数据技术被广泛用于疫情的预测和监测。通过分析社交媒体上的言论、医院就诊数据、流动人口数据等多维度数据，科学家们成功预测了疫情的传播趋势，提前采取措施进行防控。

2. 气象灾害预警

气象灾害如飓风、暴雨等具有突发性，大数据技术在气象监测中发挥了关键作用。通过实时监测气象数据、卫星图像等，大数据平台能够提前发现气象异常，向相关区域发布及时的灾害预警。

3. 交通事故预警

基于大数据的交通事故预警系统通过分析交通流量、道路状况、车辆速度等数据，预测交通事故可能发生的区域和时间段。这有助于交通管理部门采取措施降低事故风险，提高交通安全性。

（四）大数据事件预警的未来发展趋势

1. 边缘计算与物联网融合

未来，大数据事件预警将更加注重边缘计算和物联网技术的融合。通过在数据源的边缘进行实时处理和分析，可以延缓数据传输延迟，提高预警的响应速度。物联网设备的广泛应用也为事件预警提供了更多实时数据源，丰富了预测模型的输入信息。

2. 人工智能的深度应用

随着人工智能技术的不断发展，未来大数据事件预警将更加深度应用人工智能。深度学习等技术可以处理更复杂的数据类型，识别更微小的事件迹象，提高预测的准确性。人工智能还可以自动化决策过程，加速应对事件的反应速度。

3. 社交媒体分析的进一步整合

社交媒体已成为信息传播的重要平台，未来大数据事件预警将进一步整合社交媒体分析。通过分析社交媒体上的言论、情感信息，可以更准确地了解事件的社会影响和公众反应，为决策提供更多参考。

4. 数据隐私和安全的加强

随着大数据应用范围的扩大，数据隐私和安全问题变得尤为重要。未来的发展趋势之一是加强对大数据事件预警系统中数据隐私和安全的保护。采用加密、权限控制等手段，确保敏感信息不被滥用和泄露。

5. 跨领域合作与标准化

为了更好地应对跨领域事件，未来大数据事件预警将强调跨领域合作。各领域的数据共享和整合将成为推动大数据事件预警效能提升的关键因素。同时，标准化的制定和推广将促使不同系统间的互操作性，实现更广泛的应用。

大数据在事件预警中的应用已经展现出巨大的潜力，并在多个领域取得了显著的成功。通过数据的全面采集、实时处理、多维分析等，大数据技术为事件预警提供了更为全面、准确的信息，有力地支持了决策制定和风险管理。

未来，随着边缘计算、物联网、人工智能等技术的不断发展，大数据事件预警将进一步提升其预测和响应能力。同时，对数据隐私和安全的关注将推动相关技术的发展，确保大数据事件预警系统的可信度和可持续性。

在实际应用中，需要注意合理使用大数据技术，充分考虑数据伦理和法规遵循。通过多方合作，建立跨领域的数据共享机制，共同应对社会面临的各类风险与挑战。大数据事件预警的不断发展将为社会安全和风险管理带来更多创新和改进的机会。

三、预警响应与危机管理

预警响应与危机管理是现代社会面临各类风险与威胁时必不可少的关键环节。预警系统的建立与响应机制的高效运作能够有效减轻灾害、降低损失，并为危机管理提供有力支持。本书将深入探讨预警响应与危机管理的概念、重要性、关键要素，以期为相关领域的决策者和研究者提供深入的监察和指导。

（一）预警响应与危机管理概述

1. 预警响应的定义

预警响应是指在面临潜在威胁或危险时，通过系统的监测和分析，向相关利益方及时发出预警信息，以启动有效的应对措施，最大限度地减少损失和风险。预警响应系统通常包括信息收集、分析、传递和应对等环节。

2. 危机管理的定义

危机管理是一种系统性、综合性的管理方式，旨在预防、应对和恢复各类危机事件，保障人员、财产和环境的安全。危机管理涉及多个层面，包括制定应急预案、组建危机应对团队、进行模拟演练等，以确保在危机发生时能够迅速、有序地做出反应。

（二）预警响应的重要性

1. 提前预知风险

预警响应系统的主要目标之一是提前预知各类风险和潜在危险。通过实时监测和分析，系统能够识别事件的初期迹象，为相关利益方提供足够的时间来做出反应和准备。

2. 降低损失与风险

在危机发生前能够及时预警并采取相应措施，可以有效降低损失和风险。及时的响应能够缩小危机影响的范围，减少财产和人员的损失。

3. 提高决策效率

预警响应系统能够提供全面、实时的信息，有助于决策者更加迅速、准确地做出决策。这有助于高效应对不同类型的危机事件，降低管理层面的不确定性。

4. 增强社会稳定

预警响应系统的建立有助于增强社会的稳定性。通过向公众传递及时、可靠的信息，能够减少恐慌和不确定性，维护社会的秩序和稳定。

（三）预警响应与危机管理的关键要素

1. 先进的监测与传感技术

先进的监测与传感技术是预警响应系统的基础。包括气象监测、地质监测、社交媒体分析等多种技术手段，用于实时获取各类信息，识别危险事件的迹象。

2. 数据分析与模型建设

数据分析与模型建设是提高预警准确性的关键。通过对历史数据和实时数据的分析，建立预测模型，识别事件发生的规律和趋势。

3. 高效的信息传递与沟通机制

及时、准确的信息传递是预警响应的核心。建立高效的信息传递与沟通机制，确保预警信息能够迅速传达给相关利益方，提高响应速度。

4. 应急预案与危机团队

制定科学合理的应急预案，并组建专业危机团队是危机管理的重要组成部分。应急预案应包括各类事件的处理流程、责任分工、资源调配等内容，确保在危机发生时能够有效应对。

5. 多层次、全方位的培训与演练

预警响应系统的实际效果与相关人员的培训水平和应对经验密切相关。通过多层次、全方位的培训与演练，提高人员的应对能力和协同配合水平。

预警响应与危机管理是现代社会安全体系的重要组成部分，其有效性直接关系到公众的生命安全和财产安全。通过建立先进的预警响应系统和科学合理的危机管理机制，社会能够更好地应对各类风险和威胁，最大程度地减轻灾害带来的影响。

第三节　校园设施智能化与维护

一、设施智能化技术应用

随着信息技术的迅速发展，设施智能化技术在各个领域得到了广泛应用。设施智能化旨在通过引入先进的技术和系统，提高设施的效率、安全性和可持续性。本书将深入探讨设施智能化技术的定义、关键应用领域、核心技术要素、优势与挑战，以及未来发展趋势，旨在为相关领域的决策者和研究者提供深入的了解和指导。

（一）设施智能化技术概述

1. 设施智能化的定义

设施智能化是指通过整合先进的信息技术、传感器技术、自动化技术等，使设施能够实现更智能、高效、便捷的运行和管理。这包括但不限于建筑物、交通系统、工业设备、能源系统等各类设施。

2. 设施智能化的关键特点

自动化控制：设施智能化系统通过自动化控制实现对设备和系统的智能管理，减少人工干预，提高效率。

数据采集与分析：利用传感器、监测设备等，实时采集设施运行数据，并通过数据分析为决策提供支持，优化运行策略。

互联互通：设施智能化系统通过互联网和通信技术，实现设施内各个部分的互联互通，实现协同工作和信息共享。

用户体验提升：设施智能化不仅关注运行效率，还注重提升用户体验，如智能家居系统提供的便利性和舒适性。

（二）设施智能化技术应用领域

1. 智能建筑

智能建筑是设施智能化的一个典型应用领域。通过智能建筑系统，可以实现对建筑内部照明、空调、安全系统等的智能控制。感知技术和能源管理系统的引入有助于提高建筑的有效性，降低运行成本。

2. 智能交通

在交通领域，设施智能化技术的应用可以提高交通流的效率和安全性。智能交通系统通过实时监测交通流、智能信号灯控制、智能公交调度等手段，优化交通流动，减少拥堵和事故发生。

3. 智能工业设备

在工业生产中，设施智能化技术的应用能够提高生产线的自动化程度和生产效率。通过引入工业物联网、智能传感器等技术，实现对生产设备的远程监测和智能控制，减少故障和提高设备利用率。

4. 智能能源系统

智能能源系统利用先进的能源管理技术，结合可再生能源和储能技术，实现对能源的高效利用和分布式能源管理。这包括智能电网、智能家居能源管理系统等。

5. 智能城市

智能城市是设施智能化的综合应用，涵盖了建筑、交通、能源、环境监测等多个方面。通过智能城市平台，实现对城市各个方面的数据集成和综合管理，提高城市运行的智能性和可持续性。

（三）设施智能化技术的核心要素

1. 传感器技术

传感器技术是设施智能化的基础，用于采集各类环境数据，如温度、湿度、光照等。这些传感器可以通过物联网连接，将实时数据传输到智能系统，为设施的智能控制和决策提供准确的输入。

2. 人工智能与机器学习

人工智能（AI）和机器学习（ML）在设施智能化中扮演重要角色。通过使用 AI 算法和 ML 模型，系统可以分析大量数据，识别模式，做出智能决策。在智能建筑中，可以通过学习用户的行为习惯，实现智能照明和温度的个性化调整。

3. 云计算与大数据

云计算和大数据技术为设施智能化提供了强大的计算和存储支持。设施产生的海量数据可以通过云平台进行存储和分析，实现对数据的高效管理和利用。云计算还支持设施之间的互联互通，实现集中式管理和协同工作。

4. 通信技术

设施智能化依赖于各个设备和系统之间的高效通信。通信技术包括无线通信、物联网通信等，能够实现设施内部和设施之间的信息传递。高效的通信技术是实现设施智能化的关键。

5. 自动化控制系统

自动化控制系统是设施智能化的执行者，负责根据传感器数据和智能算法做出实际控制。这包括智能建筑中的自动化控制系统、工业生产中的 PLC（可编程逻辑控制器）等。

（四）设施智能化技术的优势与挑战

1. 优势

（1）提高效率

设施智能化技术能够自动化管理和控制，提高设施运行的效率。在智能建筑中，自动化的照明和空调控制能够根据环境变化实时调整，减少能源浪费。

（2）降低成本

通过设施智能化，可以实现设备的远程监测和预测性维护，降低设备故障带来的停机成本。在智能工业中，生产过程的优化还能降低生产成本。

（3）提升用户体验

在智能建筑和智能城市中，设施智能化技术能够提升用户体验。智能家居系统可以根据用户的需求调整环境，智能交通系统能够提供更便捷的出行服务。

（4）环保与可持续

设施智能化有助于提高能源的高效利用，减少浪费。智能能源系统的应用还可以促进可再生能源的集成，实现对环境的友好管理。

2. 挑战

（1）安全与隐私问题

设施智能化涉及大量敏感数据，安全与隐私问题是一个重要的挑战。确保设施智能化系统的安全性，防范网络攻击和数据泄露是必要的。

（2）技术标准和互操作性

设施智能化技术尚缺乏统一的技术标准，不同厂商的产品存在互操作性的问题。这导致了设备和系统之间的集成困难，增加了设施智能化的实施难度。

（3）投资与回报

设施智能化的实施需要大量的投资，包括设备更新、系统集成、培训等。企业需要权衡投资与回报，确保实施的智能化方案能够在长期内创造价值。

（4）社会接受度和教育

部分人可能对新兴的智能化技术感到陌生或抵触，需要通过教育和宣传提高社会对设施智能化的接受度。用户教育和培训也是提高设施智能化效果的重要环节。

（五）未来发展趋势

1. 边缘计算和物联网融合

未来设施智能化将更加注重边缘计算和物联网的融合。通过在设施内部引入边缘计算，可以实现更快速的数据处理和决策。物联网的发展也将丰富设施的数据源，提高智能化系统的感知能力。

2. 人工智能的广泛应用

随着人工智能技术的不断发展，将更广泛地应用于设施智能化。深度学习等技术可以处理更复杂的场景和数据，提高设施智能化系统的智能水平。在智能建筑中，可以通过人工智能实现更智能的能源管理和用户服务。

3. 区块链技术保障安全与隐私

为解决安全与隐私问题，未来设施智能化技术将更多地应用区块链技术。区块链的去中心化、不可篡改的性质有助于建立安全可信的数据交换和存储机制。通过区块链，可以确保设施智能化系统的数据安全，提高用户信任度。

4. 生态系统的集成

未来设施智能化技术将更注重构建设施智能化生态系统。不同设施之间、不同厂商之间的集成将变得更加顺畅，形成一个协同工作的整体。生态系统的建设有助于解决互操作性和技术标准的问题，推动设施智能化技术的共同进步。

5. 可持续发展

可持续发展将成为设施智能化的重要方向。在智能建筑中，通过能源管理、废物处理等手段实现绿色建筑。在智能交通中，通过优化交通流、鼓励绿色出行实现可持续的城市交通。设施智能化技术将更多地应用于推动社会朝着可持续方向发展。

6. 社会治理与智能城市

设施智能化技术将成为构建智能城市的核心。通过整合设施智能化系统，实现城市资源的高效利用、环境的智能监测和社会服务的智能化。智能城市将更好地应对城市化带来的挑战，提升城市的综合治理水平。

设施智能化技术作为信息技术的重要应用领域，正在深刻改变我们生活和工作的方式。通过引入先进的传感器技术、人工智能、云计算等，设施可以变得更加智能、高效、可持续。

然而，设施智能化技术的发展依然面临一系列挑战，包括安全与隐私问题、技术标准与互操作性、投资与回报等。为了更好地推动设施智能化技术的发展，需要各方共同努力，建立统一的技术标准，解决安全问题，提高社会对智能化技术的接受度。

未来，设施智能化技术将更加普及，成为建设智能城市、推动可持续发展的关键工具。通过持续创新和合作，设施智能化技术将不断演变，为我们创造更加智能、便捷、环保的未来。

二、大数据在设施维护中的作用

设施维护是保障设施正常运行、延长设施寿命、提高设施性能的关键活动。传统的设施维护依赖于经验和定期检查，但随着大数据技术的发展，越来越多的组织开始将大数据引入设施维护的过程中。大数据在设施维护中的作用不仅提高了维护的效率和准确性，还为预测性维护和智能化设施管理提供了可能。本书将深入探讨大数据在设施维护中的关键作用，包括数据采集、分析与预测、实时监测、资源优化等方面，旨在全面理解大数据在设施维护中的应用价值。

（一）大数据在设施维护中的数据采集

1. 传感器技术的应用

大数据在设施维护中的第一步是通过传感器技术实现数据的实时采集。传感器可以监测设施内各种参数，如温度、湿度、压力、振动等。这些传感器产生的数据被称为设施的生产数据。传感器技术的应用使得设施可以实时获取大量的运行数据，为后续的分析和决策提供了参考。

2. 数据采集的自动化

大数据技术可以帮助实现数据采集的自动化。传感器产生的数据可以通过自动化系统实时上传到数据库或云平台中，无须人工干预。这样可以确保数据的及时性和准确性，同时降低了人工采集成本，提高了维护数据的密度和全面性。

3. 多源数据整合

除了设施内部的传感器数据，大数据还可以整合其他多源数据，包括供应链数据、设备制造商数据、历史维护记录等。通过整合多源数据，可以为设施维护提供更全面的信息基础，帮助维护人员更全面地了解设施的运行状况。

（二）大数据在设施维护中的数据分析与预测

1. 故障诊断与预测性维护

大数据分析在设施维护中发挥了关键作用，特别是在故障诊断和预测性维护方面。通过对设施产生的海量数据进行分析，可以识别潜在的故障模式和趋势。基于这些分析，维护人员可以提前预测设施可能发生的故障，并采取预防性措施，避免设施的停机和生产中断。

2. 数据挖掘与模式识别

大数据技术支持数据挖掘和模式识别，帮助识别设施运行中的隐藏问题。通过对历史数据的挖掘，可以发现设施运行中的规律和异常。这有助于维护人员更好地了解设施的运行状态，及时发现潜在问题，并制定相应的维护策略。

3. 成本效益分析

大数据分析还可以支持设施维护的成本效益分析。通过对维护数据的分析，可以评估不同维护策略的成本与效益。这有助于制定合理的维护计划，优化维护资源的分配，降低维护成本，提高设施的整体效益。

（三）大数据在设施维护中的实时监测

1. 实时监测设备状态

大数据技术支持设施维护中的实时监测。通过实时监测设备状态，维护人员可以随时了解设施内各个设备的运行状况。一旦发现异常，可以立即采取措施，避免问题的进一步恶化。这有助于提高设施的运行可靠性和稳定性。

2. 预警与报警系统

大数据分析的结果可以用于建立预警与报警系统。一旦发现可能导致故障的趋势或异常模式，系统可以自动发出警报，通知维护人员及时采取行动。这种实时的预警系统可以帮助维护人员更早地发现并处理潜在问题，降低设施停机的风险。

3. 实时反馈与调整

通过实时监测和反馈，大数据技术可以支持设施维护中的实时调整。维护人员可以根据实时监测的数据对设备进行实时调整，优化设施运行参数，提高设施的效率。这种实时的反馈和调整有助于及时应对设施运行中的变化和波动。

（四）大数据在设施维护中的资源优化

1. 设备维护计划优化

大数据在设施维护中的一个重要作用是优化设备维护计划。传统的维护计划通常是基于定期检查或经验制定的，而大数据分析可以更精确地确定设备的维护时机。通过分析设备的历史数据、运行状况和使用情况，可以制定基于实际需求的个性化维护计划。这样的计划能够最大程度地延长设备的寿命，减少不必要的维护成本。

2. 资源分配与调度优化

大数据分析还可以帮助优化维护资源的分配与调度。通过分析设施维护历史数据和实时监测信息，系统可以确定维护任务的紧急程度和重要性，以及所需的维护资源。这有助于实现维护人员的合理调度，确保在需要时有足够的人力和物力支持，提高维护的效率和响应速度。

3. 库存管理与备件优化

大数据技术还可以在设施维护中优化库存管理和备件使用。通过分析设备的故障模式和维护历史，可以预测哪些备件更容易损坏或需要更频繁更换。这使得维护团队可以合理安排备件的采购和库存管理，避免因备件不足导致维护延误或成本增加的问题。

4. 能源利用优化

大数据分析对于设施能源利用的优化也起到了关键作用。通过实时监测能源消耗和分析设备运行数据，可以识别能源浪费的地方，并提供改善建议。这有助于设施在能源利用上更加高效，降低能源成本，符合可持续发展的要求。

（五）大数据在设施维护中的效益与挑战

1. 效益

（1）提高维护效率

大数据的引入使设施维护过程更加智能化和高效化。通过实时监测、数据分析和预测性维护，维护人员能够更快速地发现问题、定位故障，从而提高维护效率。

（2）降低维护成本

大数据分析的结果有助于建立合理的维护计划和优化资源分配，避免了不必要的维护活动，降低了维护成本。通过预测性维护，可以避免突发故障造成的停机，减少生产损失。

（3）延长设备寿命

通过定制的维护计划、及时的故障诊断和预测性维护，大数据技术有助于延长设备的寿命。这减少了设备更换的频率，提高了资产的利用率。

（4）提高设备运行可靠性

实时监测和预警系统的建立，使设施能够更及时地发现潜在问题，减少了设备突发故障的风险，提高了设备运行的可靠性。

2. 挑战

（1）数据隐私与安全

大数据在设施维护中的广泛应用涉及大量敏感数据。因此，数据隐私和安全成为一个重要的挑战。确保设备数据的安全性、隐私性，防范数据泄露和恶意攻击是需要解决的问题。

（2）技术标准和互操作性

设施维护中使用的各类设备和系统可能来自不同厂商，存在互操作性的问题。缺乏统一的技术标准使得这些系统难以无缝集成，增加了维护的复杂度。

（3）人员培训与适应

大数据技术的应用需要维护人员具备相关的技术和知识。为了确保大数据系统的有效使用，需要对维护人员进行培训，使其适应新的工作方式和技术环境。

（4）初始投资与 ROI

引入大数据技术需要初始的投资，包括硬件、软件、培训等方面。在投资的初期，可能需要一定时间才能实现明显的回报。这对一些中小型企业来说可能是一项考验。

大数据在设施维护中的应用为传统的维护方式带来了革命性的变化。通过实时监测、数据分析和预测性维护等，设施维护不再是被动的、依赖经验的过程，而是变得更加智能、高效和精准。大数据技术不仅提高了维护的效率和准确性，同时也降低了维护成本，延长了设备寿命，提高了设备运行的可靠性。

然而，引入大数据技术也面临一系列挑战，包括数据隐私与安全、技术标准和互操作性、人员培训与适应等问题。解决这些挑战需要综合运用技术手段、建立标准规范，同时注重人才培养和组织文化的转变。

未来，随着人工智能、边缘计算、区块链等新兴技术的不断发展，设施维护将迎来更多创新。多模态数据的整合、可视化与虚拟现实技术的应用将使设施维护变得更加智能、直观。通过持续创新和技术整合，设施维护将迎来更加智能化和可持续的未来。

第四节　学生生活服务与社会活动

一、学生生活服务平台建设

随着教育信息化的不断推进，学生生活服务平台的建设逐渐成为高校和教育机构关注的重要领域。这一平台旨在为学生提供全方位的生活服务，包括校园生活信息发布、社交互动、校园资源管理等功能。本书将深入探讨学生生活服务平台的建设，从需求分析、平台功能设计、技术支持、数据隐私与安全、未来发展趋势等方面展开讨论，旨在全面理解学生生活服务平台的关键要素及其在教育管理中的作用。

（一）需求分析

1. 学生生活服务的多样性需求

学生在校园中生活的方方面面都涉及服务需求，包括但不限于课程信息、社交活动、校园资源利用等。因此，学生生活服务平台需要全面了解学生的多样性需求，以满足不同学生群体的实际生活需求。

2. 社交与互动需求

学生期望通过平台与同学、教师、校友等建立更紧密的社交关系。因此，平台需要提供社交互动的功能，包括群组讨论、活动发布、校内社交网络等，以促进校园内各层次的交流。

3. 信息透明和及时性需求

学生对于校园内的各种信息，如课程调整、校历安排、校园新闻等有着强烈的关注需求。学生生活服务平台应确保信息的透明度和及时性，为学生提供最新、最全面的校园信息。

（二）平台功能设计

1. 校园信息发布与查询

学生生活服务平台的基础功能之一是校园信息的发布与查询。这包括课程表、考试安排、校历、活动通知等。学校可以通过平台实时发布各类信息，学生可以方便地查询和获取。

2. 社交互动平台

为满足学生社交需求，平台应提供丰富的社交互动功能。包括但不限于：

个人主页和社交资料：学生可以在平台上创建个人主页，展示个人信息、兴趣爱好等，以便其他同学了解。

群组和论坛：提供群组和论坛功能，便于学生自发组织各类兴趣小组，进行讨论和分享。

活动发布和参与：学生可以发布校内外的各类活动信息，并参与感兴趣的活动。

3. 校园资源管理

学生生活服务平台应该整合校园资源，方便学生利用。这包括图书馆资源、实验室预约、体育场馆预约等。通过平台，学生可以在线查询资源的使用情况，并进行预约。

4. 学术支持与辅导

为提供更全面的服务，平台还可以提供学术支持与辅导功能。包括：

在线课程支持：提供在线课程查询、选课、学分计算等功能，方便学生规划学业。

辅导服务：提供学科辅导、作业辅导等服务，帮助学生更好地理解课程内容。

5. 就业与实习信息发布

为顺利过渡到职业生涯，平台可以整合就业与实习信息发布功能。学生可以浏览相关岗位信息、参加招聘活动，提高就业竞争力。

（三）技术支持

1. 移动端支持

考虑到学生的移动化使用习惯，学生生活服务平台应提供移动端支持，支持在手机端便捷访问各项功能。

2. 数据安全与隐私保护

在建设学生生活服务平台时，数据安全和隐私保护是至关重要的。采用先进的加密技术、访问权限控制等手段，确保学生个人信息不受到泄露和滥用。

3. 用户体验设计

良好的用户体验设计是提高平台使用率的关键。平台应该注重界面简洁、易用性，保证学生能够轻松快捷地找到需要的信息和功能。

4. 数据分析与反馈机制

通过数据分析，平台可以了解学生的使用习惯、需求变化等信息，进一步优化平台功能和服务。同时，建立反馈机制，接受学生的建议和意见，不断改进平台。

（四）数据隐私与安全

1. 隐私政策与合规性

学生生活服务平台需要制定明确的隐私政策，确保数据的合规性。该政策应清晰阐述平台收集的信息类型、使用目的、存储期限等，并明确用户的隐私权利和保护措施。

2. 数据访问权限管理

确保学生生活服务平台的数据访问权限得到有效管理。不同用户（学生、教职员工、管理员等）应有不同的权限，以保证数据的安全性。例如，学生可以查看自己的个人信息，但不能访问其他学生的隐私数据。

3. 安全漏洞与风险评估

进行定期的安全漏洞和风险评估，及时发现和解决潜在的安全问题。这涉及对平台的系统框架、代码漏洞、数据传输过程等方面进行全面的安全审查，确保平台在技术上具备足够的安全性。

4. 加密与脱敏处理

采用加密技术对重要的数据进行加密处理，确保数据在传输和存储过程中不容易被窃取或篡改。同时，对于部分敏感数据可以采用脱敏处理，保障用户隐私的同时满足功能需求。

（五）未来发展趋势

1. 智能化与人工智能应用

未来学生生活服务平台可能会更加智能化，引入人工智能技术。通过学生行为分析、推荐系统等，提供个性化的服务体验，更好地满足学生的个性化需求。

2. 跨平台整合与拓展

随着互联网的发展，学生生活服务平台可能会与其他校园管理系统、社交平台等有着更紧密的结合。实现跨平台的信息共享，提供更全面、一体化的服务。

3. 区块链技术在数据管理中的应用

为了进一步提高数据的安全性和透明度，未来学生生活服务平台可能会考虑引入区块链技术。区块链的去中心化、不可篡改的特性有助于确保数据的完整性和可信度。

4. 虚拟现实（VR）与增强现实（AR）的融入

通过引入虚拟现实和增强现实技术，学生生活服务平台可以提供更丰富的用户体验。例如，通过 AR 技术，学生可以在校园中使用手机或 AR 眼镜查看建筑信息、活动信息等。

5. 数据治理与合规性强化

随着数据隐私和合规性的法规不断完善，未来学生生活服务平台需要强化数据治理，确保平台的各项功能和服务都符合相关法规和政策，为用户提供更可信赖的服务。

学生生活服务平台的建设是推动高校信息化发展、提升学生服务质量的重要举措。通过深入需求分析，合理提供平台功能，提供技术支持和强化数据隐私与安全，可以更好地满足学生的多样性需求。在未来，随着技术的不断发展和社会需求的变化，学生生活服务平台将不断迭代创新，引入更先进的技术手段，为学生提供更便捷、智能、安全的服务。

二、社会活动信息化管理

社会活动作为连接社会成员、促进交流与合作的重要方式，其规模和复杂性日益增加。为了更好地组织和管理社会活动，信息化管理成为一种关键的手段。本书将探讨社会活动信息化管理的重要性、需求分析、关键功能设计、技术支持、数据隐私与安全等方面，以期深入了解如何利用信息化手段提升社会活动的组织和管理效率。

（一）社会活动信息化管理的重要性

1. 背景与现状

随着社会的发展，各种规模大小的社会活动层出不穷，涵盖范围广泛，包括文化艺术活动、体育赛事、公益慈善等。传统的社会活动管理方式已经难以管理大规模、多样化的需求，因此信息化管理的引入显得尤为迫切。

2. 信息化管理的优势

引入信息化管理可以极大提升社会活动的效率和透明度。通过数字化、自动化的手段，可以更好地组织和协调各项活动，提供更全面的服务，同时为参与者提供更便捷的参与和互动体验。

（二）需求分析

1. 多元化社会活动需求

社会活动的多元性决定了信息化管理系统需要满足不同领域、不同规模的活动需求。从文艺演出到大型体育比赛，从学术研讨到社区志愿服务，都需要有针对性的管理和支持。

2. 参与者需求

参与者对社会活动信息化管理系统提出了多方面的需求。包括但不限于：

活动信息查询：参与者希望能够方便地查询到感兴趣活动的详细信息，包括时间、地点、参与流程等。

在线报名和支付：提供在线报名通道，方便参与者报名参加，并支持在线支付，提高报名效率。

活动反馈：为参与者提供提交活动反馈的途径，帮助组织者了解活动的优势和改进的空间。

3. 组织者需求

社会活动的组织者也有一系列需求，包括：

活动计划与发布：能够方便地制定和发布活动计划，包括活动日程、安排等。

参与者管理：实时掌握参与者信息，包括报名情况、签到情况等，方便做出相应决策。

资金管理：对于需要费用的社会活动，提供资金管理的功能，包括费用收支、财务报表等。

（三）关键功能设计

1. 活动信息发布与查询

提供方便快捷的活动信息发布渠道，支持活动的分类、标签、关键词检索等方式，以满足用户多样化的信息获取需求。

2. 在线报名与支付

为参与者提供在线报名通道，包括填写报名表、上传相关证件、选择参与项目等功能。同时，支持在线支付，提高报名和付款效率。

3. 活动反馈与评价

建立活动反馈与评价机制，参与者可以在活动结束后提交反馈意见，包括对活动内容、组织者、参与者等方面的评价，以便不断提升活动质量。

4. 组织者后台管理

为组织者提供后台管理系统，包括活动发布、参与者管理、财务管理等功能，以便更好地组织和管理活动。

5. 多渠道沟通与推广

提供多渠道的沟通方式，包括短信通知、邮件通知、社交媒体推广等，以吸引更多的参与者和提高活动知名度。

（四）技术支持

1. 移动端应用开发

鉴于用户对移动端的依赖性，社会活动信息化管理系统应当开发相应的移动端应用，以提供更便捷的服务体验。

2. 大数据分析与智能推荐

通过大数据分析，系统可以深入了解用户的参与习惯、兴趣爱好，从而提供更智能的活动推荐服务，使用户更容易找到符合自己需求的活动。

3. 云服务与弹性扩展

采用云服务架构，确保系统具备较高的弹性扩展性，能够应对大规模活动的突发访问压力，保证系统的稳定性。

4. 区块链技术应用

区块链技术的应用可以增加信息的透明度和可信度，尤其在资金管理方面，通过区块链实现款项的安全流动。

（五）数据隐私与安全

1. 隐私政策与用户协议

社会活动信息化管理系统必须制定明确的隐私政策和用户协议。隐私政策应该明确系统收集的用户信息种类、使用目的、存储期限等，用户协议则规范用户与系统之间的权责关系，保护用户的合法权益。

2. 数据加密与安全传输

采用数据加密技术，确保用户在活动信息查询、报名和支付等过程中的数据传输安全。使用安全的通信协议，防止数据在传输过程中被恶意截取和篡改。

3. 访问权限与身份验证

建立严格的访问权限控制机制，确保用户只能访问其合法权限范围内的信息。采用有效的身份验证手段，防止未经授权的用户进入系统。

4. 安全审计与监测

建立安全审计和监测机制，定期对系统进行安全审计，发现和解决潜在的安全问题。实时监测系统的运行状态，及时发现异常情况并采取相应的安全措施。

5. 用户教育与培训

为用户提供相关的隐私保护教育和培训，使其了解如何保护个人信息，提高信息安全意识。鼓励用户设置新密码，并定期更新密码。

（六）未来发展趋势

1. 智能化社会活动管理

未来，社会活动信息化管理系统可能会更加智能化，引入人工智能技术。通过分析大量的用户数据，系统可以为用户提供个性化的活动推荐，提高用户参与活动的满意度。

2. 区块链在票务管理中的应用

对于需要售卖门票的社会活动，未来可能会考虑引入区块链技术。区块链的不可篡改性可以有效防止票务造假和黄牛行为，提高票务管理的透明度和可信度。

3. 虚拟现实（VR）与增强现实（AR）的应用

通过引入虚拟现实和增强现实技术，社会活动信息化管理系统可以提供更丰富的用户体验。例如，通过 VR 技术，用户可以在虚拟环境中提前感受活动氛围。

4. 社交媒体整合

未来的社会活动信息化管理系统可能更加紧密地与社交媒体平台整合，通过社交分享和推广，扩大活动的影响力，增加参与者数量。

5. 大数据分析与预测性管理

通过对大量用户数据的分析，系统可以预测社会活动的受欢迎程度、参与人数等，为组织者提供更科学的活动策划建议，提高活动的成功率。

社会活动信息化管理系统在连接组织者和参与者、提高活动效率和质量方面发挥着重要作用。通过满足不同用户的多元化需求，整合先进的技术支持，保障数据隐私和安全，未来社会活动信息化管理系统将不断迭代创新，更好地适应社会发展和提高用户期望，为社会活动的成功组织和参与提供可靠的支持。

第七章　信息安全与风险管理

第一节　教育信息安全框架

一、信息安全框架的设计与实施

随着信息技术的迅猛发展，信息安全问题日益突显，各种网络攻击和数据泄露事件频繁发生。因此，建立一个稳健的信息安全框架成为组织确保数据和系统安全的关键措施。本书将深入探讨信息安全框架的设计与实施，包括框架的构建原理、核心组件、实施步骤以及框架应对未来挑战的策略。

（一）信息安全框架的构建原理

1. 风险管理

信息安全框架的构建应以风险管理为基础。通过对组织内外的潜在威胁和漏洞进行全面评估，确定风险的来源和影响，为制定合理的安全政策和措施提供依据。

2. 合规性要求

合规性要求是信息安全框架的另一重要原理。不同行业和地区都有各自的法规和标准，组织需要确保其信息安全框架符合相关合规性要求，以防范法律责任和罚款。

3. 持续改进

信息安全框架的构建需要具备持续改进的机制。随着威胁环境的不断演变和技术的日新月异，框架应具备适应性，能够及时调整和优化安全策略，保持对新兴威胁的有效防范。

（二）信息安全框架的核心组件

1. 安全政策和流程

安全政策和流程是信息安全框架的基石。它们规范了组织内部的安全标准、操作规程和员工行为，确保信息安全工作得以有序实施。

2. 访问控制和身份认证

访问控制和身份认证是信息安全的首要防线。通过有效的访问控制和身份认证机制，组织可以限制用户对敏感数据和系统的访问，防止未经授权的信息泄露和篡改。

3. 网络安全

网络安全是信息安全框架中不可忽视的组件。包括防火墙、入侵检测系统（IDS）、虚拟专用网络（VPN）等技术和工具，以保障网络传输中的数据安全。

4. 数据保护和加密

数据保护和加密是信息安全的重要手段。通过对敏感数据的加密，即使在数据传输或存储中被窃取，也难以解密，提高了信息的保密性。

5. 安全培训与意识提升

人为因素是信息安全中最薄弱的一环。安全培训和意识提升通过向员工传授安全知识和技能，帮助他们识别潜在风险，是信息安全框架的关键组成。

（三）信息安全框架的实施步骤

1. 需求分析

在信息安全框架实施之前，组织需要进行全面的需求分析。明确组织的安全目标、合规性要求、业务特点和风险状况，为后续的框架设计提供指导。

2. 制定安全政策

基于需求分析的结果，制定组织的安全政策，包括访问控制、数据保护、网络安全等方面的规定。确保安全政策与组织的业务流程相适应。

3. 选择合适的技术和工具

根据安全政策的制定，选择适用于组织的安全技术和工具。这可能包括防火墙、入侵检测系统、加密软件等。确保这些技术和工具能够协同工作，形成一个整体的安全体系。

4. 实施访问控制和身份认证

在信息安全框架的实施中，访问控制和身份认证是首要的任务。建立起严格的身份认证机制，确保只有经过授权的用户才能访问敏感信息。

5. 进行培训和意识提升

组织全员安全培训，提高员工对信息安全的认识和敏感性。建立定期的安全意识提升计划，确保员工始终保持对信息安全的高度警惕。

6. 监控与改进

建立监控机制，对信息系统进行实时监测，及时发现异常行为和潜在威胁。通过监控系统日志、安全事件和网络流量，实现对安全状态的全面掌控。同时，建立改进机制，对发现的安全问题进行分析和改进，确保信息安全框架持续适应新的威胁和挑战。

7. 定期演练与应急响应

定期组织信息安全演练，模拟各种安全事件和攻击场景，让安全团队和员工熟悉应对程序和流程。同时，建立完善的应急响应计划，确保在发生安全事件时能够迅速、有序地做出应对，减小损失。

8. 审计与合规性检查

建立信息安全审计机制，对系统和数据进行定期审计，确保安全策略的有效执行。进行合规性检查，验证信息安全框架是否符合法规和标准的要求，及时纠正不符合的地方。

（四）信息安全框架的未来发展趋势

1. 人工智能在安全中的应用

未来信息安全框架将更加注重引入人工智能技术。通过机器学习和智能分析，能够更快速、准确地识别潜在威胁，提高对未知攻击的应对能力。

2. 区块链技术的整合

区块链技术的去中心化和不可篡改特性，使其成为信息安全的理想选择。未来的信息安全框架可能会整合区块链技术，用于加强身份认证、保护数据完整性等方面。

3. 边缘安全的重要性

随着边缘计算的兴起，信息安全框架需要更多关注边缘设备和边缘网络的安全。建立边缘安全策略，确保边缘计算环境的信息安全。

4. 量子安全的挑战

随着量子计算技术的发展，传统的加密算法可能面临破解的风险。未来的信息安全框架需要关注量子安全技术的研发和应用，以确保信息的长期保密性。

5. 云安全的全面防护

随着云计算的广泛应用，信息安全框架需要全面考虑云环境下的安全问题。加强对云服务的监控、访问控制和数据加密，提高云安全的整体水平。

信息安全框架的设计与实施是组织确保信息系统和数据安全的基础性工作。通过风险管理、合规性要求、持续改进等原则，构建一个完善的信息安全框架可以有效应对不断演变的威胁和挑战。核心组件包括安全政策和流程、访问控制与身份认证、网络安全、数据保护与加密以及安全培训与意识提升等。实施步骤包括需求分析、安全政策制定、技术和工具选择、访问控制与身份认证、培训与意识提升、监控与改进、演练与应急响应以及审计与合规性检查。未来，信息安全框架将面临更复杂的威胁和技术挑战，需要不断创新和升级，引入人工智能、区块链等新技术，全面提升信息安全的水平。

二、数据在安全框架中的角色

在当今数字化时代，数据被认为是组织最宝贵的资产之一。然而，随之而来的是对数据安全的日益严峻的挑战。构建一个完备的安全框架，使其涵盖数据的安全性、完整性和可用性，变得至关重要。本书将深入探讨数据在安全框架中的角色，包括数据的安全威胁、保护机制、隐私保护以及数据治理等方面的重要议题。

（一）数据的安全威胁

1. 数据泄露

数据泄露是一种常见的威胁，可能造成敏感信息、商业机密或个人身份被未经授权的访问。攻击者可能通过网络入侵、恶意内部行为或物理设备失窃等方式获取机密数据。

2. 数据篡改

数据篡改是指攻击者修改存储在数据库或文件系统中的数据，以便达到其欺骗、破坏或窃取信息的目的。这种攻击可能导致误导决策、损害组织声誉或滥用数据。

3. 数据丢失

数据丢失可能由于硬件故障、自然灾害、人为失误或恶意行为而发生。无论原因如何，数据丢失都可能对组织的正常运作和业务连续性产生负面影响。

4. 拒绝服务攻击

拒绝服务攻击旨在通过超载系统资源或使服务不可用，从而阻止合法用户访问系统或服务。这种攻击可能导致数据不可用，影响业务运营。

（二）数据的保护机制

1. 加密技术

加密技术通过对数据进行加密和解密，确保即使在数据被盗取的情况下，攻击者也无法理解或使用这些数据。加密可以应用于数据传输、存储和处理的各个环节。

2. 访问控制

访问控制是一种基于权限的安全机制，通过设定用户对数据的访问权限，限制只有授权用户才能够获取敏感数据。这包括身份认证和授权管理。

3. 数据备份和恢复

定期的数据备份是防范数据丢失的关键。通过备份数据，组织可以在发生数据灾难时进行迅速恢复，确保业务连续性。

4. 安全审计与监测

安全审计和监测是持续监视数据访问和操作的关键手段。通过记录和分析安全事件，可以及时发现潜在的威胁，并采取措施进行处理。

（三）数据隐私保护

1. 隐私保护法规和政策

组织应遵守相关的隐私保护法规和政策，明确规定了对个人数据的合法收集、使用和共享的规范。这包括通用数据保护法规（如 GDPR）、行业特定的法规等。

2. 数据脱敏和匿名化

为了最小化对用户隐私的侵犯，组织可以采用数据脱敏和匿名化技术。通过去除或替代敏感信息，使数据无法被还原为原始的个人身份。

3. 用户教育和透明度

提高用户对数据隐私的意识是保护数据隐私的重要环节。组织应该通过教育和透明的数据使用政策来帮助用户了解他们的数据如何被收集和使用。

（四）数据治理

1. 数据质量管理

数据质量管理是确保数据准确性、一致性和完整性的关键过程。通过实施数据质量管理，组织可以降低错误和不准确数据对业务决策的负面影响。

2. 数据分类和标记

通过对数据进行分类和标记，组织可以更好地识别和管理不同敏感级别的数据。这有助于更有针对性地应用安全控制和保护措施。

3. 生命周期管理

数据的完整生命周期包括创建、使用、存储和销毁阶段。通过有效的数据生命周期管理，组织可以规范数据的使用和处理，降低数据被滥用或处理不当的风险。

4. 数据所有权和责任

明确数据所有权和责任是数据治理的重要组成部分。确定数据的所有者，并为数据的合法使用和保护分配明确的责任。这有助于建立清晰的数据管理体系。

5. 合规性与风险管理

将数据治理与合规性和风险管理相结合，确保数据的处理和管理符合相关法规和政策，并能够有效地识别和降低潜在的数据安全风险。

（五）未来发展趋势

1. 数据智能分析

未来，数据智能分析将成为数据安全框架的重要组成部分。通过利用人工智能和机器学习技术，实现对大规模数据的实时监测和分析，识别异常行为并迅速做出响应。

2. 区块链技术应用

区块链技术的去中心化和不可篡改性使其成为安全数据存储和交换的理想选择。未来，组织可能会更广泛地应用区块链技术来确保数据的安全性和透明性。

3. 边缘计算安全

随着边缘计算的兴起，数据越来越多地在边缘设备上产生和处理。未来的数据安全框架需要更加关注边缘计算环境，确保边缘设备和边缘网络的安全性。

4. 隐私计算

隐私计算是一种在不暴露原始数据的前提下进行计算和分析的方法。未来，隐私计算技术可能得到更广泛的应用，以平衡数据分析和隐私保护之间的关系。

5. 量子安全通信

随着量子计算技术的发展，传统加密算法可能面临破解的威胁。因此，未来的数据安全框架需要考虑引入量子安全通信技术，以迎接未来量子计算的挑战。

数据在安全框架中扮演着关键的角色，既是组织宝贵的资产，同时也是面临多种安全威胁的脆弱点。有效的安全框架需要综合考虑数据的保护机制、隐私保护、数据治理等方面。随着技术的不断发展，未来的数据安全框架将更加注重数据智能分析、区块链技术、边缘计算安全、隐私计算和量子安全通信等新兴技术的应用。建立强大的数据安全框架，不仅可以有效防范当前的数据安全威胁，也能够迎接未来数字化时代的挑战。

第二节　数据隐私保护与合规性

一、数据隐私法规与政策

在数字化时代，个人信息的大规模收集、处理和传输成为现代社会的常态。为了保护个人隐私权益，中国政府逐步制定并完善了一系列数据隐私法规与政策。本书将深入探讨中国的数据隐私法规体系，其中包括《个人信息保护法》《网络安全法》《数据安全法》等，并对其主要内容、实施情况以及对企业和个人的影响进行分析。

（一）《个人信息保护法》

1. 法规背景

《个人信息保护法》于2021年11月1日正式施行，标志着中国在个人信息保护领域迈出了重要一步。该法规的出台旨在规范个人信息的收集、处理和使用，从而保护公民的个人隐私权益，促进数字经济的健康发展。

2. 主要内容

（1）个人信息的定义和范围

《个人信息保护法》对个人信息进行了明确定义，包括可以单独或与其他信息结合识别特定个人的各种信息。法规强调了对敏感个人信息的特别保护，例如个人生物识别信息、行踪轨迹等。

（2）个人信息的处理规则

法规规定了个人信息处理的基本原则，包括合法、正当、必要原则，明确了信息处理者应当遵循的透明度、目的明确、数据最小化等原则。个人信息处理者在进行信息处理时还需要征得信息主体的同意，并对已收集的信息采取必要的安全保护措施。

（3）个人信息保护主管部门

为了强化对个人信息的监管，法规设立了个人信息保护主管部门，负责组织、协调、监督和管理个人信息的保护工作。该部门的职责包括对违反法规的行为进行调查、处罚，并向社会公开相关信息。

（4）跨境数据传输

法规对个人信息的跨境传输进行了规范，要求个人信息处理者在进行跨境数据传输时，应当符合法律法规的要求，并需要征得信息主体的同意。同时，法规还规定了国务院网络安全主管部门可以根据需要采取措施，保护国家安全和公共利益。

（5）外包个人信息处理

对于委托他人进行个人信息处理的情况，法规规定委托方应当选择符合法规要求的个人信息处理者，签订书面合同并明确执行监督义务。个人信息处理者不得超越委托方授权范围进行个人信息处理。

3. 影响与挑战

（1）企业合规压力增加

《个人信息保护法》的实施使得企业在个人信息处理方面将面临更为严格的合规要求。企业需要投入更多资源以确保个人信息的安全，合规制度的建立和实施将增加企业运营的复杂性。

（2）技术和流程调整

法规对于个人信息处理的要求涉及技术和流程层面的调整。企业需要加强信息安全技术投入，建设更为安全的信息系统，同时调整相关流程以符合法规的要求。

（3）处罚力度加大

《个人信息保护法》规定了一系列违法违规行为的处罚措施，其中包括罚款、责令停业整顿、吊销相关经营许可等。对违法违规的个人信息处理者实施了更为严厉的处罚，使得个人信息的处理更加谨慎。

（二）《网络安全法》

1. 法规背景

《网络安全法》是中国政府为应对网络安全威胁而颁布的一项法规，于 2017 年 6 月 1 日生效。该法规旨在维护国家网络安全，规范网络运营者的行为，同时也对个人信息的收集、处理和保护提出了一系列要求。

2. 主要内容

（1）个人信息的定义和范围

《网络安全法》同样对个人信息进行了定义，并规定了个人信息的范围。法规明确了个人信息的所有者对其个人信息拥有知情权、决策权等权利。

（2）个人信息的合法收集和使用

法规规定，网络运营者在收集、使用个人信息时应当遵循合法、正当、必要的原则，明示个人信息的收集目的、方式和范围，并经过信息主体同意。在未经本人同意的情况下，不得追踪、窃取、非法获取个人信息。

（3）个人信息的安全保护

《网络安全法》对于个人信息的安全保护提出了具体的要求。法规要求网络运营者制定个人信息安全政策和制度，采取技术和管理措施确保个人信息的安全。对于可能影响个人信息安全的事件，网络运营者应当及时采取补救措施，并向信息主体告知。

（4）跨境数据传输

《网络安全法》规定，个人信息出境应当符合国家网络安全要求，并经过相关主管部门的安全评估。对于涉及重要个人信息的出境，需要经过网络运营者报备，并经过国家网络安全主管部门批准。

（5）个人信息泄露事件的通报和处置

法规规定，网络运营者在发生个人信息泄露事件时，应当立即采取补救措施，通报相关主管部门和信息主体，并采取措施来降低可能的损失。对于严重的个人信息泄露事件，法规要求网络运营者及时向社会公众发布风险警示。

3. 影响与挑战

（1）数据处理合规性要求

《网络安全法》要求网络运营者在个人信息的处理中遵循一系列合规性要求，其中包括明示目的、经过同意、确保安全等。这对于企业来说增加了数据处理的复杂性，要求其建立更加完善的合规制度。

（2）个人信息安全评估

跨境数据传输需要进行个人信息安全评估，这对企业而言是一项繁琐的程序。企业需要投入更多资源来满足国家网络安全要求，确保跨境数据传输的合规性。

（三）《数据安全法》

1. 法规背景

《数据安全法》于 2021 年 6 月 10 日通过，将于 2022 年 9 月 1 日生效。该法规的颁布旨在规范数据处理行为，提升数据安全水平，促进数字经济健康发展。

2. 主要内容

（1）数据的分类和分级保护

《数据安全法》对数据进行了分类和分级保护，将数据划分为基础数据、业务数据、关键数据和重要数据四个级别。不同级别的数据将受到不同程度的保护，对关键数据和重要数据的处理提出了更为严格的要求。

（2）数据处理者的义务和责任

法规规定了数据处理者的一系列义务和责任，包括明确数据使用规则、采取措施保障数据安全、建立数据安全管理制度等。数据处理者需要对其处理的数据承担更为明确的责任。

（3）数据安全评估

对于可能对国家安全、公共利益、个人权益产生重大影响的数据处理活动，法规规定需要进行数据安全评估。这有助于确保敏感数据的处理活动不会对国家和个人造成不良影响。

（4）跨境数据传输安全评估

对于关键数据和重要数据的跨境传输，法规要求进行安全评估，并经过相关主管部门批准。这对企业进行跨境数据传输提出了更高的要求，需要更为谨慎和审慎。

3. 影响与挑战

（1）数据分级保护的实施难度

《数据安全法》对数据进行了细致的分类和分级保护，这给企业带来了实施的难度。企业需要深入了解其处理的数据属于哪个级别，然后采取相应的保护措施。

（2）数据安全评估的实施成本

对于涉及重大影响的数据处理活动，需要进行数据安全评估。这将增加企业的实施成本，需要投入更多资源来确保评估的全面性和准确性。

（四）未来发展趋势

1. 更加细化的法规体系

随着数字经济的不断发展，数据的类型和应用场景也在不断增多。未来，中国可能会进一步去细化法规体系，更加精准地规范不同领域的数据处理行为。

2. 强化执法力度

为了确保法规的有效实施，未来中国可能会加强对数据处理行为的监管和执法力度。对于违法违规的行为，可能会采取更加严厉的处罚措施。

3. 国际合作

随着数据跨境传输的增加，未来中国可能会加强与其他国家和地区的数据安全合作。建立更为统一的国际标准和机制，共同应对全球数据安全挑战。

中国的数据隐私法规与政策体系在不断完善中，旨在保护个人隐私权益，规范数据处理行为，提升数据安全水平。《个人信息保护法》《网络安全法》《数据安全法》等法规的出台，使得中国在数据隐私保护领域取得了显著进展。这一系列法规为企业提供了明确的合规要求，同时也为个人信息的合法、合规处理提供了保障。

二、合规性管理与数据采集

在数字化时代，数据被视为企业和组织最重要的资产之一。然而，随着个人隐私和数据保护的重要性日益凸显出来，数据采集必须遵循一系列的法规和政策，以确保合规性和保护用户隐私。本书将深入探讨合规性管理与数据采集的关系，涵盖合规性的概念、法规对数据采集的影响、合规性管理的重要性，以及实施合规性管理的最佳实践。

（一）合规性概念与框架

1. 合规性的定义

合规性是指组织或企业在运营过程中遵循适用法律法规、行业标准和内部规定的程度。在数据领域，合规性涉及合法、透明、公正、安全地收集、处理和存储数据，确保符合法规要求。

2. 合规性框架

在数据领域，合规性框架通常包括以下几个方面。

（1）法规合规性

法规合规性是指组织或企业需要遵循相关法规和政策，以确保数据的合法性和合规性。在不同国家和地区，相关的法规包括《个人信息保护法》《网络安全法》等。

（2）行业标准合规性

行业标准合规性是指组织需要符合特定行业领域内的标准和规范，确保数据处理符合行业的最佳实践。这有助于建立业界公认的数据管理标准。

（3）内部规定合规性

内部规定合规性是指组织自身设定的规章制度和政策，确保员工在数据处理过程中遵循内部规范。这包括数据使用政策、访问控制措施等。

3. 合规性与数据采集的关系

数据采集是获取、收集和记录信息的过程，而合规性是确保这一过程在法律和道德框架内进行的保障。在数据采集中，合规性涉及以下关键方面。

（1）合法性

数据采集必须遵循适用法律法规，确保数据的合法性。未经授权或违反法规的数据采集可能导致相应的法律责任。

（2）透明度

合规性要求数据采集过程应对数据主体透明。个体应清楚知道其数据将被收集、处理的目的，以及可能的后续用途。

（3）安全性

数据采集必须在安全的环境中进行，以防止未经授权的访问、泄露或滥用。合规性要求对数据进行适当的安全措施和保护。

（二）法规对数据采集的影响

1. 个人信息保护法

个人信息保护法对个人信息的采集、处理、使用提出了明确的要求。法规规定了明示目的、事先同意、最小必要原则，对个人信息的敏感性数据提出了更严格的保护要求。

2. 网络安全法

网络安全法要求网络运营者在个人信息的采集和处理中遵循合法、正当、必要的原则。法规要求网络运营者在收集个人信息时，应当向信息主体明示自己采集目的、方式和范围，并取得明示同意。此外，法规还对个人信息的安全保护、跨境传输等方面提出了具体要求。

3. 数据安全法

数据安全法对数据的分类和分级保护提出了明确要求，对不同级别的数据处理活动规定了相应的安全措施。法规强调对关键数据和重要数据的严格保护，包括进行安全评估、经过批准的跨境传输等。

4. 法规对数据采集的影响

（1）数据采集目的的限制

法规要求在数据采集过程中，必须明示采集的目的，并且仅限于达到特定、合法的目的。这使得企业在进行数据采集时需要更为谨慎，确保不超过法规规定的范围。

（2）事先明示同意原则

法规强调事先明示同意原则，要求在进行数据采集前，必须征得信息主体的同意。这使得个体在数据被采集之前有权知晓并决定是否同意，增加了数据采集的透明性和合法性。

（3）安全保障要求

法规对数据的安全保障提出了具体要求，要求数据处理者采取必要的技术和组织措施，确保个人信息的安全性。这对企业而言增加了数据处理的成本，但也提高了数据安全水平。

（4）跨境传输的审批要求

部分法规要求对涉及关键数据和重要数据的跨境传输进行审批。这意味着企业在进行跨境数据传输时需要经过相应程序，确保符合法规的要求。

（三）合规性管理的重要性

1. 保护个体隐私权益

合规性管理的核心目标之一是保护个体的隐私权益。通过合规性管理，可以确保数据采集和处理过程中不侵犯个体的隐私，合法、透明地处理个人信息。

2. 避免法律风险

合规性管理有助于企业避免法律风险。在法规规定的框架内进行数据采集，可以减少因违法违规行为而面临的法律责任和罚款。

3. 提升品牌信誉

合规性管理对企业的品牌信誉至关重要。遵循合规性标准和法规，可以展现出企业的责任感和透明度，提升在用户和社会中的信任度。

4. 减少数据泄露风险

合规性管理有助于减少数据泄露的风险。通过实施安全措施、进行合规性审查，企业能够有效防范数据泄露事件，保护敏感信息的安全。

5. 满足国际合作要求

随着数据跨境传输的增多，国际合作变得更为重要。合规性管理有助于企业适应不同国家和地区的法规要求，从而促进国际数据合作。

（四）实施合规性管理的最佳实践

1. 制定明确的数据使用政策

企业应制定明确的数据使用政策，其中包括数据采集的目的、方式、范围等。这有助于明示给用户，确保数据采集在合法、透明的基础上进行。

2. 进行合规性培训

为员工提供合规性培训是确保数据采集符合法规要求的关键步骤。员工需要了解合规性的重要性，掌握合规性要求，并在实际工作中贯彻合规性原则。

3. 实施数据安全措施

加强数据安全措施是防范数据泄露风险的重要手段，包括数据加密、访问控制、网络安全等方面的措施，确保数据在采集、存储、传输过程中的安全性。

4. 定期进行合规性审查

定期进行合规性审查有助于确保企业的数据处理活动符合法规的要求。审查过程中可以发现潜在的合规性问题，及时进行整改和改进。

5. 响应用户请求和投诉

建立有效的用户请求和投诉响应机制是维护用户权益的重要步骤。企业需要及时响应用户的数据访问请求，处理用户的投诉，并向用户提供途径以表达隐私关切。

第三节　网络安全与防范措施

一、网络安全策略与技术应用

在数字化时代，网络安全成为企业和组织不可忽视的重要议题。随着信息技术的飞速发展，网络攻击的威胁也在不断演变。因此，建立全面的网络安全策略，并采用先进的技术应用，是确保组织信息资产安全的关键步骤。本书将深入探讨网络安全策略的制定与实施，以及一些常用的网络安全技术应用。

（一）网络安全策略的制定与实施

1. 网络安全策略的定义

网络安全策略是组织为确保网络系统的保密性、完整性、可用性和可控性而采取的一系列计划、措施和管理方针。这些策略旨在防范各类网络威胁，确保组织信息资产的安全。

2. 制定网络安全策略的步骤

（1）风险评估与分析

在制定网络安全策略之前，组织需要进行全面的风险评估与分析。这包括识别潜在威胁、评估漏洞，以及评估对组织信息资产的潜在影响。风险评估结果将为后续制定具体策略提供可靠依据。

（2）制定网络安全政策

基于风险评估的结果，制定网络安全政策是关键的一步。这包括规定对网络和信息资产的访问控制、加密要求、身份验证规则等方面的具体政策。政策应该清晰、具体，并且能够指导组织成员在网络安全方面的行为。

（3）部署安全基础设施

网络安全基础设施是网络安全策略的支撑，包括防火墙、入侵检测与防御系统、反病毒软件、虚拟专用网络（VPN）等。组织需要投入资源，确保这些基础设施能够有效防范各类网络攻击。

（4）员工培训与意识提升

人为因素是网络安全的薄弱环节之一。因此，组织需要开展员工培训，提高员工对网络安全的意识。培训内容包括密码安全、社会工程学攻击防范等，确保员工成为网络安全的有效防线。

（5）定期演练与评估

网络安全策略需要定期进行演练与评估。通过模拟网络攻击、应急响应演练等方式，验证网络安全策略的有效性，并根据演练结果进行策略的调整和优化。

3. 网络安全策略的实施挑战

（1）不断演变的威胁

网络威胁在不断演变，攻击手段和方式日益复杂多变。这使得组织需要去不断更新和优化网络安全策略，以适应新兴的网络威胁。

（2）复杂的网络环境

随着组织规模的扩大和业务的复杂化，网络环境变得更加庞大和复杂。这增加了网络安全管理的难度，需要更加细致和全面的网络安全策略。

（3）人为因素

人为因素仍然是网络安全的一个重要挑战。员工的疏忽、密码管理不当等问题都可能导致安全漏洞。因此，组织需要在网络安全策略中加强对人为因素的考虑。

（二）网络安全技术应用

1. 防火墙技术

（1）概念与作用

防火墙是网络安全的第一道防线，用于监控和控制网络流量。它可以根据预先设定的规则，允许或阻止数据包的通过，从而保护内部网络不受未经授权的访问和攻击。

（2）技术实现

包过滤防火墙（Packet Filtering Firewall）：根据数据包的源地址、目标地址、端口等信息进行过滤。

代理防火墙（Proxy Firewall）：在客户端和服务器之间充当中间人，代理所有的网络请求，有效隐藏了内部网络的结构。

应用层防火墙（Application Layer Firewall）：在网络的应用层进行过滤，能够检测和阻止特定的应用层协议。

（3）应用场景

防火墙广泛应用于企业内部网络、数据中心、云服务等环境中。它可以阻挡大多数常见的网络攻击，保障网络的安全性。

2. 入侵检测与防御系统技术

（1）概念与作用

入侵检测与防御系统（Intrusion Detection and Prevention System，简称 IDPS）是一种监控网络或系统活动的安全设备。它的作用在于检测和阻止未经授权的网络流量，识别和防范各类攻击行为，包括病毒、恶意软件、入侵等。

（2）技术实现

网络入侵检测系统（NIDS）：监测网络中的流量，检测异常行为和攻击特征。

主机入侵检测系统（HIDS）：针对单个主机，监测主机上的操作和系统日志，检测异常行为。

入侵防御系统（IPS）：不仅能够检测攻击行为，还能够主动阻止恶意流量，实现实时的入侵防御。

（3）应用场景

入侵检测与防御系统广泛应用于企业内部网络、边界防御、数据中心等环境中。它通过实时监测和分析网络流量，提供对各种潜在威胁的及时响应。

3. 虚拟专用网络技术

（1）概念与作用

虚拟专用网络（Virtual Private Network，简称 VPN）是一种通过公共网络建立私有网络连接的技术。它通过加密和隧道技术，实现安全的远程访问和数据传输，并且有效保障数据的机密性和完整性。

（2）技术实现

点对点 VPN：通过两个节点之间的直接连接建立虚拟专用网络。

远程访问 VPN：允许远程用户通过公共网络安全地访问组织内部网络资源。

站点到站点 VPN：用于连接不同地点的企业网络，实现安全的站点互联。

（3）应用场景

VPN 技术广泛应用于远程办公、分支机构连接、移动设备访问等场景。它提供了安全的网络通信方式，确保数据在传输过程中不容易受到窃听和篡改。

4. 加密技术

（1）概念与作用

加密技术是通过对数据进行加密和解密，确保数据在传输和存储过程中的安全性。加密技术能够有效防止信息泄露、窃听和篡改，有效保障数据的机密性。

（2）技术实现

对称加密：加密和解密使用相同的密钥，常见的算法有 AES（高级加密标准）。

非对称加密：加密和解密使用不同的密钥对，常见的算法有 RSA。

哈希函数：将数据转换为固定长度的哈希值，常用于校验数据完整性。

（3）应用场景

加密技术广泛应用于网络通信、文件传输、数据库存储等场景。它为数据提供了额外的安全层，保障数据在各个环节的安全性。

（三）未来发展趋势

1. 人工智能在网络安全中的应用

随着人工智能技术的不断发展，未来人工智能将在网络安全领域发挥越来越重要的作用。人工智能可以用于网络入侵检测、威胁情报分析等方面，提高网络安全的智能化水平。

2. 边缘计算安全

随着边缘计算的兴起，边缘设备的安全性成为一个新的挑战。未来网络安全将更加注重边缘计算环境下的安全策略和技术应用，保障边缘设备和数据的安全。

3. 量子安全

随着量子计算技术的进步，传统加密算法可能会面临破解的威胁。未来网络安全将更加关注量子安全技术的研发和应用，确保网络通信的长期安全性。

4. 生物识别技术应用

生物识别技术，如指纹识别、虹膜识别等，将在身份验证和访问控制方面发挥出更大的作用。未来网络安全可能加强对生物识别技术的应用，提高身份认证的安全性。

5. 区块链技术在网络安全中的应用

区块链技术的去中心化和不可篡改的特性使其成为一种有潜力的网络安全解决方案。未来网络安全可能会探索更多基于区块链的安全机制，确保网络数据的完整性和可信性。

网络安全是组织和企业信息管理中至关重要的一环。通过制定合适的网络安全策略和应用先进的技术，可以有效应对不断演变的网络威胁。在制定网络安全策略时，组织需要进行全面的风险评估，明确政策，并建立起有效的网络安全基础设施。然而，网络安全策略的实施面临着不断演变的威胁、复杂的网络环境和人为因素等挑战，因此还需要定期进行演练、评估和更新。

在网络安全技术应用方面，防火墙、入侵检测与防御系统、虚拟专用网络和加密技术等已经成为组织防御网络威胁的重要工具。这些技术能够有效地保障数据的机密性、完整性和可用性。未来，随着人工智能、边缘计算、量子安全、生物识别和区块链等技术的发展，网络安全将迎来新的应用前景，为网络安全提供更智能、更综合的解决方案。

在网络安全领域，保持对新技术的敏感性，不断学习和更新网络安全策略，以及加强对员工的培训和意识提升，都是组织确保网络安全的关键因素。同时，跨部门合作、国际合作也将成为网络安全的重要方向，共同应对全球范围内的网络威胁。

综上所述，网络安全策略与技术应用是组织信息安全的基石，需要综合考虑风险评估、技术实施、培训和不断创新等多方面因素。只有通过全面而有效的网络安全措施，组织才能在数字化时代中保护好自身的信息资产，确保业务的正常运转和用户数据的安全。

二、数据传输与存储的安全保障

随着信息化的推进，数据在各个领域的传输与存储变得日益频繁和庞大。然而，随之而来的是数据安全面临的挑战与风险。数据传输和存储的安全保障是保护信息资产不被非法获取、篡改、泄露的重要环节。本书将深入探讨数据传输与存储的安全挑战、常见威胁，以及采取的安全保障措施。

（一）数据传输的安全挑战

1. 窃听威胁

在数据传输的过程中，可能受到窃听威胁，即黑客或未经授权的用户通过截获数据包，从而获取传输中的敏感信息。这种威胁可能导致机密信息的泄露，对组织和个人的隐私构成严重威胁。

2. 中间人攻击

中间人攻击是指攻击者位于通信双方之间，截获并可能修改通信内容的攻击形式。通过伪装成通信双方，攻击者能够获取敏感信息、篡改数据，甚至引导通信双方进行非法交互。

3. 数据完整性威胁

在数据传输过程中，可能面临数据完整性威胁，即数据在传输过程中就被篡改或损坏。这种威胁可能导致接收方获取到被篡改的数据，影响数据的准确性和可信度。

（二）数据传输安全保障措施

1. 加密技术

（1）概念与原理

加密技术通过对传输的数据进行加密和解密，以确保数据在传输过程中不易被窃听、篡改。加密算法包括对称加密和非对称加密。对称加密使用相同的密钥进行加解密，而非对称加密使用一对公私钥，公钥用于加密，私钥用于解密。

（2）TLS/SSL 协议

传输层安全协议（TLS）和安全套接层协议（SSL）是常用的加密通信协议。它们通过使用加密算法，提供了安全的数据传输通道。TLS 已经成为 SSL 的继任者，被广泛用于保障 Web 和其他应用层协议的安全传输。

（3）VPN 技术

虚拟专用网络（VPN）通过在公共网络上建立加密隧道，使得用户在互联网上的通信变得安全。VPN 技术可以应用于远程办公、分支机构连接等场景，提供安全的数据传输通道。

2. 数字签名与认证

（1）数字签名

数字签名是一种使用私钥对信息进行加密生成的特殊摘要，可以用来验证信息的真实性和完整性。发送方使用私钥来生成数字签名，接收方使用对应的公钥进行验证，确保数据在传输过程中未被篡改。

（2）数字证书

数字证书是由可信任的证书颁发机构（CA）颁发的，用于证明公钥的真实性的电子文件。在数据传输中，数字证书可以去用于验证通信双方的身份，防止中间人攻击。

3. 安全协议与通信管控

（1）安全协议

制定安全协议是一种有效的数据传输安全保障措施。安全协议规定了通信的标准和规则，包括使用的加密算法、身份验证方式、数据传输的完整性检测等内容。常见的安全协议有 HTTPS、SFTP 等，它们在数据传输中加入了加密、认证和完整性验证的机制。

（2）访问控制与权限管理

通过访问控制和权限管理，可以限制数据传输的对象和操作。确保只有授权的用户能够访问和传输特定的数据，减少潜在的安全威胁。这可以通过身份验证、访问策略等手段来实现。

（三）数据存储的安全挑战

1. 数据泄露风险

数据存储中常见的安全挑战之一是数据泄露风险。这可能发生在未经授权的访问、存储设备丢失或被盗、存储系统漏洞等情况下。泄露的数据可能会包含敏感信息，对组织和个人带来严重的损害。

2. 数据篡改威胁

存储中的数据可能受到篡改威胁，即黑客或内部恶意人员通过操纵存储的数据，改变其内容。数据篡改可能导致信息不准确、业务失真，故而对组织的正常运作和决策产生负面影响。

3. 存储系统漏洞

存储系统本身存在漏洞也是一个安全挑战。攻击者可以利用存储系统的漏洞进行非法访问、注入恶意代码等活动，导致存储数据的不安全。

（四）数据存储安全保障措施

1. 数据加密

（1）数据加密技术

在数据存储中，采用数据加密技术是一种重要的安全保障手段。这可以包括对存储设备、数据库、文件等进行加密。即使存储介质遭到非法获取，加密后的数据也难以被解读。

（2）端到端加密

端到端加密确保数据在存储和传输的整个过程中都是加密的。只有数据的发送方和接收方才能够解密数据，中间任何一方都无法窃听或篡改。这为数据的终极安全提供了保障。

2. 存储访问控制

（1）身份验证与授权

通过身份验证和授权机制，限制对存储数据的访问。只有经过身份验证的用户，并且拥有足够权限的用户才能够进行数据的读写操作。这可以通过访问令牌、权限策略等手段来实现。

（2）定期审计

定期审计存储系统的访问记录，检查和监测用户的行为。审计可以发现异常访问行为，追踪潜在的数据泄露或篡改事件，并及时采取措施进行防范。

3. 存储系统安全配置

（1）操作系统与应用安全配置

保障存储系统的安全配置是防范存储系统漏洞的关键。及时更新操作系统和应用程序，关闭不必要的服务和端口，采取硬 ening 措施，加强存储系统的抵御能力。

（2）安全备份与恢复

建立安全备份机制，确保存储的数据能够在发生灾难、攻击或误操作时迅速恢复。备份数据的安全性同样重要，避免备份数据成为攻击者的目标。

4. 安全审计与监控

（1）实时监控

通过实时监控存储系统的运行状态、访问日志等信息，能够及时发现存在的异常行为。实时监控可以提高对存储系统安全事件的感知能力，有助于迅速响应和处置。

（2）安全审计工具

采用安全审计工具对存储系统进行定期审计，记录和分析存储系统的活动。审计工具可以帮助发现不当的访问、异常操作等问题，为安全保障提供数据支持。

第四节　突发事件应急预案

一、突发事件的分类与预警

突发事件是指在一定时间内，由于自然、社会、技术等多种因素引起的，突然且严重危害人民群众生命财产安全，需要紧急处置和救援的事件。突发事件的发生可能对社会、经济、环境等多个层面都会产生重大影响，因此分类和预警成为突发事件管理中的重要环节。本书将深入探讨突发事件的分类方法，以及突发事件预警的概念、重要性和实施方式。

（一）突发事件的分类

突发事件可以按照不同的标准进行分类，常见的分类方法包括事件性质、影响范围、发生原因等。以下是几种常见的分类方法。

1. 事件性质分类

（1）自然灾害

自然灾害是由自然界的力量引起的，如地震、洪水、台风、火山喷发等。这类事件通常都难以预测，但可以通过监测自然现象的变化提前预警。

（2）人为事故

人为事故包括工业事故、交通事故、爆炸事故等，是由人类活动引起的突发事件。这类事件通常涉及事故调查、应急处置等方面。

（3）传染病爆发

传染病爆发是指某种传染病在一定区域内迅速传播，对公共卫生产生严重影响的事件。这类事件需要及时的疫情监测和公众教育。

2. 影响范围分类

（1）局部性突发事件

局部性突发事件的影响范围相对有限，通常局限在某一地区，如一场建筑火灾或一次车辆交通事故。

（2）区域性突发事件

区域性突发事件的影响范围扩大到一个较大的区域，可能会跨越多个城市或县，如大范围的山洪暴发或森林火灾。

（3）全球性突发事件

全球性突发事件具有全球性的影响，如大流行病（如 COVID-19 疫情）、全球气候变化等。这类事件需要国际合作和全球应对策略。

3. 发生原因分类

（1）自然因素

自然因素是突发事件发生的自然原因，如地质构造、气象条件等。这类事件通常属于自然灾害，如地震、台风等。

（2）人为因素

人为因素是突发事件发生的人为原因，如工业生产事故、恐怖袭击等。这类事件通常需要事后调查和责任追究。

（二）突发事件预警的概念与重要性

1. 预警的概念

突发事件预警是在突发事件发生之前，通过各种手段和方法，向可能受到影响的人群、组织或社会发布相关信息，提醒其采取相应的防护和应对措施。预警的目的是为了减轻突发事件可能会造成的损失，保障人民生命安全和财产安全。

2. 预警的重要性

（1）保障生命安全

突发事件可能对人们的生命安全构成威胁，及时有效的预警可以帮助人们采取适当的避险和救援措施，最大限度地减少生命损失。

（2）降低经济损失

突发事件可能对经济造成重大损失，例如自然灾害可能破坏农田、房屋，工业事故可能导致生产中断。通过预警，相关单位可以提前采取措施，降低经济损失。

（3）促进应急响应

突发事件发生后，及时的应急响应是至关重要的。通过预警，各级政府、组织和个人都可以提前做好准备，迅速响应突发事件，采取紧急措施，防止事态扩大。

（4）促进社会稳定

突发事件可能引起社会的恐慌和不安，通过预警，可以向公众传递准确的信息，防止谣言的传播，维护社会的稳定。

（三）突发事件预警的实施方式

1. 传统媒体预警

（1）电视与广播

电视与广播是传统媒体预警的主要手段之一。通过电视与广播，政府和相关机构可以向大众传递突发事件的信息，提醒公众要注意安全，同时发布相关指导和紧急通告。这种方式具有广泛的覆盖面，尤其在一些紧急情况下，能够及时传递信息。

（2）报纸与杂志

报纸与杂志也是传统媒体的一种形式，虽然相对电视与广播覆盖面较窄，但在一些地方性的突发事件中，仍然扮演着重要角色。这种方式主要通过文字报道，能够提供更为详细的信息和背景。

2. 新媒体预警

（1）网络新闻

随着互联网的发展，网络新闻成为突发事件预警的重要途径之一。通过新闻网站、社交媒体等平台，政府和相关机构可以迅速发布突发事件的最新消息，实现信息的即时传播。同时，公众也能够通过网络随时获取到相关信息。

（2）微信公众号、APP

政府和机构可以通过建立微信公众号、手机应用程序（APP）等平台，向用户推送突发事件的实时信息和预警通知。这种方式具有个性化推送、交互性强的特点，方便用户及时获取到相关信息。

3. 气象预警系统

（1）气象雷达与卫星

对于自然灾害类突发事件，特别是气象相关的事件，气象雷达和卫星是预警的重要工具。通过监测大气条件、降水情况等，气象部门能够提前预测并发布相关的预警信息，以指导公众正确采取相应的防护措施。

（2）气象预警系统

建立完善的气象预警系统是突发事件管理的一项重要举措。这种系统通过集成气象数据、模型预测、实时监测等手段，能够对天气变化进行准确预测，并向公众发布相应的预警信息。

4. 短信和电话预警

政府和相关机构可以通过短信和电话向公众发送突发事件的预警信息。这种方式具有强制性，能够直接传达给用户，无须用户去自行获取信息，适用于一些紧急情况下需要迅速传递信息的场景。

5. 社区广播与告示

在一些较为封闭的社区、农村地区，社区广播和告示牌仍然是有效的预警手段。政府可以通过设立广播站点、设置告示牌，向社区居民发布突发事件的相关信息。

（四）突发事件预警的挑战与发展趋势

1. 预警信息的准确性

预警信息的准确性直接关系到公众的安全，因此如何确保预警信息的真实、准确成为一项重要挑战。政府和相关机构需要建立健全的信息监测和验证机制，防止虚假信息传播。

2. 预警信息的及时性

突发事件的及时预警是确保公众安全的关键。在信息传播的过程中，需要克服信息传输、处理的时间延迟，确保预警信息能够在突发事件发生前及时传达给公众。

3. 跨区域突发事件的协同预警

一些突发事件可能跨越多个地区，需要进行协同预警。这需要建立跨区域的信息共享机制，实现不同地区预警系统之间的协同工作，提高应对突发事件的整体效能。

4. 多渠道、多语言的预警信息传播

随着社会的多元化和国际化，预警信息传播需要考虑到不同群体的特点和语言差异。政府和机构需要通过多渠道、多语言的方式向公众发布预警信息，确保信息能够覆盖到更多的人群。

5. 智能化技术在预警中的应用

随着人工智能、大数据等技术的发展，智能化技术在突发事件预警中的应用将更为广泛。通过智能分析和预测，可以更精准地判断突发事件的发生概率，大大提高预警的效果。

6. 社会参与和公众教育

突发事件预警不仅仅是政府和机构的责任，还需要引入社会参与和公众教育。通过培养公众的防灾意识，提高其自救、互救能力，故而能够更好地应对突发事件。

突发事件预警是突发事件管理体系中的关键环节，对于减轻灾害损失、保障公众安全具有重要作用。通过对突发事件的分类和预警实施方式的深入探讨，我们可以更好地理解突发事件管理的复杂性和挑战性。

突发事件的分类方法多样，可以根据事件性质、影响范围、发生原因等进行细致划分。这有助于政府和相关机构更有针对性地进行预防、应对和救援工作。不同类别的突发事件可能需要采用不同的预警方式，因此在实施预警时需根据具体情况灵活运用各种手段。

突发事件预警的方式日益多样化，传统媒体、新媒体、气象预警系统、短信电话等多种途径构成了一个多层次、多渠道的体系。这种多元化的预警方式有助于提高公众获取信息的便捷性，同时也增加了信息传递的可靠性。

然而，突发事件预警仍然面临一系列挑战，包括信息准确性、及时性、协同性等方面的问题。为了更好地应对这些挑战，需要不断完善预警体系，引入先进技术，提高智能化水平，加强与社会的互动与教育。

未来，突发事件管理和预警系统将不断演进。随着技术的发展和社会的变迁，我们有望看到更加先进、智能的预警系统的出现。同时，社会参与和公众教育将成为突发事件管理的重要组成部分，促使整个社会更好地应对突发事件，保障人民生命财产安全。因此，突发事件的分类与预警不仅是一项学科研究，更是对社会安全的一项重要保障工作。

二、应急预案的设计与实施

应急预案是组织在面临突发事件、灾害或紧急情况时制定的一套行动计划，旨在迅速、有效地应对并减轻潜在的损失。应急预案的设计与实施对于组织的稳定运营、人员安全和财产保护都至关重要。本书将深入探讨应急预案的设计原则、步骤以及实施过程中的关键要点。

（一）应急预案的设计原则

1. 综合性原则

应急预案应具备综合性，考虑各种突发事件和灾害可能发生的情况，而不仅仅是特定类型的事件。这意味着预案需要灵活、全面，能够适应不同的紧急情况，确保在各种情况下都能够有效运作。

2. 阶段性原则

应急预案应当具备阶段性，根据事件的发展过程划分为不同的阶段，包括预防阶段、应对阶段和恢复阶段。每个阶段都需要有相应的应急措施和资源调配计划，以确保组织在不同阶段都能够做出及时反应。

3. 可操作性原则

预案应具备可操作性，即在实际应急情况下，能够迅速、清晰地指导相关人员采取具体行动。为了实现可操作性，预案需要明确责任分工、流程步骤、沟通渠道等方面的细节，使执行人员能够迅速理解和执行预定的应急程序。

4. 反馈与修订原则

应急预案应当建立反馈机制，定期进行演练与实际应用，根据实践中的反馈意见和效果来进行修订和完善。预案需要与组织的变化同步更新，以保持与实际情况的匹配度。

（二）应急预案的设计步骤

1. 制定编写应急预案

（1）成立应急预案编写团队

组建专业的应急预案编写团队，包括安全、环保、卫生、法务等相关专业领域的人员，确保应急预案的全面性和专业性。

（2）收集信息

搜集与组织相关的信息，包括组织结构、人员情况、资源分配、风险评估等。了解组织的特点和潜在风险，为制定应急预案提供基础数据。

（3）制定工作计划

在编写应急预案之前，制定详细的工作计划，包括任务分配、时间节点、沟通协调等方面。确保应急预案的编写过程能够有序进行。

（4）制定应急预案

根据收集到的信息，制定应急预案的各个章节，包括预防措施、应对措施、资源调配、沟通流程等内容。确保预案的条理清晰、逻辑严谨。

2. 审核与评估

（1）内部审核

由应急预案编写团队进行内部审核，检查预案的完整性、准确性和可操作性。确保预案与组织的实际情况相符，不存在任何矛盾和漏洞。内部审核还应关注各相关部门的协同配合和责任划分是否清晰。

（2）外部审核

可以邀请外部专业机构或专家对应急预案进行审核，获取第三方的意见和建议。外部审核有助于发现内部可能会忽略的问题，提高预案的全面性和可靠性。

（3）评估应急演练

在审核过程中，可以组织应急演练，通过实际操作检验预案的有效性。演练可以包括模拟不同类型的突发事件，验证预案的实际运行情况，及时发现和纠正问题。

3. 培训与演练

（1）培训应急团队

对组织内的应急团队进行培训，使其熟悉应急预案的内容和操作流程。培训内容可以包括突发事件的认知、预案操作步骤、沟通协调技巧等。

（2）组织定期演练

定期组织应急演练，包括桌面演练和实地演练。桌面演练可以模拟应急情况，让团队成员在虚拟环境中熟悉操作流程；实地演练则更贴近实际情况，验证预案在实践中的可行性。

（3）演练反馈与改进

每次演练后，收集参与人员的反馈意见，发现问题并及时改进。演练的目的不仅是检验预案，更是为了不断完善和提高应急响应的能力。

4. 完善与修订

（1）收集反馈意见

在实际应急事件中，收集应急团队成员的反馈意见，了解实际操作中遇到的问题和困难。

（2）修订应急预案

根据实际反馈意见和演练情况，及时修订应急预案。修订可能涉及组织结构的调整、资源的更新、流程的优化等方面。

（3）定期复审

定期复审应急预案，确保其与组织的发展和变化同步。复审时应考虑外部环境的变化、法规政策的更新等因素，及时调整预案内容。

（三）应急预案的实施关键要点

1. 指挥体系建设

建立清晰的应急指挥体系是应急预案实施的关键。明确各级指挥人员的职责和权限，确保信息流畅、指挥有序，提高应对突发事件的效率。

2. 沟通与协调机制

在应急情况下，沟通与协调至关重要。建立多渠道、高效率的沟通机制，确保各相关部门之间能够迅速、准确地传递信息，最后实现协同作战。

3. 资源调配与供应保障

明确资源调配的流程和机制，确保在应急情况下能够及时调动和分配必要的物资和人力资源。同时，建立供应保障机制，确保关键资源的及时供应。

4. 信息收集与分析能力

提高信息收集和分析的能力，及时获取有关突发事件的各类信息，为决策提供有力支持。利用现代技术手段，如大数据分析、人工智能等，加强对信息的深度挖掘。

5. 公众教育与培训

加强公众教育，提高广大员工和社区居民的突发事件应对意识和自救互救能力。定期组织应急培训，确保相关人员熟悉应急预案的操作步骤。

6. 应急设备和基础设施建设

确保应急设备和基础设施的完备性，包括紧急通信设备、应急供电系统、医疗救护设备等。建立健全的设备维护和检修制度，确保设备在需要时能够正常运行。

应急预案的设计与实施是组织应对突发事件、灾害和紧急情况的基础工作。通过遵循设计原则、依次执行设计步骤，组织能够建立健全、高效的应急体系，提高对突发事件的应对能力。在实施过程中，关键要点如指挥体系建设、沟通与协调机制、资源调配与供应保障等方面需要特别关注，确保在实际应急情况下能够做出迅速而有效的响应。

应急预案的实施需要全员参与其中，不仅是组织内部各级管理人员，还包括广大员工和社区居民。公众教育和培训是提高整体应急响应能力的重要环节，通过培养应对突发事件的意识和技能，可以更好地保护人民的生命财产安全。

随着社会的发展和变化，突发事件的种类和形式也在不断演变。因此，应急预案的不断修订和更新是保持其有效性的关键。定期的内部审核、外部审核以及实际应急演练都是发现问题、改进和提高应急预案的相关途径。

总体而言，应急预案的设计与实施是一项复杂而系统的工作，需要组织全面的协同努力。通过遵循设计原则、执行设计步骤、关注实施关键要点，组织能够建立起强大的应急响应体系，提高对突发事件的适应性和抗风险能力。在不断改进和完善的过程中，我们可以更加有效地保障人民生命财产安全，维护社会的稳定与安宁。

第五节　信息安全文化建设

一、安全意识培训与教育

安全意识培训与教育是组织中至关重要的一项工作，旨在提高员工、管理层和其他相关人员对安全问题的认知水平，培养正确的安全意识和行为习惯。通过有效的培训与教育，可以减少事故发生的可能性，提升整体安全防范能力。本书将深入探讨安全意识培训与教育的重要性、设计原则、实施步骤以及评估与改进策略。

（一）安全意识培训与教育的重要性

1. 人为因素在事故中的作用

事故的发生往往与人为因素密不可分，例如疏忽大意、操作失误、安全意识淡漠等原因。通过安全意识培训与教育，可以有效降低人为因素引发事故的概率，提高员工的安全素养。

2. 组织安全文化的建设

安全意识培训与教育是构建良好组织安全文化的基础。通过培训，可以使员工深刻理解组织对安全的重视，形成共识，形成一种共同的安全价值观和行为准则。

3. 法规合规要求

不同国家和地区对于企业的安全管理提出了一系列的法规和合规要求。通过安全意识培训与教育，可以使员工了解并遵守相关法规，确保组织在法律框架内正常运营。

4. 事故成本的降低

事故发生后的处理成本通常远高于事前的预防成本。通过提高员工的安全意识，降低事故发生的概率，可以有效减少因事故而导致的直接和间接成本，保障组织的可持续发展。

（二）安全意识培训与教育的设计原则

1. 针对性原则

安全意识培训与教育应当根据组织的具体特点、行业特性和员工的工作内容来制定具体的培训方案。针对性原则要求培训内容与员工实际工作密切相关，确保培训的实效性。

2. 全员参与原则

安全是全员共同关心的事项，因此安全意识培训应当覆盖组织内的所有成员，包括管理层、员工、合作伙伴等。全员参与原则有助于形成整体的安全文化，共同维护组织的安全稳定。

3. 阶段性原则

安全意识培训应当具有阶段性，根据员工的工作年限、岗位变化等因素划分不同阶段的培训内容。新员工培训、在职员工定期培训和特定岗位培训等阶段性培训要求，确保员工在不同阶段都能得到必要的安全知识。

4. 实战性原则

培训应当具有实战性，通过模拟事故场景、案例分析等方式，让员工能够在实际操作中掌握安全知识和应对能力。实战性培训可以更好地激发起学员的学习兴趣，加深对安全知识的理解，使培训效果更为显著。

5. 持续性原则

安全意识培训不应是一次性的活动，而是需要持续进行的过程。持续性原则强调通过定期的培训和更新，确保员工始终保持对安全问题的高度警惕和敏感性。新的安全知识、技能和法规要求需要不断纳入培训计划，使员工能够时刻保持对最新安全信息的了解。

（三）安全意识培训与教育的实施步骤

1. 制定培训计划

在制定培训计划时，需要明确培训的目标、内容、对象、时间等方面的要求。根据组织的实际情况和员工的需求，制定有针对性的培训计划，确保培训的有效性。

2. 选择培训形式

安全意识培训可以采用多种形式，包括课堂培训、在线培训、实地演练、案例分析等。选择培训形式时需要考虑培训内容的特点、员工的工作特点以及组织的实际情况，以提高培训的实效性。

3. 开展培训活动

根据培训计划和选择的培训形式，开展相应的培训活动。培训内容可以涵盖安全知识普及、事故案例分析、应急处理流程演练等方面。在培训中，注重与员工互动，强化培训效果。

4. 培训资源的整合

整合培训资源，包括培训资料、讲师团队、培训场地等。确保培训资源的充足和有效利用，为培训活动提供有力支持。

5. 设立培训评估机制

建立培训评估机制，通过考试、问卷调查、实际操作等方式对培训效果进行科学评估。评估结果反馈可以帮助组织了解培训的优缺点，及时调整培训方案，提高培训的质量。

6. 持续改进

根据培训评估结果和员工的反馈，进行培训方案的持续改进。不断优化培训内容、形式和方法，确保培训一直能够满足组织和员工的需求。

（四）安全意识培训与教育的评估与改进策略

1. 定期评估

定期对安全意识培训与教育进行全面的评估，其中包括培训效果、参与度、员工反馈等方面。通过定期评估，发现问题并及时调整培训方案，确保培训一直保持良好的效果。

2. 员工反馈收集

积极收集员工对安全培训的反馈意见，包括对培训内容的理解程度、培训形式的满意度、对实际工作的应用程度等方面。员工的反馈是改进培训的重要依据，有助于更好地满足员工的学习需求。

3. 案例分析与经验总结

对过去的安全事故进行案例分析，总结事故发生的原因和教训。通过案例分析，能够更形象地向员工展示安全问题的严重性，增强他们对安全培训的重视。

4. 利用技术手段

结合现代技术手段，如在线培训平台、移动学习应用等，提高培训的便捷性和灵活性。通过技术手段，可以实现培训资源的更好整合和管理，提高培训的效率。

5. 定期更新培训内容

安全领域的知识和技术日新月异，因此安全意识培训的内容也需要定期更新。结合最新的安全法规、技术标准等，及时调整培训内容，确保培训的及时性和前瞻性。

安全意识培训与教育是组织安全管理体系中的重要组成部分，对于降低事故风险、构建良好安全文化具有重要意义。通过制定有针对性的培训计划、选择合适的培训形式、持续开展培训活动，组织能够更好地提高员工的安全意识和应对能力。在培训过程中，针对性、全员参与、阶段性、实战性、持续性等设计原则的遵循是确保培训效果的重要保障。

二、数据安全文化的塑造

随着信息技术的飞速发展，数据在组织中的重要性日益凸显，而数据安全问题也成为各个组织亟须解决的重要挑战。为了有效应对数据泄露、信息安全威胁等问题，组织需要着力塑造数据安全文化。本书将深入探讨数据安全文化的概念、重要性、塑造原则和实施策略。

（一）数据安全文化概述

1. 数据安全文化定义

数据安全文化是指在组织内部建立的一种共同的、深入人心的价值观和行为准则，旨在使所有成员都能够认识到数据安全的重要性，并在工作和生活中始终保持对数据安全的高度警觉和积极行为。

2. 数据安全文化的核心要素

（1）意识与认知

数据安全文化的核心在于个体对数据安全的意识和认知。每个组织成员都应当深刻理解数据的价值，以及数据泄露可能带来的风险。只有具备了正确的数据安全认知，才能在行为上真正做到谨慎、负责。

（2）行为规范

数据安全文化需要制定相应的行为规范，明确每个成员在处理数据时应当遵循的准则。这包括数据的收集、存储、传输、处理等各个环节，要求成员始终遵循最佳的数据安全实践。

（3）沟通与协作

沟通与协作是数据安全文化的关键要素。组织成员之间需要建立起积极的信息沟通渠道，分享有关数据安全的信息和经验。协作可以在团队中形成共同的数据安全态度，增强整体的数据安全防护力量。

（4）持续学习

由于数据安全领域的知识日新月异，持续学习成为数据安全文化的重要组成部分。组织应当鼓励成员积极参与相关培训和学习活动，保持对新兴威胁和防护技术的了解。

3. 数据安全文化与组织文化的关系

数据安全文化和组织文化相互关联，但又有着自己的独立特征。组织文化是指在组织中形成的一种共同的、固化的价值观、信仰和规范，而数据安全文化是组织文化的一个重要方面，强调在信息化时代对数据安全的高度关注和防护。

（二）数据安全文化的重要性

1. 数据安全风险的不断增加

随着技术的进步，数据安全风险也在不断增加。黑客攻击、病毒传播、内部泄露等威胁层出不穷，组织如果没有良好的数据安全文化，将难以有效抵御这些风险。

2. 法规合规的要求

随着数据安全问题的凸显，各国纷纷制定了一系列的法规和合规要求，对组织的数据安全提出了更高的标准。建立健全的数据安全文化有助于组织更好地履行法规合规的责任。

3. 组织声誉和客户信任

数据泄露或安全事件不仅会对组织的声誉造成巨大影响，还可能失去客户的信任。通过塑造良好的数据安全文化，可以提高组织对外的形象和客户的信任度。

4. 内部管理效率提升

建立了健全的数据安全文化后，组织内部的数据管理将更为规范和高效。员工在日常工作中将更加注重数据的合理使用和保护，提高整体数据管理效率。

（三）数据安全文化的塑造原则

1. 领导层的示范与支持

组织的领导层在数据安全文化的塑造中起着关键作用。领导层应该在日常工作中展示出对数据安全的高度重视，成为组织内部数据安全文化的引领者。领导层的支持包括提供足够的资源用于数据安全培训、制定明确的数据安全政策以及对违反安全规定的行为进行及时而有力的处罚。

2. 制定明确的数据安全政策

组织需要制定明确的数据安全政策，规范组织成员在处理数据时应当遵循的准则。这些政策应当涵盖数据的收集、存储、传输、处理等方方面面，明确责任人，并对违规行为制定明确的处罚和奖励。

3. 培训与教育

组织需要定期进行数据安全培训与教育，确保每位成员都能够理解数据安全的重要性，并掌握相应的安全知识和技能。培训内容应当包括最新的安全威胁、防护技术和法规合规要求。

4. 沟通与协作

建立积极的信息沟通渠道和协作机制，使组织成员能够自由地分享数据安全方面的信息和经验。通过沟通与协作，可以形成共同的数据安全态度，增强整体的数据安全文化。

5. 设立奖励机制

建立奖励机制，激励组织成员积极参与数据安全工作。这可以包括表彰遵守数据安全规定的员工，设立数据安全相关的绩效考核等。奖励机制有助于树立积极向上的数据安全文化。

6. 持续改进

数据安全文化的塑造是一个持续改进的过程。组织应当定期评估数据安全文化的实际情况，收集反馈意见，发现问题并及时调整相关策略和政策，以确保数据安全文化的不断提升。

（四）数据安全文化的实施策略

1. 整合安全技术与流程

数据安全文化的建设需要综合考虑安全技术和流程的整合。组织应当采用先进的安全技术手段，结合规范的流程，确保数据在各个环节都能够得到有效的保护。

2. 制定应急响应计划

建立完善的应急响应计划，以便在发生数据安全事件时能够迅速、有效地应对。计划应当包括明确的责任分工、沟通流程、数据备份和恢复等关键要素。

3. 强化监测与审计

加强对数据使用的监测和审计，通过技术手段确保数据的合法、合规和安全使用。监测与审计可以发现潜在的安全隐患，及时采取措施进行修复。

4. 强化员工参与感

让员工在数据安全工作中有更强的参与感，让他们意识到每个人都是数据安全的守护者。可以通过开展数据安全意识竞赛、组织员工参与制定相关政策等方式，以此激发员工的安全责任感。

5. 制定数据分类和标记制度

建立数据分类和标记制度，根据数据的敏感程度进行分类，并对不同级别的数据进行明确的标记。这有助于组织成员更好地理解和遵循数据安全政策。

（五）评估与改进

1. 定期评估

定期对数据安全文化进行全面的评估，包括领导层的示范与支持、政策的制定与执行、培训与教育的效果等方面。通过评估，发现问题并及时调整相关策略，以确保数据安全文化的健康发展。

2. 员工反馈收集

积极收集员工对数据安全文化的反馈意见，包括对政策的理解程度、培训的满意度、安全意识的提升程度等方面。员工的反馈是改进数据安全文化的重要有效依据，有助于更好地满足员工的需求。

3. 持续改进

根据评估结果和员工的反馈，进行数据安全文化的持续改进。不断优化相关策略、政策和流程，确保数据安全文化能够适应组织和员工不断变化的需求。

数据安全文化的塑造对于组织来说至关重要。通过领导层的示范与支持、制定明确的政策、培训与教育、沟通与协作等手段，组织能够建立起积极向上的数据安全文化，从而提高组织对数据安全的整体抵抗力。数据安全文化的建设不仅仅是技术手段的问题，更是一种组织文化的构建和价值观的树立。

在当前信息化时代，数据的泄露和滥用问题对组织造成的损失可能是不可估量的。因此，组织不仅仅需要关注技术层面的数据安全措施，还需要注重在文化层面树立正确的数据安全观念。只有在组织内形成了浓厚的数据安全文化，才能够从根本上防范各类数据安全风险。

建立和强化数据安全文化需要一个渐进的过程，还需要组织的不断投入和努力。领导层要有长期的决心和战略规划，同时要引导员工深刻认识到数据安全对整个组织的重要性。只有在组织内形成了对数据安全的共识，每个成员都自觉践行数据安全的理念，才能真正实现全员参与、全员负责的数据安全文化。

最后，要强调的是数据安全文化的塑造是一个不断发展的过程。在技术、法规和威胁不断变化的情况下，组织需要时刻保持对数据安全文化的关注和更新，去不断完善和提升，以适应日新月异的信息安全环境。

通过全面深入的数据安全文化建设，组织将更好地应对各类数据安全挑战，提高数据的保密性、完整性和可用性，最终实现组织整体安全水平的提升。

参考文献

[1] 范良辰 . 大数据环境下高校教育管理信息化改革研究 [M]. 北京：中国原子能出版社，2022.

[2] 张伟，丁彦 . 基于人工智能视角的高校教育管理与信息化教学研究 [M]. 北京：北京工业大学出版社，2021.

[3] 姚丹，孙洪波 . 高校教育信息化管理与学生管理工作 [M]. 北京：中国纺织出版社，2021.

[4] 梁丽肖 . 教育信息化背景下高校管理机制探究 [M]. 长春：吉林人民出版社，2021.

[5] 卢保娣 . 大数据时代高校教育管理及其信息化建设 [M]. 长春：吉林大学出版社，2021.

[6] 唐燕 . 高校教育信息化管理的对策与思路 [M]. 北京：中国原子能出版社，2018.

[7] 申怀亮 . 高校教育管理信息化建设 [M]. 北京：光明日报出版社，2016.

[8] 吕浔倩 . 信息化高职教育教学管理研究 [M]. 西安：西北工业大学出版社，2019.

[9] 李晖 . 国防特色高校档案管理与信息化建设 [M]. 哈尔滨：哈尔滨工程大学出版社，2019.

[10] 张贞云 . 教育信息化 [M]. 青岛：中国海洋大学出版社，2018.

[11] 左婷婷 . 高校档案公共服务与信息化管理 [M]. 长春：吉林出版集团股份有限公司，2018.

[12] 李强，兀静 . 幼儿园安全管理信息化 [M]. 西安：西安交通大学出版社，2021.

[13] 尹新，杨平展 . 融合与创新 高校教育信息化探索与实践 [M]. 长沙：湖南科学技术出版社，2018.

[14] 张燕，安欣，胡均法 . 现代高校教育管理与教学创新研究 [M]. 天津：天津科学技术出版社；天津出版传媒集团，2023.

[15] 高健磊 . 新时期高校管理与发展路径探索 [M]. 北京：中国政法大学出版社，2021.